14억 중국을 한 권에 담아 이해하는

중국 문화 알기

한중인문학교류연구소 **지음**

시사중국어사

14억 중국을 한 권에 담아 이해하는

중국 문화 알기

초판발행	2020년 3월 2일
1판 3쇄	2023년 3월 20일
저자	한중인문학교류연구소
책임 편집	최미진, 가석빈, 高霞, 엄수연
펴낸이	엄태상
디자인	이건화
조판	이서영
콘텐츠 제작	김선웅, 장형진
마케팅	이승욱, 왕성석, 노원준, 조성민, 이선민
경영기획	조성근, 최성훈, 정다운, 김다미, 최수진, 오희연
물류	정종진, 윤덕현, 신승진, 구윤주
펴낸곳	시사중국어사(시사북스)
주소	서울시 종로구 자하문로 300 시사빌딩
주문 및 교재 문의	1588-1582
팩스	0502-989-9592
홈페이지	http://www.sisabooks.com
이메일	book_chinese@sisadream.com
등록일자	1988년 2월 12일
등록번호	제300 - 2014 - 89호

ISBN 979-11-5720-169-3(03910)

🏮 펴내면서

'알다' '이해하다'라는 단어를 들으면 고등학교 수학 시간에 배운 xy 축을 가진 함수 그래프가 떠오릅니다. 그리고 그 x와 y에 각각 '시간'이라는 단어와 '공간'이라는 단어를 대입시켜 봅니다. 즉, 어떤 대상이나 현상에 대한 이해는 공간에 대한 이해에 시간에 대한 이해가 더해지는 순간, 보다 정확해지고 확실해집니다. 현대 중국에 대한 이해 또한 중국이라고 하는 지리적·민족적·정치적 공간과 그 땅을 살아온 중국인의 삶의 궤적을 동시에 이해해야만 보다 더 정확한 중국을 머릿속에 그릴 수 있습니다. 그 과정 중 어느 하나라도 소홀한 순간 흔히 '장님 코끼리 만지듯' 내가 만진 꼬리, 내가 만진 다리, 내가 만진 코가 마치 코끼리의 전체 모습이라고 잘못된 확신을 하게 됩니다.

필자들이 이 책을 〈중국 문화 알기〉로 명명한 것도 이러한 이유에서입니다. 이 책을 기획하면서 한반도의 40여 배 면적, 14억이 넘는 인구와 56개 민족이 살아가는 '공간'과 신화시대 이래 중국인이 개척해 온 과거에서 현재까지의 '시간'의 모습을 어떻게 담을 것인가가 가장 큰 과제였습니다. 오랜 시간 기획회의를 거치면서 필자들은 현대 중국과 중국인의 삶의 모습 그리고 그들이 환호하는 대중문예뿐 아니라 흔히 전통 중국학이라고 할 수 있는 문사철文史哲까지도 온전하게 담아내기 위해 노력했습니다. 그 결과 현대 중국을 개괄적으로 스케치한 도입부를 지나 그들의 역사·문화 및 인문·지리와 중국인이 사용하고 있는 중국어와 중국문자를 소개하게 되었으며, 그 뒤를 이어 철학과 먹거리, 인생과 대중문예, 해외 이주 중국인과 경제 현황까지 중국의 과거와 현재를 종과 횡으로 교차하며 독자의 이해를 입체적으로 도우려 하였습니다. 이에 필자들은 독자들이 이 한 권의 책을 통해 중국의 과거, 현재 및 미래의 모습을 x축과 y축의 두 기둥으로 어느 정도 '알기'에 접근할 수 있기를 기대합니다. 또한 이 한 권의 책이 중국 문화 '알기'에 대한 지남차指南車 역할을 성공적으로 수행할 수 있기를 바라봅니다.

지금 이 글을 쓰고 있는 순간에도 중국과 관련된 여러 이야기들이 대중매체를 뜨겁게 달구고 있습니다. 일부는 중국을 불편한 이웃으로 소개하기도 하고, 또 일부는 친구로 소개하기도 합니다. 살다 보면 가족 간에도 불편할 때가 있고 화목할 때도 있는데, 이념과 정체政體와 언어가 다른 국가 간의 관계가 항상 좋기만 할 수는 없습니다. 한중간 5천 년 교류의 역사 속에서 한반도에 살아온 우리 조상과 중원을 장악한 중국인의 조상은 전쟁의 역사를 가지기도 했지만, 경우에 따라서는 이웃의 어려움을 보고는 아무런 대가 없이 도와주기도 했습니다. 한때는 불편한 이웃인 적도 있었지만, 어떤 때에는 진심으로 축하하고 진심으로 애도하는 관계이기도 했습니다. 즉 떼려야 뗄 수 없는 이웃사촌 같은 관계이기에 우리는 더더욱 그들을 정확하게 알아야 합니다. 그래야 불필요한 갈등을 줄일 수 있고, 그래야 진심을 담을 수 있는 진정한 이웃이 될 수 있기 때문입니다.

이 책이 세상의 빛을 보게 된 데에는 독자들의 눈높이가 가장 중요했습니다. 사실 과거 중국학계의 많은 책들이 '대학교재'라는 이름에 걸맞게 무겁고 다소 흥미가 떨어지며 감동이 적은 '책뭉치'로 존재했던 시절, 이런 '대학교재'에서 벗어나 신세대 젊은층에 적합한 교재를 만들어보자는 여러 필자들의 고민이 있었던 것입니다. 이러한 여러 필자들의 고민과 염원을 담아 이제 자그마한 성과를 이루어내게 되었습니다. 이 책의 필진 중 많은 분은 매주 이백李白의 시문을 함께 공부하는 『이백시문연구회』의 회원이며, 2018년 출판된 〈중국인의 밥상〉을 함께 기획하고 집필했던 동료이기도 합니다. 아무리 완벽한 기획이라 하더라도 인간이 하는 일에 절대적인 완벽은 결코 있을 수 없기에 독자 여러분의 많은 질정을 부탁드립니다.

이 책처럼 다수의 필진이 참여하는 저서를 만들기까지는 감사의 인사를 드려야 할 분들이 참으로 많습니다. 귀중한 시간을 내어 옥고를 집필해주신 필진 선생님들의 수고로움이야 그 어떤 수식어로도 표현할 수 없는 값진 희생에 대한 고마움입니다. 길고 지루한 과정을 거치면서 성직자적 소명감으로 필진과 소통하면서 좌장의 역할을 다해준 최우석 교수에게도 감사드립니다. 또한 기획회의부터 마지막 교열까지 모든 과정을 세심하게 함께 해준 윤순일, 이혜강, 박민정 선생님께는 뜨겁고 울컥한 감동을 담은 감사의 인사를 전합니다. 마지막으로 본서의 출판을 허락해준 시사중국어사와 세심하게 편집하고 디자인하고 다듬어준 편집부의 최미진 부장님과 모든 분께 감사의 인사를 전합니다.

2020년 2월
한중인문학교류연구소 소장
문학박사 이기면 삼가 씀

4

차례

🕊 일러두기

* 중국 인명과 지명의 표기는 『외래어 표기법』(국립국어원, 1986)을 따라 표기하되 현대 이전의 고유명사와 우리말에 관용이 있는 경우는 가독성을 고려하여 한자음(우리말 독음)으로 표기하였다.

* 본문의 한자는 모두 간화자로 표기하였다.

* 한자, 발음기호, 구체적인 의미가 필요한 용어나 표현은 (　) 안에 함께 표시해 두었다.

* '陕西 Shǎnxī'와 '山西 Shānxī'의 발음이 '산시'로 같아 우리말 표기나 영문 표기에 있어 혼동되기 때문에 국제적으로(중국 포함) '陕西 Shǎnxī'에 'a'를 추가한 'Shaanxi'가 통용된다. 따라서 본문에서는 '陕西'를 모두 '샤안시'로 표기한다.

가운데의 나라
중국

유럽
Europe

중동
Middle East

중국
China

태평양
Pacific Ocean

중국의 정식 국호는 중화인민공화국(中华人民共和国, People's Republic Of China)이며, 수도는 베이징(北京, Běijīng, 북경)이다. 베이징은 원(元)나라 이래로 800여 년간 중국의 수도이다. 2018년 말 국무원 공식 홈페이지상 중국 인구는 13억 9,538만 명이다. 국토 면적은 9,572,900㎢로 남북한을 합친 220,258㎢의 40배가 넘으며 러시아, 캐나다, 미국에 이어 세계에서 네 번째로 큰 나라이다. 북동쪽으로는 대한민국, 서쪽으로는 카자흐스탄·키르기스스탄·타지키스탄·아프가니스탄, 남서쪽으로는 인도·파키스탄·네팔·부탄, 남쪽으로는 미얀마·베트남·라오스, 북쪽으로는 몽골·러시아와 국경을 맞대고 있다.

중국에 거주하는 총 56개 민족 중 한족이 92%를 차지하며, 한족 이외의 55개 민족은 소수민족이라고 부른다. 현재 화폐단위는 위안(元, Yuán, ¥, RMB, 원)이며, 공식 표준어를 푸퉁화(普通话, Pǔtōnghuà, 보통화)라고 한다. 중화인민공화국은 공식적으로 사회주의를 표방하지만 홍콩과 마카오가 중국에 반환된 이후 이 지역에 한하여 자본주의 체제를 인정하는 일국양제(一国两制)를 실시하고 있다.TIP

TIP
타이완 사람들은 타이완을 중화민국(Republic Of China)이라고 부르지만, 국제사회에서는 중화 타이베이(Chinese Taipei)라고 부른다.

❶ 중국과 중국인

1. 중국과 중화(中华)

고대 중국인은 자신들이 살고 있는 지구, 즉 전 세계, 온 천하를 '사해(四海)'라고 했다. 그리고 자신이 사는 곳은 그 한가운데, 즉 세상의 중심이고 주변에는 이민족들이 산다고 생각했다. 고대 중국인은 자신들을 에워싼 이민족을 '사이(四夷)'라고 불렀다. 또한 오랑캐를 의미하는 '이(夷)'를 동서남북 4방으로 구분하여 각각 동이(东夷), 서융(西戎), 남만(南蛮), 북적(北狄)이라고 불렀다. 이 '사이'가 사는 밖으로는 큰 바다가 있다고

고대 중국과 사이

생각했다. 중국인은 이렇듯 자신이 사는 곳이 바로 세상의 가운데라고 생각했기에 자신의 나라를 중국(中国)이라고 불렀다. 즉 중국은 세계의 중심에 있는 나라이고, 중국인은 세계의 중심 국가에서 사는 사람이라는 의미이다.

'중국', '중국인'이라는 말을 영어로는 각각 'China', 'Chinese'라고 하는데 여기에는 가운데라는 의미가 들어 있지 않다. 이 영어단어는 중국 최초의 통일 왕조인 진(秦, Chin)을 음역한 것에 불과하기 때문이다. 근대 들어 일본인은 'China'를 다시 한자로 음역해 지나(支那)라고 표기하였다. 우리나라에서도 일본식 표현을 답습하여 동중국해를 동지나해라고 부르기도 하였다. 하지만 중국은 이 단어를 차별어로 받아들여 사용하지 말아달라고 공식 요청하였다.[01]

중(中)은 중앙, 가운데라는 의미로, 천하의 중심 지역인 '중원[中原, 황허강 중하류]' 지역을 가리키는 명칭이었다. 국(国)은 국가라는 의미와 도읍[천자나 제후가 거주하는 곳, 즉 경사(京师)나 경기(京畿) 지역]이라는 두 가지 의미가 있었는데, 시간이 지나면서 도읍이라는 의미는 점점 사라지고 국가라는 의미만 남았다. 이 두 글자의 의미를 합하면 중국은 바로

---

01 일제 강점기에 일본 사람들은 '조선인'이라는 단어를 발음 그대로 '조센징'이라고 불렀지만, 이 단어와 다른 단어들이 결합하면서 '조센징'은 조선인을 경멸하는 단어로 받아들여졌다. '지나인'의 일본어 발음인 '시노징' 이라는 단어도 뒤에 다른 단어들과 결합하면서 중국인을 경멸하는 단어로 받아들여졌다.

'중원의 나라'라는 의미가 된다. 다음 인용문을 살펴보자.

> 환공(桓公)은 '중국(中国)'을 구하였고 이적(夷狄)을 물리쳤다.

이는 고대 중국의 문헌인 『공양전(公羊传)』에 기록된 글이다. 환공은 춘추오패(春秋五霸) 중 한 제후로, 제후 가운데 최고 실력자였다. 여기서 중국은 여러 제후국이라는 의미이다. 즉 중앙에 모여 있는 여러 제후국이라는 의미로, 중국 문명을 수용한 국가와 비중국적 국가를 구별하는 의미로 사용되었다. 이로써 춘추전국시대(春秋战国时代)의 '중국'이라는 개념은 한 왕조나 한 국가를 가리키는 것이 아니라 상대적으로 문명화된 중원 지역에 모여 있는 제후국을 통칭하는 단어임을 알 수 있다.

> 통일된 진한(秦汉)시대 이후에는 천자(天子)가 다스리는 정통왕조만 중국으로 불렸다. 이에 따라 중국이 여러 국가로 분열된 시기에는 각자 자기 왕조의 정통성을 강조하려고 자기 왕조만 중국으로 부르기도 했다. 지금도 중화민국(타이완)과 중화인민공화국은 모두 국명에 '중화'를 쓰며, 각자 스스로를 중국이라고 줄여 부르는 것도 이와 같은 이치이다.

중국이 근대 민족국가 개념을 지닌 정식 국호로 처음 사용된 것은 1912년 중화민국이 건국되고 중화민국을 중국으로 줄여 부르면서부터다. 중화민국 이전까지 왕조는 당(唐), 송(宋), 원(元), 명(明), 청(清) 등 왕조 명칭만 사용하였다. 청왕조부터는 서양과 국제조약을 체결함에 따라 조약 문서에는 청이라는 왕조 명칭 대신 중국이라는 명칭을 사용하기도 하였다. 이렇듯 중국이라는 단어가 정치적·법률적 개념을 가지게 된 역사는 그리 길지 않다.

고대 중국인은 다른 이민족인 사이와 구분하기 위해 자신을 화하(华夏), 중화(中华), 중하(中夏), 제하(诸夏), 제화(诸华), 중원(中原), 중토(中土) 등으로 불렀다. 춘추전국시대에 저술된 『좌전(左传)』에서 처음으로 '화하'라고 병칭했으며, 이를 풀이한 글에서는 '화(华)'를 화려한 복장, '하(夏)'를 예의 있는 큰 나라라는 뜻으로 설명했다. 이 해석을 따르면 화하는 '좋은 옷을 입고 사는 예의 바른 큰 나라'라는 뜻이다. 즉 중국이 다른 민족이나 국가에 비해 문명적으로 앞섰다는 자부심이 담긴 말이다. 또는 삼황오제(三皇五帝)의 뒤를 이어 들어선 중국 최초의 세습왕조인 하(夏)왕조의 왕조명에서 비롯되었다는 설도 있다. 이외에도 고대에는 화와 하가 같은 음으로 동일한 글자였다는 설도 있다. 이렇게 전통적으로 중요한 중(中)과 화(华) 두 개념이 합쳐져 현재 국호의 핵심 개념인 중화가 만들어졌다.

2. 중국인과 중화민족

중국에서는 한족(汉族)과 55개 소수민족에 더해 해외에 거주하는 중국인을 통칭하여 '중화민족'이라고 부른다. 즉 전 세계에서 중국 국적을 가진 사람뿐만 아니라 외국 시민권자이지만 중국 혈통인 사람들까지 포함하는 집합체로, 우리가 일반적으로 사용하는 '한민족'과 유사한 의미이다.

고대 중국인은 황제(黄帝)와 염제(炎帝)를 자신들의 조상으로 생각했기 때문에 스스로를 '염황자손'이라고 불렀다. 이 염황자손인 화하족은 한나라 이후에는 왕조 이름을 따서 한인(汉人), 당인(唐人) 등으로도 불렀다. 이는 세계 각국의 차이나타운(China Town)을 '탕런제(唐人街)'나 '칭런퉁(清人通)' 등으로 부르는 데서도 알 수 있다. 고대 순수 혈통의 중국인은 자신을 '화하족'이라고 했다. 이 화하족이 '사이'를 흡수 합병하여 한대(汉代)에 새로운 민족을 형성하였다. 이 민족을 왕조 이름을 따서 '한족'이라고 불렀다. 한족은 후에 흉노(匈奴), 선비(鲜卑), 토번(吐蕃), 거란(契丹), 여진(女真), 몽골(蒙古) 등과 상호 지배 관계를 형성하기도 하고, 이들 이민족 중 일부는 중원 땅에서 자신의 왕조를 세우기도 하였다. 이런 오랜 역사 속에서 화하족이 중심이 된 한족과 이민족이 상호 동화되면서 중국 인구의 90% 이상을 차지하는 현재의 한족이 되었다.

중국에는 원래 서양의 '민족'이라는 개념이 없었다. 이는 진수(陈寿)가 편찬한 『삼국지(三国志)』에 우리 민족 역사의

염제와 황제의 모습을 조각한 황허 유람구(黄河游览区)의 염황이제상(炎黄二帝像)

일부라고 할 수 있는 「동이전(东夷传)」을 넣은 것만 봐도 알 수 있다. 그리고 위진남북조시대와 5대10국시대에 중국의 전부나 일부를 지배했던 소수민족 정권까지도 정통 역사서에 기재했다. 이는 후에 몽골이 다스렸던 원, 여진[女真, 후에 만주(满洲)라고 함]이 다스렸던 금(金)과 청에 대한 중국인의 태도에서도 잘 드러난다.

중화민족이라는 단어는 20세기 초 량치차오(梁启超)가 사용하면서 처음 등장했다. 물론 량치차오가 사용한 중화민족은 지금의 '한족' 개념을 대신한 것이었다. 1912년 신해혁명 후 중화민국이 건국되자 중화민족은 '중화민국 경내에 거주하는 모든 민족'이라는 '다민족 공동체'와 같은 정치적 개념으로 사용되기 시작했다. 즉 현대적 의미로는 민족과 국족(国族), 국가 세 가지를 하나로 통합한 개념이다. 이 개념은 물론 지금 중국에 존재하는 56개 민족뿐 아니라 현재는 없어졌더라도 역사적으로 존재했던 모든 민족까지 포함하는 개념이다. 하나의 중국 안에 한족과 55개 소수민족을 끌어안고 가야 하는 중국 지배층의 고민이 묻어나는 개념 정립이다.

3. 중국의 언어와 문자

중국은 이른바 중국어로 알려진 '한어(汉语)', 그중에서도 표준어인 푸퉁화를 사용하나, 소수민족이 다수 존재하는 만큼 각종 소수민족 언어노 함께 사용된다. 그외에 각 지역에는 푸퉁화와 다른 다양한 한어 방언이 있다.

푸퉁화는 현재 중국대륙(중화인민공화국)에서 표준어를 지칭하는 말로 쓰인다. 궈위(国语, Guóyǔ, 국어)도 표준어를 지칭하지만 '푸퉁화'라는 단어가 사용되기 이전인 중화민국 시기에만 사용되었고 현재는 타이완에서 사용된다. 중국어의 다른 이름으로 화위(华语, Huáyǔ, 화어)도 자주 쓰인다. 영어권에서 'Mandarin'이 중국어를 지칭하는 말로 쓰이는데, 관화(官话, guānhuà, 관화)의 번역어이다. 한편 팡옌(方言, fāngyán, 방언)은 문자 그대로 지방(方)의 말(言)을 가리키는데, 이른바 캔토니즈(Cantonese)로 불리는 '광둥화(广东话, Guǎngdōnghuà, 광동화)'를 포함하여 주요 방언이 7개 정도 있다.

한자(汉字)는 그 기원이 되는 갑골문(甲骨文) 이래로 소전(小篆), 예서(隶书), 초서(草书),

행서(行书)[02] 등 형태상 전변을 거쳐 오늘날의 한자에 이르렀다. 중국에서는 1956년 한자를 좀 더 쉽게 사용하기 위한 「한자간화방안」이 공표된 이래 간체자(简体字)를 사용하나, 타이완과 홍콩에서는 아직도 번체자(繁体字)를 사용한다.

「한자간화방안」

② 중화인민공화국

1. 국기(国旗)와 국휘(国徽)

중국은 공산당이라는 당을 중심으로 건국되었다. 국가가 설립되기 전에 당이 먼저 설립되었으며 당이 국가에 우선한다. 중국 국기는 그러한 공산당의 이념을 강하게 반영하여 제작되었다.

중국 국기는 '우싱훙치(五星红旗, Wǔxīng Hóngqí, 오성홍기)'로 불린다. 붉은 바탕에 별이 다섯 개 그려져 있기 때문이다. 큰 별은 중국공산당을 뜻하고, 작은 별 네 개는 각각 노동자, 농민, 소자산 계급, 민족자산 계급을 나타낸다. 이 작은 별 네 개가 상징하는 네 계급이 큰 별이 상징하는 공산당을 중심으로 일치단결한다는 의미를 담고 있다. 빨간색은 공산주의와 혁명을, 노란색은 광명을 의미한다.

중국의 국기 우싱훙치

중국의 국휘

톈안먼광장에서 거행되는 우싱훙치 게양식

02 4장 중국의 언어와 문자 참조(123쪽)

중국 국가를 상징하는 로고인 국휘는 원형에 별빛 다섯 개가 톈안먼(天安门)을 비추고, 그 주위를 톱니바퀴와 이삭이 감싸고 있다. 톈안먼은 건국을 선언한 역사적인 장소로 역사와 문화의 중심지임을 의미하고, 톱니바퀴와 이삭은 각각 노동자와 농민을 상징한다. 물론 별 다섯 개 중 큰 별은 중국공산당을 표현한 것이다.

2. 국가(国歌)

중국의 국가는 〈의용군행진곡(义勇军进行曲, Yìyǒngjūn jìnxíngqǔ)〉이다. 극작가 톈한(田汉)이 작사하고 녜얼(聶耳)이 작곡한 것으로, 원래는 영화 〈풍운아녀(风云儿女)〉의 주제곡이었다. 이 곡은 일본이 한창 중국을 침략하던 시기에 중국인이 항일투쟁을 하면서 많이 불렀는데 1949년 중화인민공화국 건국과 함께 정식 국가로 채택되었다.

의용군행진곡

起来！不愿做奴隶的人们！(일어나라! 노예가 되기를 원치 않는 사람들이여!)
Qǐlái! Bú yuàn zuò núlì de rénmen!

把我们的血肉，筑成我们新的长城！
Bǎ wǒmen de xuèròu, zhùchéng wǒmen xīn de Chángchéng!
(우리의 피와 살로 우리의 새로운 만리장성을 세우자!)

中华民族到了最危险的时候，(중화민족이 가장 위험한 시기에 처해 있으니)
Zhōnghuá mínzú dào le zuì wēixiǎn de shíhòu,

每个人被迫着发出最后的吼声。
měi ge rén bèi pòzhe fāchū zuìhòu de hǒushēng.
(억압받는 모든 사람마다 최후의 함성이 터져 나오리.)

起来！起来！起来！(일어나라! 일어나라! 일어나라!)
Qǐlái! Qǐlái! Qǐlái!

我们万众一心，(우리의 마음을 하나로 모아서)
Wǒmen wànzhòng yìxīn,

冒着敌人的炮火，前进！(적의 포화에 맞서, 전진!)
màozhe dírén de pàohuǒ, qiánjìn!

冒着敌人的炮火，前进！(적의 포화에 맞서, 전진!)

Màozhe dírén de pàohuǒ, qiánjìn!

前进！前进！进！(전진! 전진! 나가자!)

Qiánjìn! Qiánjìn! Jìn!

3. 중국의 화폐단위

중국의 화폐단위는 위안으로, 현재 사용되는 화폐단위는 지폐를 기준으로 100위안, 50위안, 20위안, 10위안, 5위안, 1위안 등이 있다. 모든 지폐의 앞면에는 마오쩌둥(毛泽东)의 초상화가 있으며, 뒷면에는 중국의 명승고적(名胜古迹)이 새겨져 있다. 100위안에는 기둥이 56개인 베이징의 인민대회당을 넣었다. 이는 한족과 55개 소수민족의 화합과 번영을 상징하는 것으로 해석할 수 있다. 현재 중국에서는 우리나라의 '카카오톡'에 해당하는 '위챗(微信, WeChat)' 등을 통해 QR코드로 간단하게 경제활동을 하므로 현금 사용은 점차 줄어들고 있다.

➤ 2019년 8월 30일 50위안, 20위안, 10위안, 1위안 지폐와 1위안, 50펀, 10펀 동전이 새로 발행되었다.

❸ 행정구역과 소수민족

중국 지도(행정구역 표시도)

1. 행정구역

중국의 행정구역은 성(省), 직할시(直辖市), 자치구(自治区), 특별행정구(特別行政区) 등의 1급 행정구역과 지급(地级), 현급(县级), 향급(乡级), 촌급(村级) 등의 2급과 3급 행정구역이 있다. 1급 행정구역은 22개 성과 5개 자치구, 4개 직할시, 2개 특별행정구로 구성되어 있다.[03] 2급 행정구역인 '지급'은 우리나라의 도에 해당하는데 총 334개가 있으

---

[03] 중화민국(타이완) 헌법에는 중화인민공화국까지 포함하는 중국 전체를 중화민국의 영토로 규정한 반면, 중화인민공화국에서는 타이완을 하나의 성으로 취급하여 총 23개 성으로 분류한다.

며, 부성급 도시와 자치주가 포함된다. 우리나라의 시군구에 속하는 3급 행정구역인 '현급'에는 총 2,852개 현급시, 현, 자치현, 민족구 등이 포함되어 있다. 자치구와 더불어 자치주, 자치현 등은 모두 소수민족이 거주하는 지역이다. 조선족 집단거주지역인 옌볜(延边, Yánbiān, 연변)은 1급 행정구역인 자치구가 아니라 자치주이다. '옌볜조선족자치주'는 옌지(延吉, Yánjí, 연길), 투먼(图门, Túmén, 도문), 둔화(敦化, Dūnhuà, 돈화), 룽징(龙井, Lóngjǐng, 용정), 훈춘(珲春, Húnchūn, 혼춘), 허룽(和龙, Hélóng, 허룡) 등 6개 시와 안투(安图, Āntú, 안도), 왕칭(汪清, Wāngqīng, 왕청) 2개 현으로 이루어져 있다. 직할시는 중앙정부의 직접 관할 지역으로, 우리나라의 특별시나 광역시에 해당한다. 특별행정구에는 1997년 영국으로부터 반환받은 홍콩과 1999년 포르투갈로부터 반환받은 마카오가 있다. 현재 중국은 이 두 특별행정구를 중심으로 이른바 '일국양제'를 시행하고 있다.

행정단위		이름	약칭	성회(省会)
성	화베이 (华北)	허베이(河北, Héběi)	지(冀, Jì)	스자좡(石家庄)
		산시(山西, Shānxī)	진(晋, Jìn)	타이위안(太原)
	화둥 (华东)	장쑤(江苏, Jiāngsū)	쑤(苏, Sū)	난징(南京)
		저장(浙江, Zhèjiāng)	저(浙, Zhè)	항저우(杭州)
		안후이(安徽, Ānhuī)	완(皖, Wǎn)	허페이(合肥)
		푸젠(福建, Fújiàn)	민(闽, Mǐn)	푸저우(福州)
		장시(江西, Jiāngxī)	간(赣, Gàn)	난창(南昌)
		산둥(山东, Shāndōng)	루(鲁, Lǔ)	지난(济南)
	둥베이 (东北)	랴오닝(辽宁, Liáoníng)	랴오(辽, Liáo)	선양(沈阳)
		지린(吉林, Jílín)	지(吉, Jí)	창춘(长春)
		헤이룽장(黑龙江, Hēilóngjiāng)	헤이(黑, Hēi)	하얼빈(哈尔滨)
	화중 (华中)	허난(河南, Hénán)	위(豫, Yù)	정저우(郑州)
		후베이(湖北, Húběi)	어(鄂, è)	우한(武汉)
		후난(湖南, Húnán)	샹(湘, Xiāng)	창사(长沙)

성	화난 (华南)	광둥(广东, Guǎngdōng)	웨(粤, Yuè)	광저우(广州)
		하이난(海南, Hǎinán)	충(琼, Qióng)	하이커우(海口)
	시난 (西南)	쓰촨(四川, Sìchuān)	촨(川, Chuān) 수(蜀, Shǔ)	청두(成都)
		구이저우(贵州, Guìzhōu)	구이(贵, Guì) 첸(黔, Qián)	구이양(贵阳)
		윈난(云南, Yúnnán)	윈(云, Yún) 뎬(滇, Diān)	쿤밍(昆明)
	시베이 (西北)	샤안시(陕西, Shǎnxī)	산(陕, Shǎn) 친(秦, Qín)	시안(西安)
		간쑤(甘肃, Gānsù)	간(甘, Gān) 룽(陇, Lǒng)	란저우(兰州)
		칭하이(青海, Qīnghǎi)	칭(青, Qīng)	시닝(西宁)
자치구	화베이	네이멍구(内蒙古, Nèiměnggǔ)	멍(蒙, Měng)	후허하오터 (呼和浩特)
	화난	광시좡족(广西壮族, Guǎngxī Zhuàngzú)	구이(桂, Guì)	난닝(南宁)
	시난	시짱(西藏, Xīzàng, 티베트)	짱(藏, Zàng)	라싸(拉萨)
	시베이	닝샤후이족(宁夏回族, Níngxià Huízú)	닝(宁, Níng)	인촨(银川)
		신장웨이우얼(新疆维吾尔, Xīnjiāng Wéiwú'ěr)	신(新, Xīn)	우루무치 (乌鲁木齐)
직할시	화베이	베이징(北京, Běijīng)	징(京, Jīng)	
		톈진(天津, Tiānjīn)	진(津, Jīn)	
	화둥	상하이(上海, Shànghǎi)	후(沪, Hù)	
	시난	충칭(重庆, Chóngqìng)	위(渝, Yú)	
특별 행정구	화난	홍콩(香港, Xiānggǎng)	강(港, Gǎng)	
		마카오(澳门, Àomén)	아오(澳, Ào)	

2. 소수민족

	민족 이름	인구(만)	대표 거주 지역	민족의 특징
1	쫭족 (壮族)	1692.6	광시, 윈난, 광둥	예부터 가무를 즐겼으며 쫭족 여자들이 만든 공예품인 쫭진(壮锦)이 유명하다. 전통의상은 남녀 모두 검은색을 사용한다. 주택은 나무로 만들어 위층에 거주하며 아래층은 축사나 창고로 사용한다.
2	후이족 (回族)	1058.6	닝샤, 간쑤	종교는 이슬람교이며 중국 내 비교적 넓은 지역에 분포되어 있다. 이슬람교 사원을 중심으로 작은 규모로 모여 살며 단결력이 강한 것이 특징이다. 한어를 사용한다. 결혼식은 한족과 비교하여 크게 다르지 않지만, 이슬람 율법에 따라 술과 담배를 금하는 것이 특징이다.
3	만족 (满族)	1038.8	헤이룽장, 랴오닝, 지린	만주족으로도 불리며 역사적으로는 말갈족과 여진족으로 불렸다. 언어는 만주어를 사용했으나 현재는 대부분 한어를 사용한다. 사냥을 즐기며 고대 복장인 창파오(长袍)는 중국의 전통의상 치파오(旗袍)의 연원이 되었다. 머리장식을 중시하며 남자들은 앞머리를 깎고 뒷머리를 남겨 땋는 전통 헤어스타일이 특징이다.
4	웨이우얼족 (维吾尔族)	1006.9	신장	위구르족으로 불리는 중앙아시아의 터키계 민족이다. 위구르어와 위구르 문자를 사용하며 종교는 이슬람교이다. 흙을 사용해 집을 짓고 지붕을 평평하게 하여 지붕에 독특한 창문이나 지붕화원을 만드는 특징이 있다.
5	먀오족 (苗族)	942.6	구이저우, 후난, 윈난, 광시, 쓰촨	주로 산악지대에 촌락을 이루어 산재한다. 민족 고유의 언어와 문자를 보유하고 있었으나 현재는 실전되었다.
6	이족 (彝族)	871.4	윈난, 쓰촨, 구이저우	검은색을 숭상하며 과거 강력한 노예제 시행의 여파로 현재도 노예제가 남아 있다. 전통적 민족 복장은 종류와 무늬 등이 매우 복잡하고 다양하다. 민족명절 가운데 음력 6월 24일에 풍작을 기원하는 훠바제[火把节, 횃불축제]가 있다.

7	투자족 (土家族)	835.3	후난, 후베이, 충칭, 구이저우	독특한 민족 언어가 있으나 문자는 없다. 무술과 춤을 즐긴다.
8	짱족 (藏族)	628.2	시짱자치구, 칭하이, 간쑤, 쓰촨, 윈난	티베트족이라고 불리며 히말라야산맥에 있는 국가들과 티베트고원에 거주한다. 종교는 라마교이며 티베트 종교와 정치의 최고 지도자는 노벨평화상을 수상한 달라이라마이다.
9	멍구족 (蒙古族)	598.2	네이멍구자치구, 랴오닝, 지린, 허베이, 헤이룽장, 신장	유목민의 특징이 있으며 주택은 이동식 텐트 형태의 멍구바오(蒙古包)이다. 가무에 능하며 몽골어를 사용한다. 매년 7~8월에 '나다무(那达慕)'라고 하는 전통 군중집회를 개최하여 씨름, 말 타기, 활쏘기 등의 경기를 진행한다. 흰색을 민족의 색으로 여기며 검은색은 꺼리는 경향이 있다.
10	둥족 (侗族)	289	구이저우, 광시, 후난	역사적으로 장기간 고립되어 생활하면서 자신들만의 15개 성조가 있는 언어를 사용하지만 문자체계로 전하지는 않는다. 목조주택을 지어 위층에 거주하며 아래층에서는 물소, 돼지 등을 기른다. 종교는 불교와 기독교이며, 단결을 중시하고 투우를 즐긴다.
11	부이족 (布依族)	287	구이저우, 쓰촨, 윈난	종교는 불교와 기독교이며 언어는 부이어와 좡족의 언어인 좡어(壮语)를 사용한다. 자수와 납염, 도안, 공예술이 뛰어나다. 종교는 다신교이다. 복식과 풍속이 한족과 유사하다.
12	야오족 (瑶族)	280	광시, 윈난, 광둥	종교는 원시종교와 도교이다. 긴 머리를 말아 올리는 것이 특징인데 성인이 될 때 머리를 한 번 자른 뒤에는 평생 자르지 않는다고 한다.
13	바이족 (白族)	193	윈난, 구이저우, 후난	유구한 문화와 전통을 지닌 민족으로 언어는 바이어(白语)를 사용한다. 불교를 믿으며 조상을 숭배하고 마을의 시조에게 제사를 지낸다.
14	차오셴족 (朝鮮族)	183	지린, 랴오닝, 헤이룽장	종교는 불교와 기독교이며 백의민족으로 흰색을 선호한다. 널뛰기와 그네타기 등의 놀이문화가 있다. 예절교육을 중시하며 경어가 발달한 것이 특징이다.

15	하니족 (哈尼族)	166	윈난	종교는 원시종교이며 청남색을 좋아한다. 새와 관련된 가무가 특징이다. 15세가 되면 또래와 서로 머리핀을 교환하는 것으로 청년기에 들어선 것을 축하한다.
16	리족 (黎族)	146	하이난	종교는 원시종교이며 도교적 특징도 있다. 생활은 농업 위주이며 물소와 소 등을 사육한다.
17	하싸커족 (哈萨克族)	146	신장	종교는 이슬람교, 언어는 알타이어계이며 하싸커 문자가 있다. 유목민족으로 말 타기, 양 낚기 등 특유의 놀이활동이 있다.
18	다이족 (傣族)	126	윈난	종교는 불교로 명절이나 기념일이 불교 활동과 관련되어 있다. 대대로 물길을 따라 살아왔으며 매년 청명절 후 10일경에 민족 최대 명절인 '포수이제[泼水节, 물 뿌리는 축제]'가 열린다. 이 기간에 전통의상을 입고 서로 물을 뿌리며 축복한다. 공작새를 좋아하여 이를 본떠서 공작춤을 추기도 한다.
19	서족 (畲族)	71	저장, 푸젠, 장시, 광둥	종교는 불교와 기독교이며, 문자는 한자를 사용한다. 결혼의식이 매우 간단하고 소박한 것이 특징이다.
20	리쑤족 (傈僳族)	70	윈난, 쓰촨	종교는 원시종교와 기독교이다. 가무에 뛰어나며 사냥을 즐긴다. 결혼은 자유연애로 이루어지며 약탈혼인 풍습도 있다.
21	둥샹족 (东乡族)	62	간쑤, 신장	종교는 이슬람교이며 문자는 한자를 사용한다. 붉은색을 좋아하며 여자들의 옷차림이 화려하다. 남자는 짧은 머리에 수염을 기르는 것이 특징이다. 부모가 혼인을 결정하며 결혼 전에 남녀는 얼굴을 마주할 수 없다.
22	거라오족 (仡佬族)	55	구이저우	종교는 원시종교이며 한자를 사용한다. 복장은 남자는 짧은 치마, 여자는 긴 치마를 입는다.
23	라후족 (拉祜族)	49	윈난	종교는 불교이며 민족문자인 라후문을 사용한다. 검은색을 좋아하여 검은색 옷을 주로 입는다.

24	와족 (佤族)	43	윈난	종교는 불교와 기독교이며 민족문자인 와문을 사용한다. 옷 장식이 화려하고 선명한 것이 특징이고 토지신을 숭배한다.
25	수이족 (水族)	41	구이저우, 광시	문자는 한문을 사용한다. 복장은 남색, 백색, 청색의 3색 위주이며 붉은색이나 황색 등 화려한 색을 꺼린다.
26	나시족 (纳西族)	33	윈난	종교는 가톨릭과 라마교이다. 민족 고유의 나시문을 사용한다. 일반적으로 3층의 목조 가옥을 짓고 생활한다.
27	창족 (羌族)	31	쓰촨	종교는 불교와 기독교이다. 언어는 창어를 사용하며 고유 문자가 없고 한자를 사용한다. 종교는 다신교이며 양을 숭배한다. 주택은 3층으로 건축해 2층에 거주하며 1층에서는 가축을 기르고 3층은 식량 저장 창고로 활용한다.
28	투족 (土族)	29	칭하이, 간쑤	종교는 라마교, 언어는 알타이어계, 문자는 한자를 사용한다. 음악을 좋아하며 화려한 복장이 특징이다.
29	무라오족 (仫佬族)	22	광시	종교는 원시종교이며 한자를 사용한다. 신화, 전설 등이 많이 전하며 중추제[[中秋节, 추석]에 오리고기를 먹으면서 노인들에게서 전설을 듣는 풍습이 있다. 최고의 전통명절인 이판제(依饭节)에 풍수를 기원한다.
30	시보족 (锡伯族)	19	신장, 랴오닝	청나라 때 둥베이 지역에 거주하는 시보족의 일부가 신장웨이우얼자치구로 이주하였는데 매년 4월에 콩죽이나 밀가루죽을 만들어 이를 기념한다. 종교는 원시종교와 라마교이다. 한족과 마찬가지로 춘제(春节), 칭밍제(清明节), 돤우제(端午节)를 지낸다.
31	커얼커쯔족 (柯尔克孜族)	19	신장	키르키스족으로 불리며 종교는 이슬람교이다. 민족 고유의 키르키스 문자를 사용한다. 복장은 유목민족의 독특함이 있으며 장식품으로 치장하기를 좋아한다.
32	징포족 (景颇族)	15	윈난	종교는 원시종교와 기독교이다. 민족 고유의 징포문을 사용한다. 하루가 지난 밥은 먹지 않고 새로 지은 밥을 먹기 전에 개에게 주는 풍습이 있다.

33	다워얼족 (达斡尔族)	13	네이멍구, 헤이룽장, 신장	다우르족으로 불리며 종교는 원시종교와 라마교이다. 문자는 한자를 사용한다.
34	싸라족 (撒拉族)	13	칭하이, 간쑤	언어는 알타이어계이며 한자를 사용한다. 주로 농사를 짓는다. 낙타를 길상으로 여기며 결혼식 때 낙타극을 공연한다.
35	부랑족 (布朗族)	12	윈난	언어는 부랑어(布朗语)를 사용하나 문자는 없다. 종교는 불교이다. 주택은 대나무로 지어 위층에 거주하며 아래층은 가축을 기르거나 방아를 설치해둔다. 복장은 머리에 청색 수건을 두르는 것이 특징이다.
36	마오난족 (毛南族)	10	광시	종교는 원시종교이며 문자는 한자를 사용한다. 주로 농업에 종사한다. 주택은 흙벽의 기와집을 지어 위층에 거주하고 아래층에서는 가축을 기른다. 복장은 남녀 모두 남색 옷을 즐겨 입으며 여자들은 대나무로 만든 모자를 쓴다.
37	타지커족 (塔吉克族)	5	신장	종교는 수니파 이슬람교이며 이란인 혈통이다. 민족에 대한 충성심이 강하며 전통 계승을 중요시한다. 주로 목축업과 농업에 종사하며 공예기술이 뛰어나다.
38	푸미족 (普米族)	4	윈난, 쓰촨	고대 창족의 일파로 티베트 짱족 문화의 영향을 많이 받았다. 한자를 사용하며 종교는 주로 라마교이다. 목조건물의 위층에 거주하고 아래층에서는 가축을 기른다.
39	아창족 (阿昌族)	4	윈난	종교는 소승불교와 다신교이며 한자를 사용한다. 검은색을 좋아하여 결혼한 남자는 검은색 천을 머리에 두르고 일 년 내내 검은색 옷을 입기도 하며 치아 또한 검은색이 아름답다고 여긴다.
40	누족 (怒族)	3.7	윈난	종교는 원시종교, 천주교, 라마교이다. 언어는 누어를 사용하나 지역별 차이가 커서 통하지 않는 경우도 있으며 한자를 사용한다. 여자들은 주로 마로 만든 치마를 입는다.
41	어원커족 (鄂温克族)	3	네이멍구	에벤키족으로 불리며 이전에는 퉁구스족으로 불리기도 했다. 언어는 어원커어, 문자는 한자를 사용한다. 생활은 유목과 수렵 위주이며 종교는 라마교이다.

42	징족 (京族)	2.8	광시	언어는 징족어와 한어를 사용하고 문자는 한자를 사용한다. 베트남에서 이주해온 민족으로 이전에는 웨족(越族)이라고도 불렸다. 생활은 어업을 위주로 하지만 농업도 겸한다. 종교는 다신교이며 춘제와 중추제, 돤우제, 칭밍제 등의 명절을 지낸다.
43	지눠족 (基诺族)	2	윈난	언어는 지눠어를 사용하고 문자는 한자를 사용한다. 만물에 영혼이 있다고 믿으며 종교는 원시종교이다. 농업 위주이며 대나무로 집을 지어 생활한다.
44	더앙족 (德昂族)	2	윈난	언어는 더앙어를 사용하며 다이어(傣语), 한어, 징포어(景颇语) 등도 사용한다. 문자는 다이문(傣文)을 사용한다. 종교는 원시종교와 불교이다. 차나무를 많이 재배하여 차 마시기를 특히 즐긴다. 다이족과 동일하게 포수이제를 최대 명절로 여긴다.
45	바오안족 (保安族)	2	간쑤	바오안어와 한어를 사용한다. 종교는 이슬람교, 생활은 농업 위주이며 목축업과 수공업을 겸한다. 수공예품 바오안다오(保安刀)가 잘 알려져 있다.
46	어뤄쓰족 (俄罗斯族)	1.5	신장, 네이멍구, 헤이룽장	러시아족 또는 러시아계 중국인이라고 불린다. 러시아어를 주로 사용하며 중국어를 사용하기도 한다. 종교는 대부분 러시아정교이다. 푸른색을 선호하고 노란색은 싫어하는 특징이 있다.
47	위구족 (裕固族)	1.4	간쑤	언어는 위구어와 한어를, 문자는 한자를 사용한다. 종교는 라마교이며 유목생활을 한다. 남자들은 둥근 모자를 쓰고 여자들은 나팔 모양 모자를 쓴다.
48	우쯔베커족 (乌孜别克族)	1	신장	우즈베크족이라고 불리며 우즈베크어를 사용한다. 종교는 이슬람교이며 꽃모자를 즐겨 쓴다.
49	먼바족 (门巴族)	1	시짱	짱족(티베트족)의 생활과 풍습의 영향을 비교적 많이 받았다. 언어는 먼바어(门巴语)와 티베트어를 쓰며 문자는 티베트문을 사용한다. 대나무와 등나무로 만든 전통 수공예품이 유명하다. 남녀 모두 붉은색 겉옷을 입고 모자와 장화를 착용한다. 종교는 라마교인데 일부는 원시종교를 믿는다.

50	어룬춘족 (鄂伦春族)	0.9	네이멍구, 헤이룽장	언어는 어룬춘어를 사용하며 문자는 한자를 사용한다. 종교는 원시종교이다. 과거에는 산속에서 살며 사냥을 주로 하였으나 현재는 수렵이 금지되면서 정착해 살고 있다. 원시생활 상태가 비교적 완벽하게 보존되어 있다.
51	두룽족 (独龙族)	0.7	윈난	언어는 두룽어를 사용하며 민족문자는 없다. 종교는 원시종교이며 설날이 유일한 명절이다. 여자들은 얼굴에 문신을 하는 풍습이 있었다.
52	허저족 (赫哲族)	0.5	헤이룽장	종교는 원시종교이고 언어는 허저어와 한어를 사용하며 문자는 한자를 사용한다. 어업을 위주로 하며 물고기나 동물의 가죽으로 옷을 만들어 입기도 했다. 지금도 원시사회의 씨족 조직을 보존하고 있다.
53	가오산족 (高山族)	0.4	타이완, 푸젠	종교는 원시종교이고 언어는 인도네시아어계 언어를 사용하며 문자는 한자를 사용한다. 생활은 화전농업 위주이다. 전통적으로 빈랑(槟榔)을 씹는 습관이 있어 치아가 검은색으로 변하기도 하지만 이것을 아름답다고 여긴다. 제사나 불상사가 있을 때를 제외하고는 불을 숭배하여 항상 불씨가 꺼지지 않도록 한다.
54	뤄바족 (珞巴族)	0.37	시짱	언어는 뤄바어를 사용하며 문자는 티베트 문자를 사용한다. 종교는 라마교와 원시종교이다. 생활은 농업을 주로 하며 수렵과 목축업을 겸한다. 신발을 신지 않고 맨발로 다닌다.
55	타타얼족 (塔塔尔族)	0.36	신장	타타르족이라고 불리며 종교는 이슬람교이다. 민족 고유의 언어와 문자를 사용한다. 전통적으로 수공예와 교역에 능하다.

❹ 중국공산당과 정부조직

공산당이 통치하는 중화인민공화국도 민주국가인 대한민국과 마찬가지로 헌법(憲法)을 가지고 있다. 중화인민공화국의 헌법은 1954년에 제정되었다. 헌법 제정 이래 몇 차례 개헌을 거쳤으며, 가장 최근인 2018년에는 국가주석의 2연임 초과 금지 조항을 삭제하였다.

1. 중국공산당

1921년 7월 23일 중국공산당 제1차 전국 대표대회를 개최했던 상하이 유적지

중국공산당기

1917년 러시아에서 일어난 볼셰비키혁명이 중국에도 영향을 미쳤다. 1920년 베이징대학 교수 리다자오(李大钊)와 천두슈(陈独秀) 등이 공산당 창당의 필요성을 제기하였고, 1921년 7월 상하이에서 중국공산당 제1차 전국대표대회를 진행하였다. 이렇게 창당된 중국공산당은 국민당과 합작·경쟁을 거치면서 중국대륙을 장악하였다. 중국공산당기는 우싱훙치와 같이 빨간 바탕에 망치와 낫의 이미지가 새겨져 있는데, 망치는 노동자 계급, 낫은 농민 계급을 각각 의미한다. 이는 공산혁명의 주역인 노동자와 농민을 상징한다. 공산당의 주요 조직은 다음과 같다.

중국공산당 조직도

(1) 중국공산당전국대표대회
(中国共产党全国代表大会, Zhōngguó Gòngchǎndǎng Quánguó Dàibiǎo Dàhuì)

중국 정치시스템에서 가장 중요한 역할을 한다. 이 대회에는 공산당 당원만 참가할 수 있으며, 국민당과 민주당 등 기타 당파는 참가할 수 없다. 공산당 최고권력기관으로 5년마다 열린다. 전국대표대회에서는 중앙위원회와 중앙기율검사위원회의 보고를 심사하고 당의 주요 문제를 토론하며 당장(党章)도 수정한다.

중국공산당전국대표대회

(2) 중앙위원회(中央委员会, Zhōngyāng Wěiyuánhuì)

전국대표대회의 결정을 집행하며 당의 모든 업무를 수행한다. 위원은 전국대표대회에서 선출된다. 중앙위원회의 총서기는 중앙정치국회의와 중앙정치국상무위원회를 소집하고 중앙서기처의 활동을 주재한다. '중앙정치국상무위원회'와 '중앙정치국'은 중앙위원회 전체회의 기간에 중앙위원회의 직권을 행사한다. '중앙서기처'는 중앙정치국과 상무위원회의 사무기관 역할을 한다. '중앙군사위원회'는 당 중앙의 최고군사지휘기구이며, 주석 1명과 부주석 3명으로 구성된다.

'중앙기율검사위원회'는 당장과 당내 법규 보호, 당의 기강 등을 담당하고 당의 노선과 방침, 정책 결의의 집행 상황을 감시한다.

(3) 중앙정치국상무위원회
(中央政治局常务委员会, Zhōngyāng Zhèngzhìjú Chángwù Wěiyuánhuì)

중국공산당 최고권력기구이며 실질적인 최고정책결정기구로, 공산당과 중화인민공화국을 이끄는 국가 지도자그룹이다. 시진핑 집권 이후 약간 변화가 있기는 하지만, 중국의 정치체제가 1인체제가 아닌 집단지도체제임을 강하게 시사하는 것이 바로 중앙정치국상무위원회이다. 위원회는 공산당 총서기, 국가주석, 군사위원회 주석, 국무원 총리 등의 주요 인사로 구성된다. 장쩌민 주석 시기에 7명이었다가 후진타오 주석 시기에 9명으로 늘었고, 시진핑 주석 시기에 다시 7명이 되었다.

(4) 중국공산주의청년단
(中国共产主义青年团, Zhōngguó Gòngchǎnzhǔyì Qīngniántuán)

중국공산주의 청년단기

줄여서 '(중국)공청단'이라고 하며 1922년 5월에 조직되었다. 공산주의를 신봉하는 청년들로 구성된 대중조직이다. 공청단은 주로 공산당 지도자 양성 조직으로서 임무가 크며, 전 주석인 후진타오와 후진타오의 후계자로 불리던 리커창(李克强) 등이 모두 공청단 출신이어서 '퇀파이(团派)'라고 불리기도 한다. 공청단 중앙조직이 발표한 자료에 따르면, 중국공청단 단원은 2017년 말 기준 약 8,124만 명이며, 이 가운데 학생 단원은 약 5,795만 명으로 집계되고 있다.

2. 중화인민공화국 정부조직

대한민국을 포함한 일반적인 민주주의 국가에서는 행정, 입법, 사법이 분리된 삼권분립을 기본으로 한다. 그러나 중화인민공화국에서는 '전국인민대표대회'가 국가 최고권력기구로 최고 입법권, 최고 임면권, 최고 결정권, 최고 감독권 등을 행사한다. 즉 전국인민대표대회가 입법, 사법, 행정의 모든 권한을 다 가지고 있다. 전국인민대표대회를 정점으로 하는 중화인민공화국의 국가기구도는 다음과 같다.

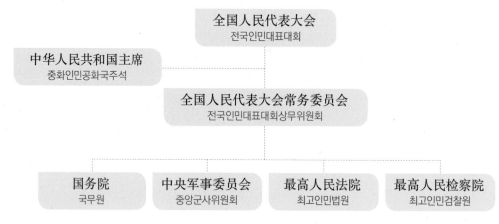
중화인민공화국 국가기구도

(1) 전국인민대표대회(全国人民代表大会, Quánguó Rénmín Dàibiǎo Dàhuì)

선거로 선출되는 대표의 임기는 5년이며, 줄여서 전인대라고 부른다. 대부분 성, 자치구, 직할시에서 선출되지만 공산당 중앙, 인민해방군, 타이완 출신자, 홍콩 등의 특수부문에서도 추천되고 선출된다. 매년 봄, 베이징 톈안먼광장에 있는 인민대회당(人民大会堂)에서 개최되며 한국의 국회와 같은 기능을 한다. 중국은 다당제 국가이기 때문에 중국공산당을 위주로 하지만 국민당과 민주당 등의 대표도 전인대에 참여한다. 지역별 인민대표 또한 공산당원이 아니어도 선발될 수 있다.

전국인민대표대회가 입법기관이지만 국가의 주요한 사안들은 중국공산당전국대표대회에서 의결한다. 중국공산당전국대표대회가 먼저 개최되고 난 후 전국인민대표대회가 개최되기 때문에 중요한 사안은 이미 중국공산당전국대표대회에서 의결된 후 다시 전국인민대표대회로 전달된다.

인민대회당 외부와 내부

(2) 주석(主席, zhǔxí)

중화인민공화국 헌법에 따르면, 주석은 중화인민공화국의 공민으로 선거권 및 피선거권을 가지는 만 45세 이상 성인이어야 하며, 전국인민대표대회에서 선출된다. 임기는 5년이며 3선 이상 선출을 금지(최대 10년까지)하였으나 2018년 임기 제한을 철폐하였다. 국가주석 및 부주석 후보자는 전국인민대표회의 주석단이 지명하며, 전국인민대표회 전체회의에서 전체 의원의 과반수 찬성을 획득해야 한다.

(3) 국무원(国务院, Guówùyuàn)

우리의 내각에 해당한다. 중국의 국무원은 중앙인민정부로서 최고집행기관이자 최고 행정기관이다. 총리와 부총리, 국무위원, 각 부서의 부장, 각 위원회의 주임 등으로 조직되어 있다. 국무원에서는 국가의 모든 행정업무를 지도하고 관리한다.

(4) 중앙군사위원회(中央军事委员会, Zhōngyāng Jūnshì Wěiyuánhuì)

중화인민공화국의 군사를 지도하는 국가기관으로, 중앙군사위원회 주석, 부주석, 위원으로 구성되어 있다. 전국인민대표대회에서 선출되며 공산당의 중앙군사위원회와 명칭뿐만 아니라 구성원에서도 서로 완전히 일치한다. 즉 실질적으로 하나의 기구로 볼 수 있다. 전국인민대표대회는 중앙군사위원회 주석과 기타 구성원을 파면할 권한을 가지고 있다. 중앙군사위원회 주석의 임기는 5년으로 연임 제한이 없다.

(5) 인민해방군(人民解放军, Rénmín Jiěfàngjūn)

1927년 8월 1일 창군한 후 1946년까지는 주로 홍군(红军)으로 불렸다. 현재 모병제로 운영하며 200여 만 명의 세계 최대 상비군과 80여 만 명의 예비군을 보유하고 있다. 2019년 현재 약 1조 1,900위안(한화 200조 원)의 국방비를 지출하여 미국에 이어 세계 2위, 아시아 1위의 막강한 국방비를 지출하고 있다. 2019년 현재 중국은 전 세계 타격이 가능한 대륙간탄도미사일 둥펑(东风)-41을 비롯하여 잠수함 발사 탄도미사일 쥐랑(巨浪)-2, 극초음속 비행체 둥펑-17, 극초음속 드론 등 신무기도 대량 보유함으로써 군사 대국으로의 면모를 과시하고 있다.

중국 건국 70주년 기념 열병식

중국 건국 70주년 기념 열병식에서 행진하는 둥펑-41

혁명영웅기념비(革命英雄纪念碑)
➤ 천안문광장에 인민영웅기념비(人民英雄纪念碑)와
　나란히 있음.

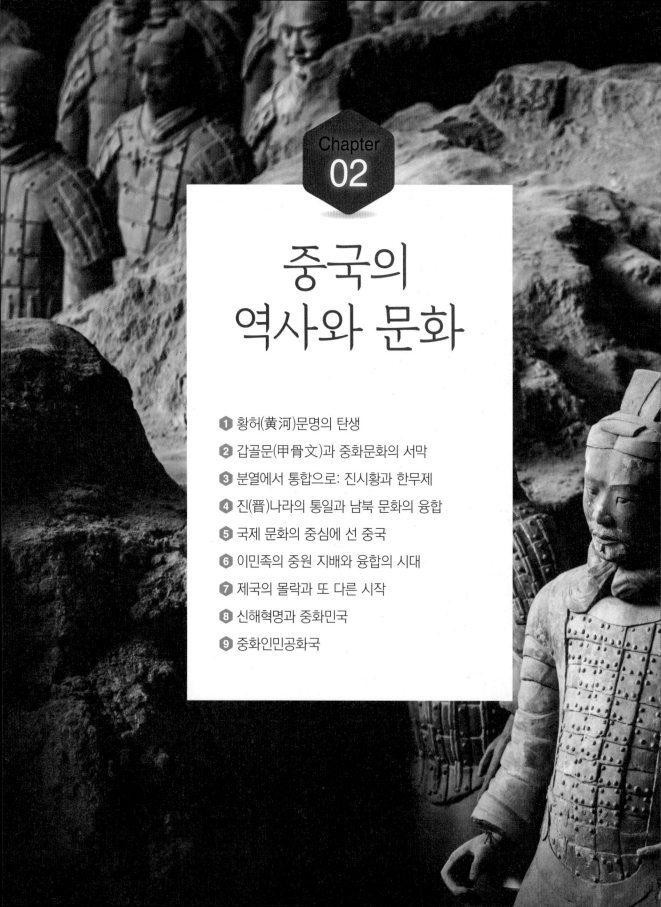

❶ 황허(黃河)문명의 탄생

1. 중국인과 신(神)의 세계

중국 신화에 따르면, 천지창조의 신 반고(盤古)와 여와(女娲)는 천지를 개벽하고 사람을 만들었다고 한다. 반고는 암흑과 혼돈에서 태어났고 음과 양은 각기 혼탁한 땅과 맑은 하늘이 되었다. 반고의 키는 매일 일 장(丈)씩 자랐고, 일만팔천 년이 지나자 하늘과 땅이 구만 리나 떨어지게 되었다. 이렇게 하늘과 땅을 만든 반고는 입김을 불어 바람과 구름을 만들어냈다. 그의 커다란 몸은 산과 구릉이 되었고, 머리털은 초목이 되어 세상을 푸르게 뒤덮었으며, 두 눈은 태양과 달이 되었고, 목소리는 천둥이 되었다고 한다.

『회남자(淮南子)』에는 인간 창조의 신 여와의 보천(補天) 이야기가 실려 있다. 하늘에 있던 기둥 네 개가 부러져 홍수가 나서 땅이 갈라지고, 불이 나고 맹수가 사람을 괴롭히자 여와가 오색의 빛나는 돌을 갈아 하늘의 구멍 뚫린 곳을 메우고 바다거북의 네 다리를 축으로 삼아 하늘을 받쳤다. 다만 급하게 하는 바람에 지축이 기운 건 바로잡지 못해서 북서쪽은 하늘과 가까워 융기하고 남동쪽은 내려앉아 서고동저(西高東低)가 되었다. 구멍을 메운 오색의 돌은 청색, 적색, 황색, 백색, 흑색으로 각각 목(木), 화(火), 토(土), 금(金), 수(水)의 오행(五行)이 되었다고 한다.

여와보천(女娲補天)

여와는 세상이 안정되자 심심해서 진흙으로 자신을 닮은 형상을 빚었다. 이것들이 살아 움직여 여와 주위에서 춤추고 노래하며 맴돌았는데, 곧 '사람'이다. 여와가 처음에는 하나씩 정성스럽게 빚어내다가 나중에는 귀찮아서 새끼줄을 진흙 속에 넣었다가 휘둘러 진흙덩이가 사방으로 튀게 했다. 여와가 직접 빚은 것은 귀한 사람이 되었고, 새끼줄에서 튕겨진 것은 천한 사람이 되었다고 한다. 여와가 이들이 짝짓기를 해서 대를 잇게 했기 때문에 고대 중국인은 여와를 혼인과 잉태와 출산을 관장하는 신으로 모셨다. 이는 모계사회를 대변한다고 할 수 있다.

2. 중화민족과 황제(黃帝)의 시대

중국인에게 황허강은 생명의 젖줄이자 마음의 안식처이다. 황허문명은 기원전 7000~기원전 3000년경 황허강 중류의 중원(中原) 지역을 중심으로 한 신석기시대 농경문화이다. 양사오(仰韶)문화는 기원전 5000~기원전 3000년경에 발달한 신석기 문화로 채도(彩陶)가 특징이다. 이를 계승하여 기원전 2900~기원전 2000년 무렵에는 흑도(黑陶)와 회도(灰陶)를 특징으로 하는 룽산(龙山)문화가 발달하여 점복(占卜) 등이 유행하였고 청동기 문화가 형성되었다. 중국인은 이 시기에 촌락을 형성하여 읍(邑)을 이루었고 신분의 고하도 이미 존재했다.

이를 즈음하여 중원 지역에서 도시국가도 탄생했다. 삼황오제(三皇五帝)^{TIP}의 오제 중 4번째인 요(尧)임금은 순(舜)에게 임금 자리를 양위했고, 순임금은 곤(鲧)의 아들 우(禹)가 치수의 공을 세우자 우에게 양위했다. 농경사회에서 가뭄과 홍수를 다스리는 치수 능력은 나라의 발전과 부족 간 분쟁에 큰 영향력을 미치기 때문이다. 우임금도 공을 세운 신하 익(益)에게 선양했지만, 우임금의 아들인 계(启)가 익을 죽이고 왕위를 세습하였다. 선양(禅让)제도를 통하여 요, 순, 우로 이어졌던 중원의 권력

황허강

채도

흑도

회도

삼황오제

전설상의 제왕. 삼황오제가 구체적으로 누구인지에 대해서는 이견이 많다. 『사기(史记)』에서는 복희(伏羲), 여와, 신농(神农)을 삼황이라 했다. 『서경(书经)』에서는 수인(燧人)은 불을 사용하는 법을, 복희는 팔괘로 자연의 법칙을 알아 인사에 응용하는 법과 짐승을 기르고 그물과 옷을 짜는 방법을, 신농은 곡식을 심고 가꾸는 법을 발견하여 농경문화의 기초를 닦은 제왕으로 전해진다. 『사기』「오제본기(五帝本纪)」에서는 황제(黃帝), 전욱(顓頊), 제곡(帝喾), 요, 순을 오제라고 했다. 오제 가운데 황제는 한족의 기틀을 닦았으며, 요와 순은 농경사회의 기초를 닦고 태평성대를 구가한 임금으로 기록되어 있다. 순의 뒤를 이은 우는 황허강의 물길을 뚫어 농경문명을 정착시켰다.

구조가 이렇게 하여 세습제도로 바뀌었다. 하나라는 토지 국유제를 시행하고 농업에 필요한 역법을 만들었으며 청동기 문명을 발전시켰다. 하(夏)나라는 마지막 왕인 걸(桀)의 폭력과 향락에 따른 폭정으로 신하의 나라였던 상(商)의 탕(汤)왕에게 멸망되었다.

❷ 갑골문(甲骨文)과 중화문화의 서막

1. 상(商)나라의 갑골문

　기원전 1600년경 상의 탕왕이 하나라를 멸망시키고 하나라의 다른 속국들을 병합해 본격적인 상왕조가 시작되었다. 상왕조 초기에는 통치가 매우 불안정하여 도읍을 수차례 옮겼다. 19대 왕 반경(盘庚)이 은(殷) 지역으로 천도하였기 때문에 은나라라고도 불린다. 허난성 은허(殷墟)에서 가장 오래된 한자인 갑골문과 청동기 유물이 대량 발굴되었다. 상나라는 제사와 농사, 전쟁과 사냥, 왕의 통치, 질병과 재앙 등 국가 대사와 관련된 일을 행할 때는 매번 거북의 껍질이나 동물의 뼈에 점을 친 날짜와 길흉(吉凶)의 결과를 새겼다. 이것이 바로 갑골문으로 중국 최초의 문헌 자료가 된다.

➤ 가장 오래된 한자인 갑골문과 청동기 유물이 대량 발굴된 허난성 은허의 유적지

청동기

갑골문

상나라는 정교한 청동 무기와 그릇을 만들고 강대한 군사력을 확보하여 농업과 수공업이 비약적으로 발전했다. 임금은 국가제도와 조직을 정비하면서 막강한 권력을 갖게 되었고, 청동 문명의 혜택으로 풍요로움을 더하게 되었다. 그러나 주(纣)왕**TIP**에 이르자 귀족은 부패와 사치에 물들고, 제도의 악습과 폐해가 속출했다. 이런 악습과 폭정이 계속되자 주(周)의 무왕(武王)이 제후국들과 연합하여 목야(牧野)에서 주왕을 죽임으로써 상나라는 기원전 1046년 멸망했다.

TIP

걸주(桀纣)

애첩 달기(妲己)에게 빠져 나라를 망하게 한 주왕은 하나라의 마지막 왕인 걸과 함께 폭군의 전형인 '걸주'로 병칭된다. 주지육림(酒池肉林)이라는 고사성어가 바로 이 주왕에서 유래했다. 그는 기름을 발라 숯불 위에 걸쳐놓은 구리기둥 위를 걷게 하는 포락형(炮烙刑)을 내려 죄인이 미끄러져 타 죽는 모습을 구경하면서도 즐거워했다고 한다.

2. 주(周)나라와 춘추전국시대

주나라는 상왕조를 멸망시킨 무왕(武王)의 아버지 창[昌, 후에 문왕(文王)으로 불림]에 이르러 국가조직이 공고해지고 국력이 강해졌다. 특히 창은 내적으로는 나라를 정비하고 외적으로는 웨이수이(渭水, Wèishuǐ, 위수) 중류 지역의 이민족을 복속시켜 주나라를 상나라에 필적할 수 있는 위치로 끌어올렸다. 그의 아들 무왕은 기원전 1046년 상나라의 주왕을 멸하고 도읍을 호경[鎬京, 지금의 시안(西安)]으로 옮겼다. 주나라는 왕조의 정당성을 확보하기 위해, 왕이 되기 위해서는 하늘의 뜻이 필요하다는 '천명(天命)'을 내세우고 분봉제(分封制)와 정전제(井田制)를 실시했다.

분봉제는 종법(宗法)제도에 기초하여 만들어진 주나라 정치제도의 기본 형식이다. 주나라 왕은 호경과 호경 부근의 왕기(王畿), 군사적 거점 지역인 낙읍[洛邑, 지금의 뤄양(洛阳)]의 일부 지역만을 직접 다스리고, 그 외 지역은 제후국으로 봉하여 제후에게 땅과 토지를 부여했다. 제후는 대부분 주왕실과 동성(同姓)이었고 성이 다른 제후는 극소수였다. 정전제는 토지를 우물 정(井) 자 모양으로 9등분하여, 8가구가 각각 한 구역씩 경작하고, 가운데 구역은 8가구가 공동으로 경작해 그곳에서 나오는 수확물을 국가에 조세로 바치는 토지제도였다.

기원전 770년 평왕(平王) 때 낙읍으로 천도한 이후를 동주(东周) 시기라고 한다. 이 시기는 또한 춘추전국(春秋战国) 시기라고도 부른다. 춘추전국 시기에는 왕의 권력이 미약해지고 춘추오패와 전국칠웅(战国七雄)을 중심으로 질서가 재편되었는데, 이러한 흐름에 따라 제자백가(诸子百家)의 다양한 사상이 쏟아져 나왔다.

3. 『시경(诗经)』과 『초사(楚辞)』

고대 중국의 왕들은 민심을 파악하기 위해 민간의 노래를 수집했다. 이렇게 수집된 시들은 현재 곡조는 알 수 없지만, 그 가사는 중국 최초의 시집인 『시경』에 수록되어 전한다. 『사기』에 따르면 시 3,000여 편을 공자가 311편으로 산정(删定)했다고 한다. 그중 305편은 현재까지 전한다. 이 시는 대부분 주나라 초기부터 전국시대 중기까지 황허강을 중심으로 한 중원 지역의 노래이다. 공자는 "시경의 시 300편을 한마디로 정의하면, 생각에 사악함이 없다(一言而蔽之曰, 思无邪)"라고 했다. 이 말을 두고 후대 학자들은 도덕적 생각을 표현한 의미 또는 순수한 감정을 표현한 의미 등으로 다양하게 해석한다.

사언(四言)을 위주로 한 305편은 각 나라의 민가인 풍(风), 궁중 의식에 사용하던 아(雅), 종묘제사에 사용하던 송(颂)으로 구분된다. 이 시들은 또한 직접 서술한 부(赋) 형식과 비유법을 사용한 비(比) 형식 그리고 고도의 은유인 흥(兴) 기법을 사용해 당시 중국인의 현실생활을 묘사하였다. 『시경』의 시는 특히 정치를 풍자하고 학정(虐政)을 원망하는 현실적인 내용이 많다. 『시경』은 풍부한 내용과 아름다운 수사기법을 사용했으며, 사료적(史料的) 가치 또한 매우 높다.

『시경』이 중원 지역을 중심으로 한 북방 중국인의 현실적인 삶을 반영했다면 초(楚)나라 굴원(屈原)의 작품과 동시대 남방 중국인의 작품을 모은 『초사』는 낭만성이 풍부한 작품이다. 『초사』는 제사나 점복(占卜)에 관한 내용이 많으며 신화적이고 낭만적인 요소가 풍부하다. 굴원의 「이소(离骚)」가 대표작으로 꼽힌다. 주로 초나라 지역 산천인물(山川人物)과 역사 상황 등을 독특한 운율과 절주로 노래했으며 자유분방하고 기이한 상상력이 내포되어 있다.

❸ 분열에서 통합으로: 진시황과 한무제

1. 진(秦)나라의 통일과 진시황의 분서갱유

기원전 221년 진시황(秦始皇)이 전국칠웅인 한(韩), 조(赵), 위(魏), 초(楚), 연(燕), 제(齐) 등 여섯 나라를 멸망시키고 통일하면서 분열의 춘추전국시대는 막을 내렸다. 진시황은 상앙(商鞅)을 등용하여 과감하게 개혁을 단행하고 부국강병을 이루어 합종책으로 진나라에 대항한 육국을 멸망시킨 것이다.

진시황은 또한 도량형, 화폐, 문자, 도로 등을 통일했으며 통일제국의 기틀을 다지기 위해 군(郡)과 현(县)에 태수(太守)와 현령(县令)을 파견하여 중앙집권 강화에 힘썼다. 언론과 사상을 통제하기 위해 분서갱유(焚书坑儒)TIP를 단행했고, 북방 이민족의 침입을 막기 위해 장성(长城)을 건축하였다. 진시황의 이러한 치세와 업적은 역사적으로 평가받아 마땅하지만, 지나친 폭정과 불로장생이라는 허황된 망상으로 빠른 멸망을 자초하였다. 아방궁(阿房宫)을 건축하고 사후의 영화를 위하여 지하 왕궁과 병마용갱(兵马俑坑)을 만들어 백성의 고통을 가중시켰다. 진시황이 천하를 순행하다가 객사하자 환관 조고(赵高)가 음모를 꾸미며 태자 부소(扶苏)가 아닌 호해(胡亥)를 황제로 내세웠지만 4년 뒤인 기원전 207년 통일제국은 사라지고 말았다.

진시황

TIP

분서갱유

언론과 사상을 통제하기 위해 기원전 213년 승상 이사(李斯)의 건의를 받아들여 법가의 저서나 진나라 역사서 그리고 의술이나 점복과 같은 실용서적을 제외한 책들은 모두 불태우고 선비들을 생매장시킨 사건이다.

만리장성

병마용갱

2. 한(汉)나라와 유교의 국교화

진나라가 몰락한 뒤 항우(项羽)와 유방(刘邦)의 패권 다툼에서 유방이 기원전 202년 최후의 승리를 거두고 한나라를 건국했다. 유방은 패현[沛县, 지금의 장쑤성 페이현]의 말단 관리 출신이지만, 이후 패현의 수령으로 받들어져 '패공(沛公)'이라 불렸다. 항우는 초나라 귀족 출신으로, 스스로를 '서초패왕(西楚霸王)'이라 칭했다.

한고조 유방

진나라의 항복을 받아낸 사람은 유방이지만, 항우가 40만 대군을 거느렸던 것에 비해 유방은 겨우 10만 군사를 이끌었기 때문에 항우가 먼저 천하의 패권을 쥐게 되었다. 유방은 이에 불만을 품고 세력을 규합하여 항우와 5년여 동안 치열한 전투를 거듭했다. 항우와 유방은 우장(乌江)강에서 마지막 전투를 벌였고, 결국 유방의 승리로 끝났다. 이들의 이야기는 항우가 죽음 직전에 불렀다는 「해하가(垓下歌)」**TIP**와 '사면초가(四面楚歌)'라는 고사성어로 지금까지도 역사상 최고 명장면으로 기억되고 있다. 여기서 사면초가는 사방에서 들려오는 초나라 노래라는 뜻으로 고립무원(孤立无援)의 절망적인 상황을 말한다.

한나라를 건국한 유방은 지나치게 엄격한 법 집행과 오랜 전쟁으로 지친 백성에게 위안을 주려고 노력했다. 그래서 한나라 건국 초기에는 법가와 도가가 융합된 황로[黄老, 황제와 노자]사상이 팽배했다. 무제(武帝)는 유가사상만 존숭한다는 '독존유술(独尊儒术)'을 표방하며 유교를 국교화했다. 군사력을 강화해 흉노를 토벌했으며, 장건(张骞)에게 실크로드(Silk Road, 비단길)**TIP**를 개척하게 하여 많은 업적을 이루었으며 북방과 서역 등을 개척하여 영토 확장과 정복사업에서 큰 성과를 거두었다. 당시 한나라는 정치, 경제, 군사, 문화 등의 방면에서 최고 번성기를 누렸다.

실크로드

고대 중국과 서역 각국 간에 비단을 비롯한 여러 가지 무역을 하는 길인 동시에 정치, 경제, 문화를 이어준 교통로의 총칭으로 총길이는 6,400km에 이른다. 실크로드라는 이름은 독일인 지리학자 리히트호펜(Richthofen)이 처음 사용했다. 시안에서 시작하여 허시저우랑(河西走廊, Héxī zǒuláng, 하서주랑)을 가로질러 타클라마칸사막의 남북 가장자리를 따라 파미르고원, 중앙아시아초원, 이란고원을 지나 지중해 동안과 북안에 이르는 길이다. 무제는 기원전 104~기원전 101년까지 누란(楼兰)을 정복하고 기원전 60년에는 흉노마저 굴복시켰다. 이에 중국의 비단이 로마까지 전해질 수 있게 되어 실크로드가 개척된 것이다. 이 실크로드를 통해 서역으로부터 진귀한 동물과 호두, 후추, 깨 등이 들어왔고 유리 만드는 기술도 전해졌다. 중국에서는 비단 외에도 도자기

장건

와 화약, 제지술 등을 전해주었다. 특히 제지술의 전파는 서역의 인쇄술 발달로 이어지면서 본격적인 동서교역 시대를 열었다. 이로 말미암아 경제는 물론 문화 교류가 활발해지면서 불교가 전파되는 데에도 영향을 미쳤다. 이로써 중국은 세계적인 제국으로 도약하게 되었다.

3. 사마천(司马迁)의 『사기(史记)』

사마천은 흉노와 벌인 전투에서 패하고 포로가 된 이릉(李陵)을 변호하다 궁형(宫刑)을 받았지만, 혼신의 힘을 다해 『사기』를 완성하였다. 사마천은 『사기』에 삼황오제부터 무제 때까지의 방대한 역사를 예리한 통찰력과 비판력으로 담아냈다. 이러한 창작 배경 때문에 『사기』는 『태사공서(太史公书)』 혹은 『발분지서(发愤之书)』라고도 불린다. 『사기』는 황제에 관한 기록인 「본기(本纪)」 12권, 제후에 관한 기록인 「세가(世家)」 30권, 일반인에 관한 「열전(列传)」 70권과 「표(表)」 10권, 「서(书)」 8권 등 총 130권으로 구성되어 있다. 『사기』는 중국 최초의 기전체(纪传体) 역사서로 정사(正史)의 으뜸이며 후대 역사서의 전범(典范)이 되었고, 문학적 전형성과 유려한 필치, 문체로 가치가 뛰어난 위대한 역사 산문으로도 평가된다.

사마천

④ 진(晋)나라의 통일과 남북 문화의 융합

1. 삼국의 정립

유방이 건국한 한나라도 결국 환관과 외척의 횡포로 부패가 극심해져 기원전 9년에 외척 왕망(王莽)의 정변으로 멸망하였다. 개혁을 기치로 내걸었던 왕망의 신(新)나라는 16년 만에 광무제(光武帝) 유수(刘秀)에 의해 멸망하고 다시 한(汉)왕조가 이어졌다. 역사에서는 유방의 한나라와 유수의 한나라를 전한(前汉)과 후한(后汉) 혹은 서한(西汉)과 동한(东汉)이라 구분한다.

유수의 후한 또한 환관과 외척의 정쟁과 지방 호족과의 결탁 등으로 무너지고 위(魏), 촉(蜀), 오(吴) 세 나라로 분열되는 혼란의 시대가 도래했다. 좌절과 실의에 빠진 백성은 장각(张角)이 세운 태평도(太平道), 오두미교(五斗米教) 등 도교에서 파생된 신흥종교에 빠져 위안을 얻는 경우가 많았다. 특히 태평도 무리는 부적을 불에 태워 재를 물에 타 마시며 병이 낫기를 기원하고, 곡식 다섯 말만 바치면 모든 질병과 고통에서 벗어날 수 있다는 믿음을 가지고 장각에 의지했으며, 결국 황건적(黄巾贼)의 난을 일으켰다. 황건적의 난은 184년에 일어난 대규모 농민봉기로 종교조직인 태평도가 군사조직으로 전환되어 일어났다. 이들은 전통적인 오행설에 따라 불(火)에 해당하는 한나라는 곧 몰락하고 흙(土)에 해당하는 황건의 세상이 다가올 것이라고 굳게 믿고, 머리에 흙을 상징하는 황색 띠를 매었다. 36만 명이 봉기한 항쟁은 중국 전역으로 번져나갔다. 그러나 장각이 죽고, 동생 장량(张梁)과 장보(张宝) 또한 전사하자 주력군이 쇠미해졌다. 이들은 약 30년간 봉기를 이어나갔다.

대규모 농민봉기가 일어나고 혼란을 틈타 동탁(董卓)이 조정을 장악하자, 이에 반기를 든 지방 호족들이 세력을 규합하여 동탁을 제거하였다. 동탁을 제거한 연합군은 다시 원소(袁绍)와 조조(曹操)의 싸움으로 분열되었다가 후에 조조의 승리로 결말이 났다. 같은 시기에 세력을 키운 유비(刘备)와 손권(孙权) 세력이 조조 세력과 대립하여 위나라, 촉나라, 오나라의 삼국시대가 열리게 되었다. 이 이야기는 나관중(罗贯中)의 소설『삼국지연의(三国志演义)』로 널리 알려져 있다. 특히 소설에 등장하는 적벽대전(赤壁大战)은 손권의 장수 황개(黄盖)가 화공(火攻)을 펼쳐 조조의 군대를 대파함으로써 손권이 강남을 지배하고 유비가 형주(荊州)를 얻어 삼국이 천하를 삼분하는 결정적 계기가 되었다. 위·촉·오 삼국은 패권을 다투다가 265년 사마염(司馬炎)이 세운 진(晉)나라에 무너졌다.

2. 남조(南朝)와 북조(北朝)의 문화 융합

삼국으로 분열된 중국은 진(晉)나라에 의해 잠시 통일되긴 하였지만, 화베이(华北, Huáběi, 화북) 지역을 이민족이 점령하면서 남조와 북조로 나뉜다. 그 후 6세기 말 수(隋)와 당(唐)의 통일까지 긴 분열의 시대가 지속된다. 진나라는 북방 이민족의 침공으로 수도를 뤄양에서 건강[建康, 지금의 난징(南京)]으로 옮겼다. 이를 기점으로 서진과 동진으로 구분한다. 이후 창장강 남쪽에는 진나라의 뒤를 이어 한족 왕조인 송(宋), 제(齐), 양(梁), 진(陈)TIP 네 왕조가 들어섰다. 이 네 왕조와 앞선 오(吳)와 동진을 합하여 육조(六朝)라고 한다. 이 시기를 보통 위진남북조(魏晋南北朝) 시기라고 부르지만 육조 시기 또는 5호16국(五胡十六国) 시기라고도 한다.

> **여러 개의 진나라**
> ① 秦: 최초로 중국을 통일한 왕조(기원전 778~기원전 207)
> ② 晋: 주나라의 제후국(기원전 1033~기원전 376)
> ③ 陈: 주나라의 제후국(기원전 1027~기원전 478)
> ④ 晋: 위진남북조의 진나라(266~420)
> ⑤ 陈: 위진남북조시대 남조의 마지막 왕조(557~589)

이 시기는 정치적으로는 분열의 암흑기였지만, 문화적으로는 다양하면서도 독특한 성격을 지닌 시대이다. 동진시대부터 중국 북부는 5호(胡), 즉 다섯 이민족인 흉노(匈奴), 갈(羯), 선비(鲜卑), 저(氐), 강(羌) 등이 세운 16개 왕조가 교체되면서 혼란이 거듭되었다. 이민족들은 화베이 지역을 지배하면서 강남의 한족(汉族)과 대치하는 한편, 유목민의 생활 습관 위에 농경을 바탕으로 한 한족의 문화를 받아들였다. 이들은 한족의 문화를 존중하고 사대부를 예우했으며 불교에도 관심이 많았다. 이 시기는 정치적으로는 이민족과 한족이 분열했지만, 문화적으로는 이민족이 한족의 문화를 흡수한 시기이기도 하다.

이 시기에는 강남 지역이 경제적·문화적으로 크게 발전했다. 주로 황허강 유역의 북부에 거주하던 한족은 이민족의 침략으로 부득이하게 강남으로 삶의 터전을 옮겨야 했다. 한족은 미개발의 새로운 땅이었던 강남에 정착하기 위해 창장강의 범람을 막는 제방을 쌓고 저수지와 물길을 만들어 농사를 지었다. 이로써 강남의 농업 생산력은 급속도로 높아졌고, 생활환경이 개선되어 인구의 증가와 함께 경제적으로 크게 발전하는 계기가 되었다.

3. 남과 북의 문화 융합

한족이 남하하여 강남의 발전을 이끌면서 새로운 한족문화를 꽃피우는 시기에, 이민족들은 중국 북부를 차지하고 한족문화를 적극적으로 수용했다. 끊임없는 전쟁과 반란때문에 정치적 혼란은 최고조에 달했지만, 역설적으로 다양한 문화가 혼재하면서 사상적으로는 자유로운 분위기가 고조되었다. 남조에서는 유가를 기반으로 한 사상의 틀이무너지고 정치에 실의한 선비와 귀족이 어지러운 현실을 피하여 한가로이 술이나 마시며한담하는 자유로운 삶을 추구하기 시작하였다. 죽림칠현(竹林七賢)^{TIP}을 대표로 하는 이들은 현실을 외면하고 아름다움을 추구하는 귀족문화를 꽃피웠다. 동진 시기에는 고개지(顧愷之)가 조조의 아들 조식(曹植)의 문학작품 「낙신부」를 그림으로 표현한 작품 「낙신부도(洛神賦图)」, 왕희지(王羲之)[01]가 쓴 서체, 도연명(陶淵明)이 지은 시문 등이 탄생하기도 하였다.

도연명은 자연을 사랑하고 세속의 명리(名利)를 멀리하며 이상향을 향한 꿈을 찾아다니면서 일생을 보낸 인물로, 그가 추구한 유토피아 세계는 작품을 통해 널리 알려져 있다. 「도화원기(桃花源记)」는 현실에 존재하지 않는 이상향에 대한 동경을 표현했다. 무릉에 사는 어부가 길을 잃고 헤매

죽림칠현

위진시대에 죽림에 모여 거문고와 술을 즐겼던 완적(阮籍), 혜강(嵇康), 산도(山濤), 향수(向秀), 유영(刘伶), 완함(阮咸), 왕융(王戎)을 가리킨다. 위진 교체기에 이들은 노장의 무위자연 사상에 심취하여 정치와는 거리를 두고 방관자적으로 시류를 풍자하였다. 이들은 특히 유가적 질서에서 벗어나기 위해 상식 밖의 언동을 하기도 하였다. 이들 중 혜강은 결국 사형을 당하였다.

---

01 왕우군이라고도 불린다. 아들 왕헌지(王献之)와 함께 '이왕(二王)' 또는 '희헌(羲献)'이라 한다. 행서와 초서의 서체를 완성함으로써 서예의 예술적 지위를 확립하였다. 그가 쓴 「난정서(쯔亭序)」는 행서의 교본이라 할수 있다. 당태종이 그의 글씨를 자기 관에 넣으라고 할 정도로 왕희지 서체를 아꼈다고 한다.

다가 찾아간 복숭아꽃 만발한 평화로운 전원 마을 무릉도원(武陵桃源)의 이야기를 담았다. 아마도 중국인이 영원히 추구하는 상상과 희망일 것이다.^{TIP}

북조의 민가인 「목란사(木兰辞)」는 이민족의 문화가 반영된 장편 서사시이다. 소녀 목란이 남장을 하고 아버지를 대신해 종군한다는 여성 영웅 이야기로, 10년에 걸쳐 전장에서 보인 용맹과 귀향 후 평범한 생활을 원하는 순박함을 노래한 시이다. 소박하고 고풍스러우면서도 아름다운 운율로 목란의 심리를 묘사한 걸작으로 평가된다. 이 이야기는 지금도 디즈니사의 애니메이션 〈뮬란〉으로 전 세계인의 사랑을 받고 있다.

애니메이션 〈뮬란〉

5 국제 문화의 중심에 선 중국

1. 수(隋)나라의 통일과 대운하 건설

오랜 혼란 끝에 창장강 이북 지역은 북주(北周)가 북제(北齐)를 멸망시키고 북조를 통일하는 데 성공하였다. 581년 북주의 관리였던 선비족 출신 양견(杨坚)이 북주를 찬탈하여 국호를 수로, 연호를 개황(开皇)으로 하고 스스로 문제(文帝)가 되었다. 589년 수나라가 남조의 마지막 왕조 진(陈)을 멸망시킴으로써 360여 년간의 남북조시대는 막을 내리게 되었다.

문제는 통일제국을 안정하기 위해 과거제를 실시하여 중앙집권제를 강화하고, 귀족세력을 억제했으며, 균전제를 실시하였다. 내부적으로는 근검한 생활로 국고를 풍족하게 하여 백성의 세금을 줄이는 등 민생의 질을 높였고, 외부적으로는 돌궐을 견제하고 고구려에 30만 원정군을 파견하였다. 그러나 고구려와의 싸움에서 참패하고 후계자 문제 등이 얽혀 아들 양제(煬帝)에게 시해되었다.

양제는 황허강과 창장강을 잇는 대운하를 건설하였다. 표면적으로는 남북의 물자 교류를 활발히 하기 위해서였지만, 양제는 큰 배를 운하에 띄워놓고 궁녀 수천 명과 향락에 빠져 지냈다. 또 100만 대군을 동원하여 고구려를 침공했지만, 을지문덕 장군에게 대패하는 등 엄청난 재정 소모와 연이은 실정으로 수나라는 618년 멸망하였다. 수나라는 겨우 두 명의 황제 아래 37년의 짧은 역사로 끝을 맺었지만, 대운하는 인적·물적 자원의 교류와 교역에 큰 역할을 하였다.

2. 글로벌 제국 당(唐)나라

태원유수(太原留守)였던 이연(李淵)이 당을 건국하고 장안[長安, 지금의 시안(西安)]을 수도로 삼았다. 이연의 둘째 아들 이세민[李世民, 태종(太宗)]은 균전제, 조용조(租庸调), 부병제(府兵制)**TIP** 등의 제도를 마련하고 과거제를 시행하는 등 민생 안정과 인재 등용에 힘썼으며, 돌궐과 토번 등 외적에 대해서는 회유와 강압이라는 양면정책을 썼다. 이세민이 통치하던 시대를 '정관지치(贞观之治)'라고 한다.

현종[玄宗, 연호 개원(开元)]은 당나라를 글로벌 제국으로 도약시켜 최고 절정기로 이끌었지만, 만년에는 간신 이임보(李林

TIP

균전제, 조용조, 부병제

균전제: 북위의 효무제가 실시하고 수·당대에 이르러 완성되어 본격적으로 시행된 토지제도. 모든 토지가 국가의 소유라는 전제에서 출발한 것으로, 국가가 직접 토지를 분배하고 회수함으로써 토지의 사유화를 제한하고 국가의 지배력을 강화하며 세수의 안정적 확보를 목표로 한 제도이다.

조용조: 수·당 시기에 완성된 조세제도. 조(租)는 토지에 부과한 세금으로 곡물로 징수했다. 국가는 일반 농민들에게 소규모로 토지를 분배하고 그곳에서 경작한 곡물을 징수하였다. 용(庸)은 성인 남성에게 부과했던 일종의 노역으로, 한 사람당 매년 일정 기간 부역을 하게 하였다. 조(调)는 호[户, 가구]를 대상으로 곡물이 아닌 지방의 특산품을 징수하였다.

부병제: 농병일치 성격의 군사제도. 균전제에 입각하여 농민에게 토지를 분배하고 이에 대해 병역의 의무를 부과하였다. 부병제에 의해 징집된 농민들은 세금을 납부하지 않는 대신 각종 장비와 의류, 식량 등은 자신이 직접 조달해야 했다.

조용조와 부병제는 모두 균전제를 전제로 한 것으로 균전제-조용조-부병제는 서로 지탱해주는 역할을 하였다. 당나라가 혼란스러워지고 땅이 사유화됨에 따라 균전제가 붕괴되었고, 그에 따라 조용조와 부병제 역시 붕괴되어 조용조는 양세법으로, 부병제는 모병제로 대체되었다. 양세법은 자신이 보유하고 있는 자산에 따라 세금을 내는 조세법이고, 모병제는 직업군인제도를 말한다.

甫)의 횡포와 양귀비(杨贵妃)의 사촌오빠 양국충(杨国忠)의 전횡 등으로 국세가 기울었다. 결국 755년 안녹산(安禄山)과 사사명(史思明)의 난, 즉 이 두 사람의 성을 딴 안사(安史)의 난이 일어나 당나라는 멸망의 길로 들어섰다. 오랜 반란으로 나라는 황폐해졌고, 중앙집권적 지배 체제는 와해되어 통일제국의 위상을 더는 유지할 수 없었다.

양귀비

찬란했던 제국의 시인들은 당나라 이야기를 저마다 다른 풍격으로 작품에 그려냈다. '당시(唐诗)'는 중국 문학사상 최고봉을 이루었으며 이백(李白), 두보(杜甫), 백거이(白居易) 같은 대시인이 최고 작품을 남겼다. 이백은 '시선(诗仙)'으로, 두보는 '시성(诗圣)'으로 불리며 '이두(李杜)'라고 병칭된다.

이백[자는 태백(太白), 호는 청련거사(青莲居士)]은 정신적 자유로움을 추구하며 일생의 대부분을 방랑으로 보냈다. 그가 좋아했던 술과 달은 낭만과 사랑 그리고 상상력과 자유분방함을 전한다. 그렇기에 사람들은 지금까지도 그가 채석기(采石矶)에서 술을 마시다 물속에 비친 달을 잡으려고 강에 뛰어들어 신선이 되었다는 전설을 믿으며 그를 흠모한다.

이백의 대표작 가운데 「정평조사(清平调词)」는 현종이 양귀비를 데리고 모란을 즐기다가 이백에게 쓰게 한 시다. 이백이 만취한 상태에서 양귀비의 아름다움을 시로 읊었는데, 양귀비를 한나라 성제(成帝)를 유혹한 조비연(赵飞燕)에 비유한 것 때문에 이백은 양귀비의 참언으로 추방되었다고 한다. 이 시의 "농염한 나뭇가지에 이슬 향기롭게 맺혔는데 무산의 운우가 애간장을 태우네. 묻노니 한나라 궁궐의 그 누구를 닮았는가? 가련한 조비연이 새로이 단장하고 나타났네(一枝秾艳露凝香，云雨巫山枉断肠。借问汉宫谁得似，可怜飞燕倚新妆)"라는 구절 때문이라고 전해진다.

이백

이백과 병칭되는 두보는 이백보다 열한 살 아래의 현실주의 시인이다. 하급관리를 지냈으며 안사의 난 이후에는 아들이 굶어 죽을 정도로 빈궁해졌다. 그의 시는 사치를 일삼는 권문세족을 날카롭게 비판하고 서민의 처참한 현실에 한없는 비애감을 표현했다. 두보의 시는 한 글자 한 글자가 뼈를 깎는 듯한 고심의 산물이다. 특히 그의 율시(律诗)는 사실적인 자연과 인간

두보

의 심리를 표현하며 섬세한 감정을 녹여내 근체시의 전범이라 할 수 있다. 그의 장편 고체시(古体诗)는 주로 역사적인 내용에 강한 사회성이 발휘되어 '시사(诗史)'라고 불린다. 두보는 「춘망(春望)」,^{TIP} 「북정(北征)」, 「추흥(秋兴)」 등 1,500여 수의 명시를 남겼다.

백거이

백거이(白居易)는 악부시 「장한가(长恨歌)」와 「비파행(琵琶行)」으로 유명하다. 「장한가」는 아름다운 선율에 행마다 리듬과 각운(脚韵)에 변화를 준 7언 120행의 장편 서사시다. 현종과 양귀비의 비련(悲恋)을 제재로 삼았으며 4장으로 되어 있다. 제1장은 현종과 양귀비의 만남과 사랑, 제2장은 안녹산의 난으로 양귀비를 죽게 한 현종의 뉘우침과 외로움과 아픔, 제3장은 환도(还都) 후 양귀비만을 그리워하는 현종, 제4장은 방사의 환술(幻术)로 양귀비의 영혼을 찾아 사랑을 맹세하지만 천상(天上)과 인계(人界)의 단절을 한탄하는 내용이다. 「장한가」의 "하늘에서는 비익조가 되고, 땅에서는 연리지가 되기를 원하네(在天愿作比翼鸟, 在地愿为连理枝)"⁰²라는 구절은 아름다운 사랑 이야기에 어김없이 등장하는 명구(名句)가 되었다.

당나라 수도 장안은 글로벌 문화를 꽃피우던 화려한 도시로, 세계 경제와 문화의 중심지가 되었다. 실크로드를 통해 들어온 서역인과 그들의 문화와 사상은 중국인에게 큰 호응을 얻었고, 동시에 중국 문화도 서역까지 전파되어 교류가 활발히 이루어졌다. 당나라는 주변국인 신라, 일본과도 우호적인 관계를 유지하였고, 베트남에도 사신을 파견하였으며 인도 등지의 천축국(天竺国)에도 우호를 표시하였다.

---

02 비익조는 암컷과 수컷의 눈과 날개가 각각 하나씩이어서 짝을 짓지 않으면 날지 못한다는 상상의 새다. 아름다운 사랑을 의미하며 그리움, 애틋함, 우정을 상징하기도 한다. 연리지는 뿌리가 다른 나뭇가지가 서로 엉켜 마치 한 그루처럼 자라는 나무다.

이로써 다양한 외래 사상과 종교·문화가 장안에 집결되었고, 삼채 유약을 사용한 도기인 당삼채(唐三彩)와 제지술 등 중국의 기술과 문화가 널리 전파되었다. 이에 따라 장안에서는 한나라 이후의 아악 (雅乐), 속악(俗乐), 호악(胡乐)이 함께 연주되었고 다양한 문화적 특성을 지닌 서화와 조각 등의 예술 활동이 이루어졌다. 일례로 안진경 (安真卿)은 당시까지 유행하던 왕희지의 부드럽고 우아한 서체를 북방 이민족의 특성이 가미된 남성적이고 강건한 서체로 변화시켰다.

당삼채

불교는 이 시기에 전성기를 누렸으며 중국의 불교라 할 수 있는 선종(禅宗)과 정토종 (净土宗)으로 개종(开宗)되었다. 불교와 함께 도교 역시 만연하여 현종은 집집마다 『도덕 경(道德经)』을 비치하게 할 정도였다. 이밖에도 실크로드를 따라 동서간 교통이 발달하여 페르시아의 조로아스터교와 마니교, 아랍의 이슬람교, 기독교의 한 분파인 네스토리우스파의 경교(景教) 등이 유입되어 다양하게 공존했다.

3. 한족문화의 최고봉 송(宋)나라

당나라의 화려하고 다양한 문화는 송에 와서 더욱 성숙하여 완숙미를 갖추게 되었다. 안사의 난을 기점으로 당나라가 쇠약해지면서 5대10국[03] 시기로 접어든다. 960년 후주 (后周)의 노장 조광윤(赵匡胤)이 송나라를 건국했다. 태조 조광윤은 국정을 안정시키기 위해 문치(文治)를 내세우고 군벌세력을 제거하였으며 황권 강화에 힘썼다. 과거로 선발해 유교적 학식을 갖춘 신진사대부와 황권이 절묘하게 결합되어 송나라의 문치주의를 확립했다.

신진사대부는 약화된 유학을 부흥시키기 위해 고문운동(古文运动)을 활발히 전개했다. 당나라의 한유(韩愈)와 유종원(柳宗元)이 주창한 고문운동은 간결한 산문(散文)의 실용성을 추구하여 문장의 내용과 형식을 동시에 추구하는 전통을 회복하자는 문학운동

---

[03] 907년 황소(黄巢)의 부하였던 주전충(朱全忠)이 당나라의 마지막 황제 애제(哀帝)로부터 제위를 물려받아 후량(后梁)을 세운 후 중원 지역에서는 후당, 후진, 후한, 후주의 다섯 왕조가 이어졌다. 주변 지역에서는 오, 남당, 오월, 민, 형남, 초, 남한, 전촉, 후촉, 북한의 10국이 할거했다.

이다. 동시에 외래 불교사상에 대항해 유학의 전통을 회복하려는 사상·정치 운동의 성격을 띤다.

구양수　　　　소식 삼부자

송나라에 들어서는 구양수(欧阳修)와 소순(苏洵), 소식(苏轼), 소철(苏辙) 삼부자, 그리고 증공(曾巩)과 왕안석(王安石) 등이 정계에 진출하여 고문운동을 완성했다. 이들이 바로 '당송팔대가(唐宋八大家)'로 추대되는 대문호로, 충실한 내용과 간결한 형식을 추구하며 훌륭한 작품을 남겼다.

당송팔대가를 중심으로 한 문인의 문학과 정치활동은 복고적 성격을 띠고 발전해 주자학(朱子学)의 발전에까지 이르렀다. 이러한 복고주의와 함께 자연미를 숭상하는 경향이 두드러져 원시적인 자연경관을 살린 건축물, 자연 치유의 의술, 꾸밈없는 소박한 예술 경향 등이 대세를 이루면서 한(汉)문화의 수준은 최고 단계에 이르렀다.

또한 경제의 발달로 수도 카이펑(开封, Kāifēng, 개봉)은 세계에서 가장 큰 도시가 되었으며, 서민의 생활수준이 제고됨에 따라 사대부의 귀족문화가 서민층까지 확대되었다. 서민문화인 잡극(杂剧)이나 재담(才谈) 등이 사대부의 호응을 얻어 이후에는 사대부가 이를 창작하게 되었다.

한편, 송나라는 지나친 문치주의로 국방력이 약해지고 재정적 어려움을 겪었다. 관료의 수도 지나치게 증가하는 등 폐단이 생기자 신종(神宗)은 왕안석을 등용해 이를 개혁하고자 했다. 그러나 이를 두고 구법당(旧法党)과 신법당(新法党)의 당쟁이 일어나 내적으로는 정치가 혼란에 빠져들었으며, 외적으로도 북방 이민족의 침입이 잦았다.

1127년 여진족의 금(金)나라가 거란족의 요(辽)나라를 멸망시키고 송나라의 수도 카이펑까지 점령하여 휘종(徽宗)과 흠종(钦宗) 두 황제가 금나라에 포로로 잡혀가는 '정강(靖康)의 변(变)'이 일어났다. 이렇게 북송(北宋)시대가 끝나고 임안[临安, 지금의 항저우(杭州)]으로 천도하여 남송(南宋)이 시작되었다. 하지만 남송 또한 1279년 몽골족의 원나라에 멸망하였다.

6 이민족의 중원 지배와 융합의 시대

1. 이민족의 중원 지배, 원(元)나라

거란족의 요나라, 만주족(여진족)의 금나라, 몽골족의 원나라가 중원의 일부 또는 전체를 지배하게 되었다. 요나라와 북송을 무너뜨린 금나라는 사회문화 등 여러 방면에서 최고 전성기를 누리기도 했지만, 결국 몽골족과 남송의 공격을 받아 멸망하였다. 칭기즈 칸의 몽골제국은 1206년 금나라를 정복하

칭기즈 칸　　　쿠빌라이 칸

였으며, 중앙아시아를 중심으로 인도 북부를 점령하고 유럽까지 진출하여 세계 제국의 위엄을 떨쳤다.

칭기즈 칸의 손자 쿠빌라이 칸은 1271년 국호를 대원(大元)이라 하고, 1279년 남송을 정복하여 중국 전체를 지배하기 시작하였다. 쿠빌라이 칸은 신분제를 실시하여 남송 출신 한족을 최하층의 피지배층으로 분류하고 천대하였다. 그러나 몽골인은 유목민 특유의 문화와 부실한 행정제도로 중앙정부의 영향력이 현저히 낮았기 때문에 지방 세력의 할거를 막지 못했다. 거기에 황실과 귀족의 사치와 전횡으로 백성의 생활고가 극심해지자 한족의 불만이 커져 결국 백련교도가 중심이 된 홍건적(紅巾賊)의 난이 일어났다. 홍건적에 가담했던 주원장(朱元璋)이 명(明)나라를 세우고 1368년 원나라를 멸망시켰다.

대정복을 이루었던 원나라는 '초원의 길'을 통하여 동서 교통을 원활하게 하고 문화 교류에 기여했다. 이 시기 중국은 세계 최대 제국이었으며 인쇄술, 나침반, 화기(火器) 등 주요 기술과 물품을 유럽에 전달했다. 중국을 중심으로 한 동양의 세계는 마르코 폴로(Marco Polo)의 『동방견문록』 등을 통해 서양에 알려졌다. 『동방견문록』은 이탈리아 베네치아의 상인 마르코 폴로가 1271년부터 1295년까지 전 세계를 여행하면서 체험한 일을 루스티첼로(Rustichello)가 기록한 여행기로, 원제는 『세계의 기술(記述)(Divisament dou Monde)』이다. 마르코 폴로가 베네치아공화국과 제노아공화국 사이에 벌어진 전쟁에서 포로로 잡혀 약 3년간 감옥생활을 하는 기간에 루스티첼로에게 구술하여 필기하도록 했다고 전해진다.

『동방견문록』

이 기록에 따르면 마르코 폴로는 1275년 서아시아와 중앙아시아를 거쳐 원나라의 상도(上都)에 왔고, 쿠빌라이 칸의 명으로 관직을 하사받아 17년 동안 원나라에서 생활하였다. 이 기간에 그는 중국을 여행하면서 다양한 경험을 쌓은 후 베네치아로 돌아갔다. 내용은 판타지라 할 정도로 환상적이기는 하지만 당시 서아시아와 중앙아시아 그리고 중국에 관한 세밀한 기록이 담겨 있다.

원나라 통치하에서 최하층으로 몰락한 한족 지식인 계층은 자신의 문재(文才)를 더는 관직에서 발휘할 수 없게 되자 서민적이고 대중적인 잡극(杂剧) 창작으로 발현하였다. 잡극은 가사(词), 노래(歌), 무용(舞)과 강창문학(讲唱文学)을 결합한 종합대중예술이다. 잡극은 불행한 한족 지식인과 중국화된 몽골족의 오락을 위해 크게 유행하였다. 잡극은 대부분 4막으로 구성되어 있으며 '북곡(北曲)'이라고도 한다. 대표적인 작자와 작품으로는 관한경(关汉卿)의 「두아원(窦娥冤)」, 마치원(马致远)의 「한궁추(汉宫秋)」, 왕실보(王实甫)의 「서상기(西厢记)」 등이 있다.

2. 복고와 소설의 시대, 명·청(明清) 시기

원나라는 경제의 몰락, 신분제도에 대한 불만, 행정력 미약, 환관과 귀족의 사치, 민심의 적대감 등으로 홍건적의 난이 일어나면서 패망하고, 다시 한족의 나라 명나라가 건국되었다. 주원장 홍무제(洪武帝)는 전통적인 유교문화를 회복하고 강력한 중앙집권제를 실시하였으며, 유교에 기반한 '농본억상[农本抑商, 농업을 국가의 근본으로 삼고 상업을 억제함]'의 경제정책을 펼쳤다.

조카를 내쫓고 명의 3대 황제가 된 영락제(永乐帝)는 난징에서 베이징으로 천도하고 환관 정화(郑和)를 제독으로 임명하여 사상 초유의 해외 대원정을 시작하였다. 정화는 7차에 걸쳐 동남아시아, 인도, 중동 등을 거쳐 아프리카까지 탐사하였다. 막대한 비용이든 대원정은 교역보다는 명나라의 위세를 떨치려는 정치적 행위로 보는 편이 설득력이 있다. 명나라는 원정에서 모든 나라에 조공과 회사(回赐) 형식 이외에는 어떠한 무역도 허락하지 않고, 중화의 지배하에 형식적인 책봉관계를 맺고 조공을 바치도록 하였다.

영락제 사후 만리장성 밖 초원지대로 쫓겨났던 몽골족에게 정통제(正统帝)가 포로로

잡히는 수모를 겪었으며, 몽골족 일파인 오이라트족의 침략^{TIP}을 받아 베이징이 포위되기도 하였다. 이로써 몽골이 말 무역의 특권을 확보하게 되었고, 해금(海禁)정책⁰⁴에도 불구하고 해안에서는 밀무역을 하는 왜구의 약탈과 횡포가 극심하였다. 명나라는 결국 새로 흥기한 만주족에게 다시 중원을 빼앗기게 된다.

1616년 누르하치(努尔哈赤)가 여진족을 통합하여 후금(后金)을 세운 뒤 1636년 국호를 청(清)으로 바꾸고 1644년부터 전 중국을 지배하였다. 청나라는 강희(康熙), 옹정(雍正), 건륭(乾隆)의 3대 130여 년의 전성기를 누리며 영토를 확장하고 제도를 정비하였다. 강희제 때는 러시아와 최초의 국제조약인 네르친스크조약^{TIP}을 맺어 국경선을 확장함으로써 영토 분쟁을 마무리하였다. 강희제는 유학자로서 중국 문화에 심취한 동시에 선교사들에게 천문학을 배우는 등 깊이 있는 동서양의 학문과 무용(武勇)을 겸비한 위대한 황제로 추앙받는다. 화베이와 창장강 하류와 삼번(三藩)⁰⁵을 복속시키고, 한족 친화 정책으로 재위 62년 동안 한인 관료와 사대부의 존경을 받았다. 반면 옹정제와 건륭제는 만주족의 정신을 되살리려는 정책을 폈다. 대규모

TIP

오이라트(卫拉特, Oirat)족

몽골 서부의 몽골계 부족이다. 12세기경 몽골 서부 예니세이강 상류 유역에서 반수렵·반목축 생활을 하고 있었는데 칭기즈 칸에 정복당하여 4만 호(户)로 편성되었다. 초로스·토르구트·호이트·호쇼트 등 많은 부족을 포함한다. 원 멸망 이후 몽골 동부의 타타르(鞑靼)가 쇠퇴하자 세력을 확대하여 마흐무드 드곤 시대에 타타르를 내몽골로 몰아내고 외몽골을 세력권으로 만들었다. 드곤의 아들 에센 칸은 만주로부터 중앙아시아에 이르는 광대한 지역에 세력권을 형성하고 점차 중국의 북쪽 변방을 침입, 명나라 영종(英宗)을 사로잡는 토목의 변(土木之变)을 일으키는 등 중국으로서는 가장 두려운 북방의 민족으로 성장한다. 그 후 타타르의 다얀 칸에 의해 내몽골이 통일되고 그의 손자 알탄 칸이 침략하자 이르티시강(伊犁河) 상류로 쫓겨나 약 반세기 동안 숨어 살았다. 17세기에 들어와 초로스가(家)가 대두하고 갈단 때에는 오이라트를 통일하여 중가르(准噶尔, Jungar) 왕국을 세웠으나 청나라 건륭제(乾隆帝)의 토벌로 멸망하고, 이리(伊犁) 장군 밑에 소속된 번부(藩部)로 편성된다.

TIP

네르친스크조약

청나라가 유럽 국가와 최초로 대등하게 체결한 근대적 국제조약이다. 러시아의 육상제국 건설은 16세기 말 시작되었다. 17세기 중엽 러시아가 헤이룽장(黑龙江, 아무르강) 방면으로 진출하면서 러시아와 청나라는 분쟁이 끊이지 않았다. 당시 청나라가 삼번의 난을 평정하느라 러시아와의 분쟁에 관심을 두지 못하는 사이에 러시아는 헤이룽장 하류를 따라 남쪽으로 내려와 알바진(雅克萨, Albazin)에 요새를 쌓고 주변을 약탈하였다. 이에 강희제는 삼번의 난을 평정한 후 알바진을 수복하고, 1689년에 러시아와 네르친스크조약을 체결하였다. 이 조약의 체결로 청나라와 러시아는 스타노보이산맥과 아르군강으로 국경을 확정하였다. 또한 헤이룽장 하류 지역의 러시아 기지를 철수시킴으로써 청나라는 러시아의 남진을 막을 수 있었다.

---

04 치안유지와 밀무역 단속, 외국과의 분쟁 회피를 위해 해상 교역·무역·어업 등을 금지하는 것을 말한다.

05 윈난의 오삼계(吴三桂), 광둥의 상가희(尚可喜), 푸젠의 경중명(耿仲明) 등 지방 세력을 가리킨다.

편찬사업 등을 추진하였지만 사상을 통제하기 위한 필화사건인 문자옥(文字狱)[06]과 변발(剃发)**TIP** 강요 등으로 한족의 큰 반발을 샀다.

남송 이후 중국의 지식인은 한족과 이민족의 대립과 융화 과정을 반복하면서 문화적·예술적 번영을 이루었다. 특히 '명청소설(明清小说)'이라 칭할 만큼 소설은 명·청 대 문학과 예술을 대표한다. 정치적 상황이 어려워지자 한족 문인이 민간으로 파고들어 백화(白话)문학이 발전했고, 유가에 얽매어 소설을 속문학(俗文学)이라고 경시해온 풍조에도 변화가 일어났다. 소설의 사회적 역할 변화와 인쇄술의 발달로 독자층이 확대되고 더불어 시민 계층이 성장하였다. 이에 따라 시민계층의 문화 예술적 욕구에 부응하여 『삼국연의(三国演义)』, 『수호전(水浒传)』, 『서유기(西游记)』, 『금병매(金瓶梅)』 같은 오늘날 4대기서(四大奇书)**TIP**라 불리는 장편소설이 등장하였다. 뒤이어 오경재(吴敬梓)의 『유림외사(儒林外史)』와 조설근(曹雪芹)의 『홍루몽(红楼梦)』 등 장편소설과 포송령(蒲松龄)의 『성세인연(醒世姻缘)』, 이여진(李汝珍)의 『경화연(镜花缘)』, 연북한인(燕北闲人)의 『아녀영웅전(儿女英雄传)』 등 단편소설이 쏟아져 나왔다. 이 작품들은 연극이나 영

『서유기』

화 혹은 드라마로 각색되어 지금까지도 중국인의 무한한 사랑을 받고 있다.

특히 『홍루몽』은 셰익스피어의 작품에 비견될 정도로 가장 많이 읽히고 연구되는 소설

---

06 중국 역대 왕조에서 벌어졌던 숙청의 한 방식으로, 문서에 적힌 문자나 내용이 황제나 체제에 대한 은근한 비판을 담고 있다고 하여 해당 문서를 쓴 자를 벌하였다.

로, 『석두기(石头记)』, 『금옥연(金玉缘)』, 『금릉십이차
(金陵十二钗)』, 『정승록(情僧录)』, 『풍월보감(风月宝
鉴)』이라고도 불린다. 금릉[金陵, 지금의 난징]에 있는
가씨(贾氏) 저택을 배경으로 등장인물만 700여 명
에 이른다. 세밀한 성격 묘사와 다채로운 구성 등이
돋보이는 명작으로 청대 최고 소설로 꼽힌다.

「홍루몽」

주인공은 가보옥(贾宝玉), 임대옥(林黛玉), 설보차(薛宝钗)이며 페미니스트인 가보옥을
중심으로 사치와 향락에 빠진 저택 대관원(大观园)의 몰락 과정을 그려냈다. 가보옥은
임대옥과 결혼하기를 원했지만, 집안의 실권을 쥔 할머니 사태군(史太君)의 계략으로 설
보차와 결혼하게 되고, 이들의 결혼식 날 임대옥은 쓸쓸히 죽어간다. 인생의 허무함으로
가보옥은 과거시험장에서 실종되고, 후일 아버지와 만나지만 가보옥은 목례만 보내고 승
려와 도사들 틈으로 사라져 버린다는 이야기이다. 작자 조설근은 귀족가문의 흥망성쇠
안에서 아름답고 흥미진진한 사랑 이야기를 통해 가장 중국적이면서도 보편적인 인간 내
면을 폭넓게 그려냈다.

소설과 함께 명·청 대의 건축물과 회화, 서법, 공예 등이 웅장함, 화려함, 정교함 등
을 두루 갖추어 수준 높은 경지를 보여준다. 베이징 서쪽 외곽에 있는 이허위안(颐和
园, Yíhéyuán, 이화원)은 건륭제 때 초기 형태를 갖추었으며, 1764년에 칭이위안(清漪园,
Qīngyīyuán, 청의원)이라는 이름으로 완공되었다. 신선이 산다는 산과 쿤밍후(昆明湖,
Kūnmínghú, 곤명호)에 있는 섬을 본떠 만들었고, 강남의 아름다운 풍경과 명승지를 모방
해 재현하였다. 현존하
는 황실 원림 가운데
최대 규모로, 1998년
유네스코세계유산에
등재되었다.

이허위안

이허위안의 창랑(长廊)
➤ 복도식 야외 갤러리. 무려 273칸의
회랑이 728m에 걸쳐 늘어서 있다.

7 제국의 몰락과 또 다른 시작

몽골인의 원나라를 내쫓고 세운 한족 정권의 명나라는 철저한 쇄국(鎖国)정책을 시행했고, 이민족과의 교류는 조공제도로만 가능하게 하였다. 동양으로 가는 바닷길이 열리자 포르투갈인이 처음으로 중국의 문을 두드렸고, 그 뒤를 이어 유럽인이 계속하여 중국의 문을 두드렸다.

1. 마약이 삼킨 중국

영국은 1689년 처음으로 중국과 교역을 시작했고 1715년 상관(商館)을 설치하였다. 영국의 주요 수입품은 생사(生丝), 도자기, 차였고 주요 수출품은 모직물이었지만 모직물은 중국에서 수요를 창출하지 못했다. 이에 따라 영국에서는 수입 대금을 지불하기 위해 백은(白银)이 과도하게 유출되었다. 1816년 영국의 동인도회사는 수입 대금을 아편으로 지불하기 시작하였다.

불법적인 아편무역이 성행하자 옹정제는 금연령을 내렸지만 영국은 "청나라는 청정부 지배하에 구매자를 단속하라. 영국은 원치 않는 사람에게는 팔지 않는다"는 논리를 고집하였다. 이에 도광제(道光帝)는 린쩌쉬(林则徐)를 량광(两广, Liǎng Guǎng, 양광)총독으

아편에 빠진 중국인들

아편전쟁(鸦片战争)

로 임명하였다. 린쩌쉬는 흠차대신 자격으로 광저우(广州)의 아편 유통을 금지하고 아편을 압수해 폐기하였다. 또 외국 상인에게는 아편 밀매 금지 서약서를 제출토록 하였다. 주룽(九龙, Jiǔlóng, 구룡)반도에서 영국 선원이 중국인을 살해하는 사건이 일어나자, 청정부는 마카오에 있는 범인을 인도하도록 요구하였다. 영국이 이 요구를 거절하자 청정부는 마카오를 무력으로 봉쇄하고 노무자를 철수시켰으며 식량 공급을 금지하였다. 영국 군함과 청나라 군함의 포격전이 벌어졌고, 청정부가 봉관해금[封关海禁, 세관을 봉쇄하고 바닷길을 막다]정책을 시행하자 1840년 2월 영국 국회는 청나라 원정을 의결하였다.

이 전쟁은 영국군의 일방적 승리로 끝났고, 영국과 청정부는

1842년 8월 난징에 정박 중인 영국 군함 콘 윌리스호에서 난징조약을 체결하였다. 이 조약으로 청정부는 홍콩을 영국에 할양하고, 광저우뿐 아니라 샤먼(厦门, Xiàmén, 하문), 푸저우, 닝보(宁波, Níngbō, 영파), 상하이 등 5개 항구를 개항하며 개항장에는 영사관을 설치하도록 했다. 이후 1844년 미국과는 왕사(望厦)조약, 프랑스와는 황푸(黄埔)조약을 체결하였고, 1851년에는 러시아와 이리(伊犁)조약을 체결하였다.

2. 하느님 나라의 건설

중국의 절반을 휩쓴 태평천국(太平天国)은 홍슈취안(洪秀全)이 기독교를 기본이념으로 건국한 종교국가라고 할 수 있다. 유일신인 천부 상제와 그 아들 천형(天兄) 예수 그리스도를 신봉하였고, 신구약성서를 기본 경전으로 하였다. 아편, 음주, 절도, 전족, 주술 등을 엄격하게 금지하였으며, 모든 재산은 공동으로 소유하였다. 심지어 부부관계마저 금하는 철저한 금욕적 규율을 유지하였다.

홍슈취안은 1836년 『권세양언(劝世良言)』이라는 기독교 관련 소책자를 접하였고, 1837년 과거시험에서 낙방한 후 40일간 열병을 앓으며 환몽을 경험하였다. 그는 1843년 사촌동생 홍런간(洪仁玕)과 친구 펑원산(冯云山) 등과 함께 '배상제회(拜上帝会)'라는 기독교 단체를 조직하였다. 배상제회는 상제인 하느님을 숭배하고 야훼를 유일신으로 섬기는 교단이라고 할 수 있다. 종교적 공동체로 출발한 배상제회는 지리적으로 열악한 광시성에서 자연재해가 겹치고 체제의 모순이 심화되자 혁명세력으로 변화하였다. 그들은 태평천국을 통하여 상제의 보호 아래 만민이 평화롭고 평등한 지상천국을 건설하고자 하였다.

홍슈취안은 스스로를 상제의 둘째 아들인 천왕(天王)이라고 자처하면서 1851년 국호를 태평천국으로 하고, 멸만흥한(灭满兴汉)을 주장하였다. 1853년에는 난징[당시에는 톈징(天京)]을 수도로 삼고 과거시험도 시행했으나 1855년 북벌이 실패로 돌아가면서 급격하게 쇠퇴하기 시작하였다. 1859년에는 홍런간이 『자정신편(资政新编)』을 저술하여 중흥을 꾀했으나 이 또한 실패로 돌아갔다. 1864년 홍슈취안이 죽고 수도 톈징이 함락되었으며 충왕(忠王) 리슈청(李秀成)이 체포되어 처형되면서 태평천국은 막을 내렸다.

태평천국운동 100주년 기념비

3. 중화의 영광을 다시 한번

태평천국은 가까스로 진압되었지만 제2차 아편전쟁으로 톈진조약과 베이징조약을 체결하고 러시아와는 아이훈조약을 체결하면서 만주족의 청나라 또한 급격하게 쇠망의 길로 들어섰다. 그리고 태평천국을 진압한 의용군을 이끌었던 쩡궈판(曾国藩), 리훙장(李鸿章), 쭤쭝탕(左宗棠) 등의 한인 신사(绅士)층이 새로운 중심세력으로 대두되었다. 3세에 즉위한 동치제(同治帝)는 재위 기간 내내 동태후와 모친인 서태후가 섭정하였고 친정 2년 만에 17세의 나이로 병사하였다. 이 기간에 새로이 등장한 한족세력이 중체서용론(中体西用论)을 주장하며 서구의 과학 지식을 비롯하여 서양식 무기 제조법과 군사 체계를 도입하였다. 광산을 개발하고, 철도를 부설하고, 통신망을 정비하였으며 영국, 프랑스, 독일 등지에 유학생을 파견하였다. 또 방직공장을 설립하고 북양함대를 발족시키는 등 경공업 발전과 국력 배양에 주력하였다. 이 운동을 양무(洋务)운동 또는 동치중흥(同治中兴)이라 한다.

서태후

이러한 노력에도 청일전쟁에서 패배하자 중국은 1895년 조선의 독립을 인정하고 타이완을 일본에 할양하며 오키나와(冲绳)의 일본 지배를 인정하는 시모노세키조약을 체결하였다. 그 결과 광서제(光绪帝)의 친정체제가 갖추어졌으며, 리훙장과 서태후 일파가 퇴진하고 장즈둥(张之洞) 일파가 권력을 장악하게 되었다. 1898년 캉유웨이(康有为), 량치차오(梁启超) 등이 '변법유신'을 주장하는 상소문을 올렸다. 이들이 일본의 메이지유신(明治维新)을 모델로 한 입헌군주제를 지향하였기 때문에 이 운동을 무술개혁운동 또는 변법자강운동(变法自强运动)이라 부른다. 이 운동은 서태후, 리훙장, 위안스카이(袁世凯) 등의 강력한 반격 때문에 100일 만에 실패로 끝났다. 운동을 주도한 캉유웨이는 일본으로 망명하였고, 량치차오는 일본공사관으로 피난하였으며, 탄쓰퉁(谭嗣同)은 체포되어 참수되었다.

4. 의화단(义和团)과 황제시대의 종말

1858년 톈진조약으로 기독교 포교가 인정된 이후 기독교의 적극적인 포교가 시작되자 의화단을 중심으로 반기독교 운동이 일어났다. 의화단은 백련교 계통의 비밀결사에서 발전한 단체이다. 이들은 반기독교와 부청멸양[扶淸灭洋, 청나라를 수호하고 서양세력을 몰아내자]의 애국주의를 주장하면서 외국인에게 무자비한 테러를 가하는 배외(排外)운동 확산에 앞장섰다.

1899년에는 중국인 기독교 신자뿐 아니라 선교사와 교회에 이르기까지 광범위한 습격 사건이 일어났다. 1900년에는 단순하게 서양에서 전래되었다는 이유만으로 철도와 전선 등을 파괴하고, 톈진과 베이징 등을 점령한 후 서양인에게 무자비한 테러를 감행하였다. 이 와중에 독일공사가 피살당하자 영국, 독일, 러시아를 중심으로 한 8개국 연합군이 톈진에 상륙한 후 베이징을 함락시키자 서태후와 광서제가 시안으로 피난하는 일이 일어났다. 1901년 베이징과 톈진, 산하이관(山海关, Shānhǎiguān, 산해관)에 외국 군대의 주둔을 인정한다는 베이징의정서를 교환함으로써 청정부는 결정적인 타격을 입게 된다.

⑧ 신해혁명과 중화민국

1. 쑨원과 신해혁명

쑨원[孙文, 호는 중산(中山)]은 광둥성에서 태어나 12세에 하와이로 건너가 중등교육을 받은 뒤 홍콩으로 돌아와 의학을 공부하였다. 후에 그는 마카오와 광저우에서 의사 생활을 하였으며, 1894년 10월 하와이에서 흥중회(兴中会)를 결성하면서 본격적인 반청혁명을 시작한다. 쑨원은 민족, 민권(民权), 민생(民生)이라는 삼민주의의 민주적 공화정부 수립을 목표로 여러 차례 무장봉기를 하였지만 모두 실패하였다. 1911년 10월 10일 우창(武昌, Wǔchāng, 무창)에서 일어난 신군(新军)과 동맹회의 봉기가 성공을 거두어 1912년에 드디어 중화민국(中华民国)을 건국하였고, 중화민국의 초대 총통으로는 위안스카이가 취임하였다. 1915년 위안스카이가 황제에

쑨원

즉위하자 이에 반대한 차이어(蔡鍔)의 호국군이 사퇴 압력을 가했다. 1916년 위안스카이가 죽자 중국은 군벌들의 할거 시대로 들어서게 되었다.

2. 국민당과 공산당

　제1차 세계대전이 끝나고 전승국 일본의 과도한 요구와 중국정부의 무능한 대처에 화가 난 베이징대학 학생들이 1919년 5월 4일 톈안먼광장에서 시위를 벌였다. 이 시위는 봉건주의에 반대하고 과학과 민주주의를 제창하는 등 사회 전반적인 민중운동으로 발전하여 중국 근현대사의 분기점으로 평가받는다. 이를 5·4운동이라고 하는데, 이후에는

러시아혁명의 영향으로 공산주의에 대한 관심이 높아졌다. 1920년 8월에는 베이징대학의 리다자오(李大釗) 교수 등 지식인 7명이 모여서 중국공산당 창립 발기인 대회를 개

5·4운동

최하였고, 1921년 7월에 중국공산당이 정식으로 창립되었다.

　쑨원이 1922년 광저우 군벌에 쫓겨 상하이로 도피했을 때, 그는 소비에트 노선에 따라 국민당을 재편하였다. 그리고 공산당 당원이라도 개인 자격으로 국민당에 입당하는 경우 이를 받아들였다. 쑨원은 소련의 원조와 중국공산당의 협력으로 1923년 국민당 권력을 장악하지만 1925년 간암으로 사망한다.

　1926년 장제스(蔣介石)는 국민혁명군 총사령관으로 임명되어 북벌을 시작하였다. 1927년 3월에는 국민당 좌파와 공산당이 공업 지역 우한을 새 수도로 선포하였다. 황푸군관학교(黃埔軍官學校)가 문을 열었고 장제스가 교장으로 취임하였다. 당시 지주와 자본가의 지지를 받던 반공주의자 장제스는 중국 남부 지역의 군벌세력을 토벌한 후 공산당 탄압을 모색하였다. 그는 1926년에 발생한 중산함사건(中山艦

장제스

황푸군관학교

事件)^{TIP}을 계기로 계엄령을 선포하고 공산당원을 학살하기 시작하였으며, 1927년 4월 12일에 발생한 상하이 반공 쿠데타를 주도하였다.

1927년 4월 장제스가 주도하는 국민당 우파는 난징에 국민정부를 조직하고 공산당원을 공직에서 추방한 후 국민당 좌파와 공산당의 연합정권인 우한정부를 통합하였다. 장제스는 1928년 북벌을 재개하여 베이징을 점령한 후 베이핑(北平)으로 개명하였다. 그 후 만주 지역 군벌인 장쉐량(张学良)이 난징정부의 관할권을 인정하자 형식적으로나마 중국의 통일은 완성되었다.

3. 국민당과 공산당의 투쟁

장제스의 공산당 탄압으로 1차 국공합작이 결렬되자 공산당과 국민당은 전쟁으로 치달았다. 1927년 7월 공산당 지도부는 우한을 탈출한 후 난창(南昌)을 중심으로 무장봉기를 시도했지만 국민당의 역습으로 전력이 크게 손실되면서 실패하였다. 마오쩌둥은 징강산(井冈山)으로 피신하여 세력을 확장하였으며 근거지에서 대중과 철저한 결합을 시도하며 홍군을 창설하였다.

1931년 일본은 만주를 점령하였고 이듬해에는 상하이, 베이징, 톈진 등을 공격하였다. 일본의 침략이 본격화되었지만 장제스는 일본보다는 홍군과의 전투에만 치중하였다. 홍군은 게릴라전으로 국민당군에 연승을 거두었지만 정규전에서는 연패함으로써 거의 궤멸 직전에 이르렀다. 공산당 지도부는 1934년 7월 장시성의 근거지를 포기한다는 결정을 내리고, 샤안시성 옌안(延安, Yán'ān, 연안)까지 1만 2,500km에 이르는 대장정(大长征)을 시작하였다. 이 과정을 거치면서 8만여 명에 이르던 홍군은 7천여 명으로 줄어들었지만, 변경지역을 중심으로 소수민족과 빈농계층을 포섭하여 공산당의 근거지를 마련할 수 있었으며 마오쩌둥의 지도력을 확립할 수 있었다.

➤ 징강산에 올라 홍군을 이끄는 마오쩌둥을 그린 삽화

4. 항일전쟁과 중화인민공화국

1937년 루거우차오사건(卢沟桥事件)^{TIP}을 계기로 일본의 중국 침략이 본격화되었으며, 12월 13일 수도인 난징을 함락한 일본은 비인도적인 대학살을 자행하였다. 일본의 중국 침략이 본격화되고 일본이 청나라의 마지막 황제 푸이(溥仪)를 내세워 괴뢰국인 만주국을 건국하자, 공산당은 내전을 종식하고 공동으로 항일투쟁을 하자고 선전하였다. 반면 장제스는 공산당 토벌에만 몰두할 뿐 일본 침략에는 무저항주의로 일관하였다. 당시 시안에 주둔하고 있던 군벌 장쉐량은 독전(督战)을 위해 시안에 왔던 장제스를 감금하고 공산당과 합작해 항일투쟁에 나설 것을 장제스

푸이

에게 요구하였다. 이와 동시에 국민당의 소극적인 항일투쟁에 실망한 대중이 공산당에 입당하는 등 공산당은 광범위한 대중화에 성공하였다.

일본이 패망하자 국민당과 공산당은 본격적인 내전 상태에 빠졌다. 1949년 공산당이 중국 지역을 대부분 장악하자 장제스는 타이완으로 이동하여 국민당의 중화민국을 지속시켰다. 1949년 9월 21일 공산당은 '인민전체협상회의'를 열어 마오쩌둥을 국가주석으로 선출하였으며, 마오쩌둥은 10월 1일 중화인민공화국 건국을 정식으로 선포하였다.

루거우차오사건

중일전쟁의 발단이 된 사건으로, 중국에서는 7 ·7사변(七七事变)으로도 부른다. 루거우차오는 당시 베이징으로 연결되는 전략적 거점지로 이 다리를 사이에 놓고 일본군과 중국군이 서로 대치하고 있었다. 1937년 7월 7일 밤 루거우차오 인근에서 일본군이 훈련을 하던 중에 총성이 들리고 사병 한 명이 행방불명되는 일이 발생한다. 일본군은 이것을 중국군의 공격으로 간주하고 대대적인 공격을 한다. 이후 일본군과 중국군의 공방이 이어지다 중국 측의 양보로 현지협정을 맺어 해결된 듯했으나, 일본은 강경한 태도를 보이며 관동군과 본토의 3개 사단을 증파하여 7월 28일 베이징과 톈진에 대한 총공격을 개시한다. 이로써 루거우차오사건은 전면적으로 확대되어 중일전쟁으로 돌입하였으며, 중국 내에서 항일 투쟁 의식도 높아져 제2차 국공합작이 성립되는 계기가 된다.

루거우차오

⑨ 중화인민공화국

1. 문화대혁명

정식 명칭은 '무산계급문화대혁명(无产阶级文化大革命)'이고, 약칭은 '문혁'이다. 농촌의 현실을 무시하고 무리하게 추진된 대약진운동(大跃进运动)[07]이 실패로 끝나고, 최소 3,000만 명 이상의 아사자가 발생하였다. 1959년 대약진운동의 실패를 수정하기 위해 열린 '루산(庐山)회의'에서 펑더화이(彭德怀)는 마오쩌둥을 비판하였다. 그리고 마오쩌둥이 주석직에서 물러나고 류샤오치(刘少奇)가 주석, 덩샤오핑(邓小平)이 당총서기를 맡고, 저우언라이(周恩来)는 총리직에 유임되었다. 그러자 마오쩌둥 지지자들이 펑더화이를 비판하고 그를 국방부장직에서 해임시켰다.

1965년에는 마오쩌둥 부인 장칭(江青) 등이 1959년 말에 발표된 「하이루이가 파면되다(海瑞罢官)」의 내용을 빌미로 류샤오치와 덩샤오핑을 '주자파[走资派, 자본주의의 길을 걷는 일파]'로 비판하였다. 명대의 청백리 하이루이가 무능한 황제에게 파면된다는 내용을 담은 이 극이 처음 발표되었을 때는 마오쩌둥도 높이 평가했는데, 1966년 5월 16일 장칭 일파는 공산당중앙위원회 명의로 이 극을 비판하는 논평을 담은 '5·16통지문'을 발표하여 '반사회주의', '부르주아계급'을 추종하는 류샤오치와 덩샤오핑 일파를 반혁명 우파로 비판하였다. 이 통지문을 계기로 전국 각지에서 반혁명 우파를 비판하는 여론이 조성되었다.

마오쩌둥은 나이 어린 홍위병(红卫兵)을 동원하여 당내 경쟁자를 탄압하기 시작했으며, 홍위병은 구습 타파라는 명분으로 심지어 문화재까지 파괴하기 시작했다. 홍위병의 만행에 구타나 모욕을 당한 지식인들이 자살하는 일도 일어났지만 마오쩌둥은 오히려 '모든 저항에는 이유가 있다(造反有理)'며 홍위병의 일탈에 눈감았다. 그러나 홍위병의 일탈과 만행이 통제 불능의 사태에 이르자, 마오쩌둥

문혁을 선전하는 포스터

---

[07] 중국이 경제 고도 성장 정책으로 전개한 전국적인 대중 운동을 말한다.

은 군권을 장악하고 있던 린뱌오(林彪)에게 군의 개입을 지시하였고, 홍위병 세력을 약화하기 위해 1969~1976년까지 지식청년이 농촌으로 내려가 농민에게서 배움을 얻자는 '상산하향(上山下乡)'운동을 대규모로 전개하였다.

후에 린뱌오가 마오쩌둥을 제거하려는 쿠데타 계획이 발각되었고, 린뱌오는 비행기로 도피하던 중 연료가 떨어져 추락사하는 일이 발생하였다. 이 사건 이후 덩샤오핑을 부총리로 임명하였지만 덩샤오핑은 다시 하방[08]당한다. 1976년 1월에는 저우언라이가 사망하였고, 9월에는 마오쩌둥도 사망하였다. 대중적 인지도가 약한 화궈펑(华国锋)이 주석직에 올라 공식적으로 사인방(四人帮)**TIP**을 비판하고 체포하면서 '10년 동란(动乱)'으로 불리던 문화대혁명은 종결되었다. 1977년에는 덩샤오핑이 부총리로 복직하면서 개혁개방이 급물살을 타게 되었다.

2. 개혁개방

1978년 덩샤오핑은 실권을 장악한 뒤 공업, 농업, 과학기술, 국방 등 4대 부문의 현대화와 중국 특색 사회주의의 개혁개방을 주창하였다. 미국과는 1971년 탁구 교류를 통한 핑퐁외교로 관계 개선을 시작하여 1979년 1월 1일 정식으로 수교하였다. 1989년 6월 4일

---

08 중국에서, 당원이나 공무원의 관료화를 방지하기 위하여 이들을 일정한 기간 농촌이나 공장에 보내서 노동에 종사하게 하는 것을 말한다.

에는 베이징대 학생을 포함한 시민들이 민주화를 요구하는 톈안 먼사건**TIP**이 발생하였다. 덩샤오핑은 1992년 1월 18일에서 2월 22일까지 우한, 선전, 주하이(珠海, Zhūhǎi, 주해), 상하이 등을 시찰하면서 사회주의냐 자본주의냐의 논쟁은 중요하지 않다며 개혁개방을 독려하는 남순강화(南巡讲话)를 하였다.

1992년 8월 중국은 대한민국과 수교하였으며, 2008년에는 원촨(汶川) 대지진의 아픔을 딛고 제29회 올림픽을 베이징에서 개최하였다. 2005년에는 미국, 일본, 독일에 이어 세계 4위의 경제대국으로 성장하였고, 2008년에는 세계 경제위기와 함께 독일을 제치고 세계 3위로, 2010년에는 일본을 제치고 G2로 등극하였다.

TIP

톈안먼사건

1989년 4월 총서기를 지낸 후야오방(胡耀邦)이 사망하자 그를 기리는 추모식이 정치적인 민주화 시위로 전환되었다. 시위가 계속되고 후야오방의 후임자인 자오쯔양(赵紫阳)이 당의 규정과는 상반된 주장을 하자 리펑(李鹏)이 자오쯔양의 직책을 박탈하고 베이징에 계엄령을 선포한 뒤 톈안먼광장에 군대를 투입하여 강제 해산시켰다.

2008년 베이징올림픽 주경기장 냐오차오(鸟巢)

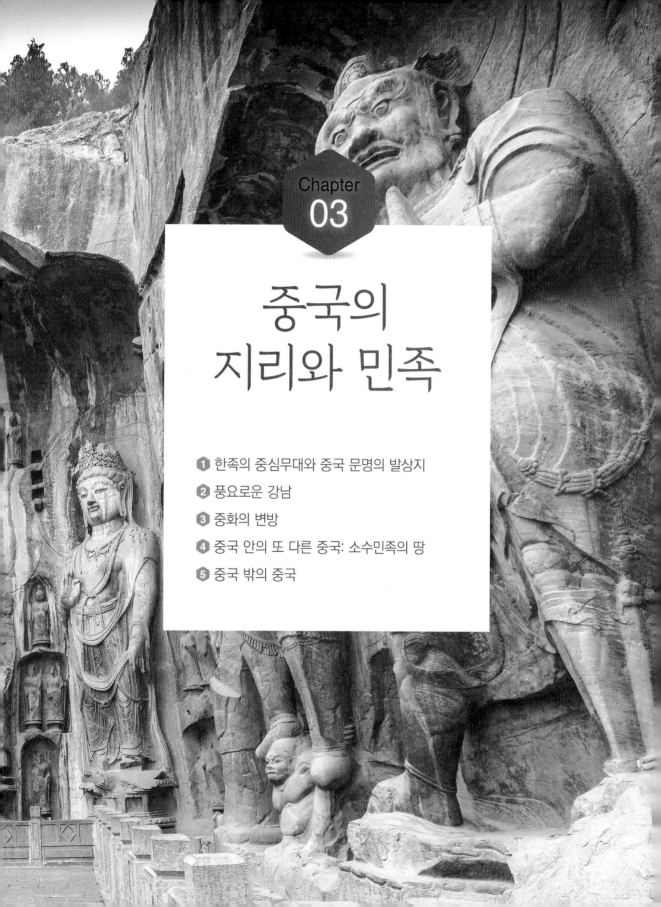

중국의 광활한 땅과 그곳에서 살아가는 56개 민족에 대한 접근 방법은 그 넓이나 종류만큼 다양할 수밖에 없다. 역사적 변천에 주목하면, 인류 4대 문명 중 하나인 황허문명과 한족의 형성과정, 진시황의 통일과 관중(关中) 지역의 중요성, 흉노의 침입과 만리장성의 관계 등이 고대 문화사에서 중요하다고 할 수 있다. 이후 위진남북조 시기는 한족의 세력 범위가 창장강 남쪽의 육조로 제한되면서 육조의 수도였던 난징[南京, 당시에는 금릉(金陵)]이 문화의 핵심 지역이 되었다. 한편 북쪽은 돌궐족과 선비족 등 다양한 유목민족의 정치적·문화적 시험장이 되었다. 이후 수나라를 거쳐 당나라는 시안[西安, 당시에는 장안(長安)]을 수도로 하여 당시까지는 가장 넓은 영토를 확보하였다. 당대에는 사상적으로 자유로웠으며, 여러 유목민족을 흡수하여 다양성이 공존하는 문화를 일구었다.

5대10국 시기를 거친 후 등장한 송대(宋代)는 유학이 발전하고 회화예술 등의 전통문화가 정점을 찍었던 시기로 평가된다. 그러나 영토 면에서는 북방의 상당한 지역을 요나라와 금나라가 차지하고 있었다. 송나라가 금나라의 침입으로 카이펑에서 항저우[杭州, 당시에는 임안(臨安)]로 수도를 옮김에 따라, 한족 문화의 중심은 위진남북조의 남조를 이어 다시 남쪽으로 이동하게 되었다. 원대(元代)는 달리는 말 위에서 세계를 평정한 몽골족의 나라이다. 중국 전역이 처음으로 한족이 아닌 이민족에게 지배된 시기이며, 수도는 현재 중화인민공화국의 수도인 베이징이었다. 중국전도를 펼쳐 보았을 때 상당히 동북쪽에 위치한 베이징은 이렇게 문화의 중심으로 뛰어들게 되었다.

명나라는 이민족이 통치한 원나라의 기억을 지우는 일부터 시작하였다. 개국 후 일정 기간 수도는 난징이었다가 세 번째 황제인 영락제가 베이징으로 천도하였다. 만주족이 다스린 마지막 왕조 청나라에 이르러 베이징은 명실상부한 정치문화의 중심으로 거듭났다. 개괄하면 당대까지 가장 중요했던 지역은 당시 수도였던 시안과 난징이었고, 북방의 베이징은 후대에 중요성이 부각된 것이다.

중국 전체의 광활한 지역에서는 주도권을 주로 한족이 차지했다고 할 수 있으나, 역사의 격변기마다 다양한 교류와 충돌이 있었고 이러한 접촉을 통해 각 민족의 문화적 정체성이 만들어졌다고 할 수 있다.

❶ 한족의 중심무대와 중국 문명의 발상지

1. 정치 수도 베이징과 직할시 톈진

(1) 중국의 심장 베이징

베이징(北京, Běijīng, 북경)은 서쪽, 북쪽, 동북쪽이 산으로 둘러싸인 내륙도시로, 약칭은 '징(京, Jīng)'이다. 남쪽으로는 허베이(河北)평원이 펼쳐져 있고, 서남쪽으로는 대운하를 통해 창장강 일대의 풍부한 양곡과 물자를 조달받을 수 있었다. 항구도시인 톈진과 인접해 있다는 점 또한 베이징이 오랫동안 중국의 수도가 된 중요한 이유 중 하나이다.

베이징 지도를 보면, 시 전체가 바둑판 모양으로 반듯하게 정렬되어 있다. 도시 외곽은 반지 모양의 순환도로가 감싸고 있는데, 가장 안쪽에 있는 얼환(二环)부터 류환(六环)까지 순환도로가 다섯 개 있다. 마치 상자 안에 계속 조그만 상자들이 들어 있는 것 같은 형상으로 구성된 베이징의 중심에는 쯔진청(紫禁城, Zǐjinchéng, 자금성)이라고 불리는 구궁(故宮, Gùgōng, 고궁)이 있다.

명·청 시기 베이징은 황제와 중앙관료가 거주했던 통치 중심 지역이었기 때문에 관료문화의 기풍이 형성되었다. 행정문서는 베이징어(官话, guānhuà, 관화)로 작성해야 했고, 과거시험을 보기 위해서도 베이징에 가야 했다. 자연히 전국의 인재가 베이징으로 모여들었으며 황실과 사대부의 호사스러운 생활로 요리, 공예, 조각, 서화 같은 문화산업이 활발하였다.

베이징의 심장부 톈안먼광장은 근현대사의 정치 변혁을 상징하는 곳이다. 1919년 신문화 개혁 운동인 5·4운동, 1949년 10월 1일 중화인민공화국 건국 선포, 1966년 문화대혁명 당시 홍위병의 집회, 1989년 민주화 구호를 외쳤던 톈안먼사건 등이 이곳에서 일어났다. 광장 주위로는 중국혁명역사박물관, 마오쩌둥 주석기념당, 인민대회당 등이 있어 톈안먼광장의 정치적 위상을 보여준다.

톈안먼과 톈안먼광장

(2) 천자의 나루 톈진

중국의 4대 직할시 가운데 하나인 톈진(天津, Tiānjīn, 천진)은 상하이의 뒤를 이어 중국 제2의 무역항이다. 북방 최대 연해 개방도시로 '보하이(渤海)의 명주(明珠)'라 불리기도 한다. 약칭은 '진(津, Jīn)'이다. '톈진'이라는 지명은 '천자(天子)가 나루를 건넌 곳'이란 뜻이다. 명나라 영락제가 황권을 탈취하기 위해 톈진을 통해 강을 건너 남정(南征)한 데서 유래했다고 한다.

톈진에는 중국 내 최다인 9개국의 조계(租界)가 있었던 까닭에 아직도 옛날 서양식 건물이 많이 남아 있다. 또한 톈진은 근대화의 전초기지였던 만큼 우체국, 전신, 철도, 고등교육 등 중국 최초로 도입된 근대적 문물이 많은 도시로 유명하다.

톈진 샤오양러우(小洋楼)의 모습

2. 한국과 가장 가까운 산둥

산둥(山東, Shāndōng, 산동)은 황허강 하류, 징항[京杭, 베이징과 항저우]대운하 북단에 위치한다. 성도는 지난(济南, Jǐnán, 제남)이고 약칭은 '루(鲁, Lǔ)'이다. 춘추전국시대의 제나라와 노나라가 위치했던 곳이어서 '제노(齐鲁)의 땅'이라고도 한다. 제나라는 춘추오패이자 전국칠웅의 하나였다. 취푸(曲阜, Qūfù, 곡부)를 근거지로 한 노나라는 공자의 고향으로 유명하다. 청대에는 옌타이(烟台, Yāntái, 연태) 항구가 개방되었고, 1898년에는 독일과 영국이 각각 칭다오(青岛, Qīngdǎo, 청도)와 웨이하이(威海, Wēihǎi, 위해)를 할양받아 일찍부터 서구문물이 들어왔는데 지금도 그 흔적이 남아 있다.

타이산

바오투취안

산둥성을 '산 하나 물 하나 성인 하나(一山一水一圣人)'의 고장으로 일컫는다. 여기서 말하는 성인은 공자이고, 산은 '오악지존(五岳之尊)'이라 부르는 타이산(泰山, Tàishān, 태산)이며, 물은 지난의 바오투취안(趵突泉, bàotūquán, 표돌천)이다. 바오투취안은 청대 건륭제가 '천하제일천(天下第一泉)'이라고 이름 붙였다 하여 유명해졌다.

공묘

공자의 고향인 취푸에는 공묘(孔庙), 공부(孔府), 공림(孔林) 등이 있는데 이것들은 1994년 세계문화유산으로 등록되었다. 공묘는 공자를 모시는 사당으로 노나라 애공(哀公)이 세운 것이다. 베이징의 자금성, 역대 제왕이 타이산의 신께 제사를 지내던 타이안(泰安, Tài'ān, 태안)의 대묘(岱庙)와 함께 중국 3대 고대 건축물에 속하며 2,200여 개 비석과 석각이 있다. 공부는 공자의 직계 장자와 장손이 살던 집이며, 공림은 공자 가문의 묘지로 공자 자손의 묘비가 숲처럼 흩어져 있고 울창한 노목으로 조성되어 있다.

산둥 출신의 유명 소설가 모옌(莫言)의 〈붉은 수수밭(红高粱)〉이라는 소설에는 거칠고 야성적인 남성들이 등장한다. 중국에서는 보통 거친 남성들을 '산둥하오한(山东好汉, Shāndōng hǎohàn)'이라 부르는데, 한국에 거주하는 화교의 90% 이상이 산둥 출신이다. 한국과 지리적인 인접성으로 칭다오, 옌타이, 웨이하이, 지난 등에 많은 한국 기업이 진출해 있다.TIP

➤ 장이머우 감독의 영화 〈붉은 수수밭〉

TIP

신기질과 포송령

신기질(辛弃疾): 송대 산둥성 리청[历城, 지금의 지난] 출신의 민족영웅으로 소동파[苏东坡, 소식(苏轼)]와 더불어 남성적인 호방파 사(词)로 유명하다. 금나라의 침략과 조국의 패망이라는 혼돈 속에서 조정과 간신배의 불의를 일갈하고 주화파의 나약한 타협을 맹공격했다. 그의 작품은 후기로 갈수록 비분강개함에 깊이가 더해져 기상과 정취를 모두 갖추었다는 평가를 받는다. "강산은 의구한데/ 영웅은 찾을 길 없네/ 손권이 조조를 물리쳤던 곳/ 누대마다 춤과 노래로/ 풍류가 넘실댔건만/ 비바람에 모두 씻겨 사라졌다네."(「영우락(永遇乐)」)

포송령(蒲松龄): 산둥성 쯔촨(淄川) 출신의 소설가로 지괴소설 『요재지이(聊斋志异)』의 저자이다. 당시 산둥 동쪽 연해의 펑라이(蓬莱, 봉래) 일대에는 신선이나 불가사의한 이야기들이 많이 전해오고 있었다. 『요재지이』는 이러한 자료들을 수소문하여 모아 엮어낸 것이다. 문언(文言)으로 기록된 이야기는 백화소설이 지배하던 당시 양식과 달랐으나 발표되자마자 명성을 얻어 수많은 모방작을 낳았다. 현대에도 〈천녀유혼(倩女幽魂)〉, 〈화피(画皮)〉 등의 영화로 개작되어 인기를 끌고 있다.

3. 중원으로 불리던 허베이와 허난

(1) 허베이(河北, Héběi, 하북)

'허베이'라는 명칭은 황허강 하류의 북쪽 땅이라는 뜻으로 약칭은 '지(冀, Jì)'이다. 북쪽으로는 북방 유목민족이 활동하던 네이멍구고원과 맞닿아 있고, 남쪽으로는 광활한 화베이평원이 펼쳐져 있어 북방민족과 한족 간의 각축이 끊이지 않았던 지역이다. 전설시대에는 황제, 염제, 치우 등 제왕의 대격전지였고, 위진남북조시대에는 5호16국의 역사를 기록하며 수많은 북방 이민족 정권이 이곳에서 명멸하였다. 5대10국에서 북송까지는 거란족의 요나라가 다스렸고, 금·원대에는 여진족과 몽골족이 차례로 이 지역을 다스렸다.

송대 이후에는 경제의 중심이 남쪽으로 옮겨감에 따라 경제 중심으로서 지위를 잃었다. 원대 이후로는 베이징이 줄곧 수도 역할을 했기 때문에 허베이 지역은 정치권력 중심의 주변부에 머물며 상무(尙武)정신이 대대로 이어져 왔다. 과거부터 방어선으로서 중압과 희생, 경제적·문화적 낙후, 낮은 정치적 지위에 따른 한이 서려 있는 곳이기도 하다.

『삼국지』의 영웅 유비가 바로 이 탁현[涿县, 지금의 허베이성 줘저우] 출신이다. 허베이의 주요 도시로는 스자좡(石家庄, Shíjiāzhuāng, 석가장), 친황다오(秦皇岛, Qínhuángdǎo, 진황도), 청더[承德, Chéngdé, 승덕, 과거에는 열하(热河)]TIP 등이 있다.

(2) 허난(河南, Hénán, 하남)

허난성은 성 대부분이 황허강 남쪽에 위치하기 때문에 허난이라고 부른다. 성도는 정저우(郑州, Zhèngzhōu, 정주)이고 약칭은 위(豫, Yù)이다. 예전에는 이 지역에 야생 코끼리가 많았기 때문에 허난성의 약칭을 '사람이 코끼리를 끌고 가는 지역'이라는 뜻의 '위(豫)'자를 썼다고 한다. 이곳의 문화유적으로 가장 먼저 떠오르는 것은 상나라 옛 왕도 자리인 은허[殷墟, 현재의 허난성 안양현 샤오둔촌 인근]에서 발견된 갑골문 유적이다. 중원문화의 발원지 허난성은 세계 4대 문명 발생지인 황허강을 접하고 있으며, 여러 왕조의 수도였던 뤄양과 카이펑^{TIP}을 포함할 뿐 아니라 고대 중국 문화를 엿볼 수 있는 양사오문화와 룽산문화 유적지 또한 경내에 두고 있다.

중국에는 "중국의 100년을 보려면 상하이, 600년을 보려면 베이징, 3,000년을 보려면 시안, 5,000년을 보려면 허난에 가봐야 한다"는 말이 있다. 뤄양은 하나라를 비롯하여 총 13개 왕조가 1,500여 년 동안 도읍했던 곳이다. 중국의 전통종교인 도교가 이곳에서 태동하였으며, 불교가 처음으로 중국에 유입되었던 곳이고 유학의 발원지이기도 하다. 허난성의 룽먼(龙门)석굴은 2000년 유네스코세계문화유산에 등재되었다. 뤄양에서 멀지 않은 성도 정저우에는 중국 오악(五岳) 가운데 하나인 쑹산(嵩山, Sōngshān, 숭산)과 샤오린쓰(少林寺, Shàolínsì, 소림사)가 있다.

룽먼석굴

샤오린쓰

쑹산

4. 전통의 수도권 산시(山西)와 샤안시(陝西)

똑같이 'Shanxi'로 영문 표기되는 두 지역 산시(山西, Shānxī, 산서)와 샤안시(陝西, Shǎnxī, 섬서)는 중국 문화사에서 정반대 이미지를 가진다. 산시 사람은 살길을 찾아 밖으로 떠났고, 샤안시 사람은 700년대에 대제국의 수도를 이끌며 다른 민족과 다른 문화를 맞아들였다.

(1) 상인문화를 꽃피운 내륙 산지 산시

'산시'라는 지명은 허베이성과 자연 분계를 이루는 '타이항산(太行山, Tàihángshān, 태항산) 서쪽'이라는 데서 유래했다. 춘추시대에 가장 강성했던 춘추오패 가운데 하나였던 진(晉)나라가 이곳에 터를 잡으면서 이곳의 지역 문화가 모습을 갖추게 되었다. 산시성의 약칭이 '진(晋, Jìn)'인 것은 바로 이 때문이다. 역사적으로 융족(戎族), 흉노족, 선비족, 돌궐족 정권이 이곳에서 명멸하였다. 산시 지역은 황토고원 동부에 있어 일반적으로 이 지역을 '산시고원'이라 부르며, 광물 자원이 매우 풍부하다. 우타이산(五台山, Wǔtáishān, 오대산)은 화베이 지역에서 가장 높은 산이다.

차오자다위안

명·청시대 500년간 중국 최고 상인조직인 진상(晋商)의 주인공이 바로 이곳 산시 상인이다. 산시는 농지가 부족하여 일찍부터 중원과 북방, 서역을 잇는 중요한 길목이라는 지리적 이점을 이용해 상업이 발전하였다. 진상은 역사의 뒤안길로 사라졌지만, 장이머우의 영화 〈홍등(红灯)〉의 공간적 배경이 된 진상의 우아한 대저택 차오자다위안(乔家大院)을 찾아볼 수 있다. 이렇듯 원대 이전 고대 건축물은 물론 명·청시대 건축물도 수없이 많아 '중국고대건축박물관'이라고 일컫는다. 그 외에 산시는 중국 전통극의 요람으로도 유명하다. 중국 전통극의 황금시대였던 원대의 원곡사대가(元曲四大家) 가운데 마치원(马致远)을 제외한 관한경(关汉卿), 백박(白朴), 정광조(郑光祖) 세 사람이 산시 출신이다.

한편 산시성은 중국 국수의 메카로, 이곳 사람들은 국수를 즐겨 먹고 다양한 국수를 만들어온 것으로 유명하다. 그 가운데서도 대표적인 다오샤오몐(刀削面)은 칼로 깎아서 면을 만드는 독특한 방식 때문에 전국적으로 유명한데 최근에는 우리나라에도 들

다오샤오몐을 만드는 모습과 다오샤오몐

어왔다. 산시는 식초 생산량이 많고 품질이 좋아 식초의 고장으로도 유명하다.

(2) 제국의 수도 시안을 품은 곳 샤안시

샤안시의 옛 명칭은 '샤안(陕, Shǎn)' 또는 '친(秦, Qín)'이다. 샤안시의 모습은 폭이 좁고 길이가 길다. 이곳을 관통하는 친링(秦岭)산맥에는 유명한 화산(华山)과 타이바이산(太白山), 중난산(终南山), 리산(骊山) 등이 있으며, 이 산맥을 기준으로 중국 남과 북의 기후가 다르다. 주나라를 비롯해 진, 한, 당 등 13개 왕조가 1,180년 동안 이곳을 수도로 정하였다.

과거 교통의 중심지였던 시안은 인구가 100만 명을 넘는 국제도시로 유럽, 아라비아, 아프리카로 이어졌던 실크로드(丝绸之路, sīchóu zhī lù, 비단길)의 시발점이 되었다. 송나라 때는 요나라, 금나라, 서하, 몽골 등의 침략으로 샤안시 지역에는 한족 대신 무슬림이 대거 유입되었다. 현대에는 마오쩌둥이 장정 끝에 샤안시성 옌안에 도착하여 중화인민공화국의 기틀을 마련한 곳이기도 하다. 당시 중화민국 총통 장제스와 제2차 국공합작을 성립하여 항일투쟁의 초석을 다진 곳이다.

샤안시에서 가장 으뜸 도시로는 당연히 시안을 꼽을 수 있다. 시안의 옛 명칭은 장안(长安, Cháng'ān, 창안)으로 아테네, 로마, 카이로와 함께 세계 4대 역사 도시로 일컬어진다. 명승지로는 병마용(兵马俑) 박물관, 화청지(华清池), 대안탑(大雁塔), 종루(钟楼), 비림(碑林) 등이 있다.

병마용

화청지

대안탑

종루

비림

2 풍요로운 강남

1. 경제 수도 상하이

상하이(上海, Shànghǎi, 상해)는 중국 최대 경제도시이자 국제 항구도시로, 약칭은 '후(沪, Hù)'이다. 제주도보다 남쪽에 있기 때문에 기후가 전반적으로 온난하다. 지도를 놓고 보면, 상하이는 한강이 흐르는 서울처럼 큰 강이 도시를 남북으로 가로지른다. W자 모양으로 도시를 관통하는 황푸장(黄浦江, Huángpǔjiāng, 황포강)은 창장강과 만나 바다로 들어간다. 이 강을 중심으로 서쪽 지역을 '푸시(浦西)', 동쪽 지역을 '푸둥(浦东)'이라고 한다. 푸시의 황푸장 강변을 따라 형성된 거리 와이탄(外滩, Wàitān, 외탄)은 아름다운 야경으로 유명하다. 진마오다샤(金茂大厦), 세계금융센터(环球金融中心), 상하이센터(上海中心) 등이 이 일대에 집중되어 있다. 와이탄에서 서쪽으로 뻗어 있는 난징루(南京路, Nánjīnglù, 남경로)는 상하이 최초의 번화가였고, 지금도 휴일이면 백만이 넘는 인파가 몰리는 관광과 쇼핑의 명소이다.

와이탄

난징루

상하이는 베이징과 함께 중국을 대표하는 도시로, 남방과 북방이라는 지리적 차이뿐만 아니라 하나는 경제, 하나는 정치를 대표한다는 점에서도 극명하게 대비된다. 두 도시 사람들의 기질과 취향 역시 대조적이어서 '징파이(京派, 경파)', '하이파이(海派, 해파)'라는 용어까지 생겨났다.

산문작가 위추위(余秋雨)는 상하이 사람의 특징으로 교활함, 거만함, 계산적임, 말재주, 배타성, 개인주의, 인색함, 경박함 등을 거론했는데, 대체로 부정적인 측면이다. 그런데 많은 학자는 이런 점들이 국제도시 상하이의 역사에서 비롯되었다고 분석한다. 상하이 사람은 항상 발 빠르게 변화에 적응해야 했고 그 속에서 발전할 기회를 찾아야 했다. 국가와 사회에 대한 전통적 가치관이 부정되면서 사람들이 현실적 이익이 중요하다는 생각을 하게 됐다는 것이다.

2. 강남의 풍요와 문화의 상징

(1) 이천 년 고도를 품은 장쑤

장쑤(江苏, Jiāngsū, 강소)성은 강과 하천, 호수 등이 집중되어 있고 창장강 하류의 드넓고 비옥한 토양 덕에 일찍부터 경제와 문화가 발달했다. 약칭은 '쑤(苏, Sū)'이다. 장쑤성이 역사에 처음 등장한 것은 춘추전국시대에 오나라가 이곳에 도읍을 정하면서부터이다. 이후 남송과 명·청 등 수많은 왕조를 거치며 눈부신 경제성장과 함께 화려하고 풍요로운 강남문화의 거점 지역이 되었다. 주요 도시는 성도인 난징을 비롯하여 쑤저우(苏州, Sūzhōu, 소주)와 양저우(扬州, Yángzhōu, 양주) 등이 있다.

① 난징

장쑤성의 성도 난징은 진링(金陵, Jīnlíng, 금릉)이라고도 불리며, 강남의 역사·정치 중심지이다. 229년 삼국시대 오나라의 손권이 지금의 난징인 건업(建业)에 도읍을 정한 것을 시작으로 동진과 남조의 송, 제, 양, 진이 차례로 이곳에 도읍을 정하면서 '육조고도(六朝古都)'로 불리게 되었다. 1368년 명나라 태조 주원장이 처음으로 통일 중국의 수도로 삼았고 3대 황제 영락제가 베이징으로 천도한 뒤에도 난징은 제2의 수도로서 베이징과 같은 내각조직을 두었다. 1912년 중화민국이 성립되면서 쑨원이 난징에서 중화민국 임시대통령으로 취임하였고, 국민정부는 1927년 난징을 중화민국의 수도로 정하였다. 난징은 도시 전체가 마치 거대한 역사박물관인 듯 곳곳에 역사문화 유적지가 즐비하다. 명 태조 주원장의 명효릉(明孝陵)을 비롯하여 중화민국 건국자 쑨원의 중산릉(中山陵), 태평천국역사박물관 등이 있다. 현대 명물로는 난징의 얼굴이자 자부심인 난징 창장대교(长江大桥)가 있다.

중산릉

창장대교

② 쑤저우

창장강 하류와 타이후(太湖) 동쪽 연안에 위치한 쑤저우는 예부터 "하늘에는 천당이 있고, 땅에는 쑤저우와 항저우가 있다(上有天堂, 下有苏杭)"라는 말이 있을 정도로 자연경관이 수려한 곳이다. 쑤저우는 또한 수많은 문인과 예술가가 활동한 곳이기도 하다. 정치에 실망하여 관직에서 물러난 문인들, 생활의 멋을 추구한 상인들은 쑤저우에 경쟁적으로 아름다운 원림(园林, 정원)을 축조하고 시, 서, 화로 대변되던 문인의 고급스러운 취미를 거주 공간 영역에 펼쳐놓았다. 쑤저우의 4대 명원(名园)인 창랑팅(沧浪亭), 스즈린(狮子林), 줘정위안(拙政园), 류위안(留园)**TIP**은 각각 송, 원, 명 세 왕조의 특징을 보여주는 대표적 원림이다.

TIP

창랑팅, 스즈린, 줘정위안, 류위안

창랑팅은 쑤저우에서 가장 오래된 원림이다. 본래 오대시대에 오월국(吳越国) 절도사 손승우(孙承祐)의 개인 연못이었는데, 1045년 북송 시인 소순흠(苏舜钦)이 이 터를 매입하여 창랑팅을 세웠다. 1954년 대중에 개방되었고 2000년 세계문화유산에 등재되었다. '창랑'이라는 이름은 굴원의 시 「어부사(渔父词)」의 "창랑의 물에 갓끈을 씻는다(沧浪濯缨)"에서 따왔다고 한다. 창랑팅은 평지에 가까운 다른 정원에 비해 좁은 면적에 높낮이가 있다는 것, 이를 보완하기 위한 '차경(借景)' 기법의 활용 및 꺾어지며 길게 이어진 회랑을 따라 장식된 다양한 무늬의 수많은 누창(漏窗)

창랑팅

이 특징적이다. 특히 창랑팅에서 최초로 도입된 차경 기법은 현재까지 중국 정원 조경의 주요 기술이기도 하다. 차경이란 주변의 풍경을 빌려 원래 규모보다 넓고 크게 보이도록 하는 건축 기법이다. 원림 전문가들은 창랑팅을 전형적인 '도시 속 숲(城市山林)'이라고 평가한다.

스즈린은 원래 선사(禅寺)였으나 1917년 베이런위안(贝仁元)이 매입하여 재건하였으며, 2000년 세계문화유산에 등재되었다. 정원 내에 대나무 숲과 그 사이로 보이는 수많은 기암괴석이 사자의 형상이라고 하여 붙여진 이름이다. 1342년 원나라 말기에 승려 천여(天如)가 그의 스승 중봉(中峰)을 기리기 위해 선원을 만들었는데, 중봉이 저장성 톈무산(天目山) 스즈옌(狮子岩)에서 득도하였다고 하여 스즈린으로 불렸다는 설도

스즈린

있다. 다른 정원과 구별되는 가장 큰 특징은 태호석(太湖石)으로 이루어진 가산(假山)이 정원의 절반을 차지하고 있는 점이다. 태호석은 화강암에 주름과 구멍이 많아 기이한 모습을 이룬 기석(奇石)으로 강남 정원을 꾸미는 데 많이 사용된다. 정원 전반에 놓인 긴 회랑의 벽에는 송대 4대가 소식, 미불(米芾), 황정견(黄庭坚), 채양(蔡襄)의 서예비와 남송시대 문천상(文天祥)의 「매화시(梅花诗)」가 새겨져 있다. 스즈린은 좁은 면적에 대나무숲, 수많은 태호석, 호수 등이 밀집되어 있어서 강남 정원 가운데 특색 있는 정원으로 꼽는다.

쥐정위안은 베이징 이허위안, 청더 비수산좡, 쑤저우 류위안과 함께 중국 4대 정원으로 꼽는다. 명나라 정덕(正德) 연간에 처음 만들어졌고 1997년 세계문화유산에 등재되었다. 쑤저우에서 가장 크고 화려한 정원으로 대표적인 강남 전통 원림이다. 정원은 동원, 중원, 서원으로 구성되어 강남 수향의 특색을 잘 드러내고 있다. 정원 남쪽은 주택지로 전형적인 강남 민가의 구조를 구현하였다. 정원 안에는 누각, 연못, 회랑 등이 있으며, 각기 다른 모양의 누창이 특징적이다.

쥐정위안

류위안은 쑤저우 4대 명원으로 1997년 세계문화유산으로 등록되었다. 류위안은 중국의 전통적인 대형 개인 정원으로, 명나라 1593년에 처음 만들어졌는데 태복사(太仆寺) 소경(少卿) 서태시(徐泰时)의 개인 정원이었다. 1798년 보수하면서 '한벽산장(寒碧山庄)'으로 불렸다가 1876년에 정원을 보수·완공하여 지금의 이름인 류위안으로 개명하였다. 정원은 중부, 동부, 서부, 북부 등 네 부분으로 나뉘며, 긴 회랑으로 서로 이어져 있다. 회랑 벽에는 중국 역대 명가의 서법(书法)이 새겨져 있으며 화창(花窗)이나 있다. 동부는 건축물 위주, 중부는 산수화원, 서부는 흙과 돌로 이루어진 대가산(大假山), 북부는 전원풍경의 특징을 지니고 있다. 특히 관운봉(冠云峰)은 쑤저우 원림 가운데 가장 크고 아름다운 태호석으로 유명하다.

류위안

③ 양저우

양저우는 수나라 양제의 대운하 개통과 함께 역사의 무대에 본격적으로 등장하였다. 역대 황제들이 강남 순행 길에 반드시 들렀다는 이곳은 소금 집산지로 소금의 제조·매매로 부를 축적한 염상(盐商)이 많았다. 이들은 황제를 대접하고 환심을 사기 위해 인공 호수를 파고 멋진 다리와 탑을 쌓았으며, 아름답고 운치 있는 원림을 조성하였다. 문화예술에 대한 높은 관심과 안목으로 지역 예술가를 후원하여 양저우를 쑤저우에 버금가는 도시로 성장시켰다. 대표적 예술가로는 청대 화단(画坛)의 이단아로 꼽혔던 '양주팔괴(扬州八怪)' 8인이 있다.

양주팔괴 이선(李鱓)의 작품

양주팔괴 정섭(郑燮)의 작품

양주팔괴 나빙(罗聘)의 작품

양주팔괴 금농(金农)의 작품

(2) 시후룽징과 사오싱주의 저장

저장(浙江, Zhèjiāng, 절강)성은 성내 최대 하천인 첸탕장(钱塘江)의 옛 이름인 저장에서 그 이름을 따왔으며, 약칭은 '저(浙, Zhè)'이다. 춘추전국시대에 월나라가 이 저장에 터전을 잡으면서 역사에 등장하였다. 남송시대에는 임안[临安, 지금의 항저우]이 수도가 되면서 강남의 정치, 경제, 문화, 학술 발전의 황금기를 구가했다. 성도 항저우(杭州, Hángzhōu, 항주)는 7대 고도(古都) 가운데 하나이자 관광명승지로 유명하다.

① 항저우

항저우의 대표적 볼거리는 시후(西湖, Xīhú, 서호)이다. 이 시후는 빼어난 절경과 정취로 소동파, 백거이를 비롯한 수많은 시인 묵객이 사랑한 곳이며, 청대의 희곡 「백사전(白蛇传)」과 「양축(梁祝)」 등의 문학작품이 모두 이곳을 배경으로 탄생하였다. 항저우 하면, 산뜻한 각성의 룽징차(龙井茶, lóngjǐngchá, 용정차)와 소동파가 즐겼다는 둥포러우(东坡肉, dōngpōròu, 동파육)를 빼놓을 수 없다. 청나라 건륭제가 항저우 순행 길에 시후를 유람하면서 룽징차를 처음 맛본 후 그 맛에 반해 즐겨 마셨다고 하여 일명 '황제의 차'로 유명하다. 둥포러우는 소동파가 항주자사 재임 기간에 개발한 돼지고기 요리인데, 이제는 중국 전역뿐만 아니라 한국에서도 맛볼 수 있는 유명한 요리가 되었다.

룽징차

시후

② 사오싱

항저우와 닝보(宁波, Níngbō, 영파) 사이에 위치한 사오싱(绍兴, Shàoxīng, 소흥)은 인구 10여 만의 작은 도시이지만, 춘추전국시대 월나라 도읍지였던 이래 유구한 역사가 깃든 곳이다. 먼저 동진시대의 유명한 서예가 왕희지가 즐겨 찾았던 란팅(兰亭, Lántíng, 난정)은 일명 '서예의 성지'로 불린다. 왕희지는 이곳에서 가까운 지인들과 함께

란팅

굽이도는 물에 잔을 띄우고 잔이 자기 앞에 오기 전에 시를 짓는 유상곡수(流觞曲水)의 풍류와 낭만을 즐겼다. 이때 지인들과 함께 지은 시를 책으로 만들고 서문을 썼는데, 이것이 유명한 『난정집서(兰亭集序)』이다.

사오싱은 중국의 대문호이자 중국 현대문학의 거장인 루쉰(鲁迅)이 태어난 곳이기도 하다. 그의 생애와 문학적 업적을 기리는 루쉰기념관을 비롯하여 그가 생전에 살았던 고거(故居)와 어릴 적 다녔던 싼웨이(三昧)서옥 등의 명소가 있다. 사오싱 하면 무엇보다 깨고 싶지 않은 술 사오싱주(绍兴酒, shàoxīngjiǔ, 소흥주)를 빼놓을 수 없다. 중국 8대 명주 가운데 하나인 사오싱

루쉰

주는 황주(黄酒) 중에서 가장 오래된 술이다. 루쉰의 소설 『쿵이지(孔乙己)』의 배경인 셴헝주뎬(咸亨酒店, Xiánhēng jiǔdiàn, 함형주점) 또한 관광명소이다. 청나라 말기, 궁핍에 찌들어 갈 길을 잃은 지식인 쿵이지가 먹고 마시던 것은 단출한 한 접시의 삶은 콩과 함께 독하지도 않은 황주 한 잔이었는데 그마저도 외상이 밀려 자주 마실 수 없었다. 많은 사람으로 북적이는 대낮의 관광주점에서는 그 맛을 느껴보기 어렵지만 비 오는 저녁에는 제법 정취가 있다.

사오싱주

셴헝주뎬

(3) 황산을 품은 고색창연한 문화 안후이

서주시대에 지금의 안후이(安徽, Ānhuī, 안휘)성 서북부 톈주산(天柱山, Tiānzhùshān, 천주산) 부근에 환국(皖国)이 있었다고 하여 약칭을 '완(皖, Wǎn)'으로 표기한다. 성도는 허페이(合肥, Héféi, 합비)이다. 개혁개방 이후 선전(深圳, Shēnzhèn, 심천)과 상하이개발, 서부대개발, 동북 지역 재건 등의 정책으로 각 지역이 활성화된 것에 비해 안후이 등 중부내륙 지역은 상대적으로 발전에서 소외되었으나 2006년부터는 중부내륙 발전계획으로 재도약 중이다. 안후이는 수로와 육로 교통이 발달한 교통 허브로서 이점과 황산(黄山, Huángshān, 황산), 주화산(九华山, Jiǔhuáshān, 구화산) 같은 관광 자원을 가지고 있다.

① 허페이

허페이는 중원과 강남을 잇는 교통의 요지이다. 그래서 예부터 군주들이 눈독을 들이는 군사적 요충지였고, 삼국시대에는 조조가 네 차례나 허페이를 방문해 군대를 정비하고 군사훈련을 하였다. 오늘날 허페이는 중국 10대 금융개발 도시 중 하나이며, 4대 과학기술 기지의 하나로 주목받고 있다. 특히 허페이에는 우리의 KAIST에 해당하는 중국과학기술대학 등이 포진해 있다.

② 시디와 훙춘 그리고 후이저우

시디(西递, Xīdì)와 훙춘(宏村, Hóngcūn) 지역은 예부터 지세가 험하고 산지가 많은 탓에 농사짓기에 부적합했다. 이 때문에 이 지역에서는 상업과 교역을 통한 경제활동에 종사하는 상인이 많이 출현했다. 이른바 휘상(徽商)이라고 불리던 이들은 송대에 후이저우(徽州, Huīzhōu, 휘주)를 중심으로 형성되어 명·청대에 급속도로 세력을 확장하며 중국 전역의 상권을 주도하였고 소금, 차, 목재를 비롯해 서적, 벼루, 먹 등 문방용품을 취급하며 막대한 부를 축적하였다. 2000년 유네스코세계문화유산으로 지정

시디

훙춘

된 시디와 홍춘은 휘상들이 모여 살던 집단 거주지로, 명·청시대 옛 민가가 비교적 온전하게 보존되어 있어 건축문화의 보고(宝库)라고 불린다.

③ 황산

안후이성에서 빼놓을 수 없는 것이 바로 황산(黃山)이다. 일찍이 명나라 지리학자이자 여행가였던 서하객(徐霞客)이 중국의 천하명산을 다 유람한 후 "오악을 보고 오니 다른 산이 눈에 안 들어오고, 황산을 보고 오니 오악이 눈에 안 찬다(五岳归来不看山，黃山归来不看岳)"라고 하였다. 세계적으로 흥행했던 할리우드 영화 〈아바타〉를 만든 제임스 카메론 감독도 영화 속 판도라 행성의 '할렐루야산'은 황산에서 영감을 얻은 것이라고 하였다. 기암괴석과 수려한 소나무가 돋보이는 황산은 운해(云海) 속 일출과 신비로운 경관이 장관이다.

황산

3. 둥팅후(洞庭湖)와 창장강이 흐르는 곳

(1) 둥팅후의 북쪽 후베이

고대 중국에서 역사의 중심 무대는 당연히 황허강 유역의 중원(中原) 지역이었다. 따라서 후베이(湖北, Húběi, 호북)는 후난과 마찬가지로 남만(南蛮)이라 불리는 변방 지역에 불과하였다. 춘추전국시대 초나라가 건국되자 이 지역에는 독자적인 남방문화가 형성되기 시작하였다. 후베이성은 창장강 중류, 즉 둥팅후(洞庭湖, Dòngtínghú, 동정호)**ᵀᴵᴾ** 북쪽에 위치하며, 대평원과 수많은 호수를 품고 있어서 예부터 '운몽택(云梦泽)'이라고 불렸다. 후베이성 성도는 우한(武汉, Wǔhàn, 무한)이고, 약칭은 '어(鄂, è)'이다. 도교의 명승지 우당산(武当山, Wǔdāngshān, 무당산)과 신화·전설로 유명한 우산(巫山, Wūshān, 무산)이 있다. 창장강이 우산을 가로지르는 곳에는 싼샤(三峡, Sānxiá, 삼협)댐이 있다.

후베이성은 소설 『삼국지』의 주요 무대가 되었던 곳이다. 적벽대전 유적지가 있는 포기현[蒲圻县, 지금의 츠비시(赤壁市)]과 더불어 유비가 제갈량(诸葛亮)을 찾아 '삼고초려(三顾草庐)'했던 룽중(隆中)에는 지금도 관광객의 발길이 이어진다. 이 두 곳보다 더 유명한 곳으로 소식의 적벽이 있다. 북송 신종(神宗) 때 황저우[黄州, 지금의 황강현(黄冈县)]로 유배된 소식은 황저우의 창장강 북쪽 기슭 적벽기(赤壁矶)라고 불리는 곳을 삼국지 결전의 장소로 여기고 「전적벽부(前赤壁赋)」와 「후적벽부(后赤壁赋)」를 지었다.

악양루

(2) 호수의 남쪽 후난

후난(湖南, Húnán, 호남)성 성도는 창사(长沙, Chángshā, 장사)이고, 둥팅후 남쪽에 있어 '후난'이라고 불렀다. 약칭은 '샹(湘, Xiāng)'인데 이는 후난성에서 가장 큰 하천인 샹장(湘

江)에서 유래하였다. 중앙의 구릉 지역에 솟아 있는 형산(衡山, Héngshān, 형산)은 중국 5대 명산 중 하나로 남악(南岳)이라고도 불린다.

먀오족 거주지인 후난성은 이곳을 둘러싼 높은 산맥이 중원과 교류를 가로막는 장애물이었다. 그러나 강과 하천을 중심으로 문명이 발달하면서 정치, 경제, 문화, 군사의 중심지가 되었다. 1972년 창사의 마왕두이(马王堆, Mǎwángduī, 마왕퇴)에서 발굴된 한나라 시대 무덤은 세계를 놀라게 하였다.

송대 유학자 주희(朱熹)는 웨루산(岳麓山, Yuèlùshān, 악록산) 기슭의 악록서원을 발전시켜 문화계의 뛰어난 인재들을 배출하면서 이곳이 호상학파의 요람이 되었다. 후난에서는 근대 중국의 혁명 지도자도 다수 배출되었다. 광서제 때의 탄쓰퉁(谭嗣同)은 변법운동의 지도자로 활약하였다. 1917년 사오산(韶山) 출신 마오쩌둥이 지식인들을 중심으로 신민학회(新民学会)를 조직한 이래 후난은 중국공산당 지도자를 길러낸 모태가 되었다.

악록서원

(3) 공산혁명의 요람 장시

장시(江西, Jiāngxī, 강서)성은 '간(赣, Gàn)'으로 약칭하고, 성도는 난창(南昌, Nánchāng, 남창)이다. 화베이와 창장강 유역, 광둥과 푸젠을 잇는 남북 교통의 요충지이다. 역사 문화적으로는 루산(庐山, Lúshān, 여산), 징더전(景德镇, Jǐngdézhèn, 경덕진), 징강산(井冈山, Jǐnggāngshān, 정강산), 주장강(九江, Jiǔjiāng, 구강) 등이 유명하다.

① 루산

중국 최대 담수호인 포양후(鄱阳湖, Póyánghú, 파양호)에 인접해 있으면서 창장강 강변에 우뚝 솟아 있는 루산은 지세가 독특할 뿐 아니라 여름 피서지로도 유명하다. 동진 시기 혜원(慧远) 스님이 창건한 둥린쓰(东林寺, Dōnglínsì, 동림사)로도 유명하며, 송대 4대 서원 중 하나인 바이루둥(白鹿洞, Báilùdòng, 백록동)서원도 있다. "루산

제서림벽

의 진면목을 알지 못함은 이 몸이 산중에 있기 때문이
네(不识庐山真面目，只缘身在此山中)"(「제서림벽(题西林壁)」)라는 인생의 혜안을 깨우는 소동파의 시구가 이곳
에서 나왔다.

② 도자기의 성지 징더전

징더전 부근의 가오링산(高岭山, Gāolǐngshān, 고령산)
은 점성이 뛰어난 양질의 고령토 생산지로, 도자기 원
료인 점토를 뜻하는 대명사가 되었다. 궁중에서 사용할
도자기를 만들어내는 황실 직영 관요(官窑)가 설치되어
현대까지도 그 명성을 이어오고 있다.

징더전

③ 대장정의 시작 징강산

저우언라이(周恩来)와 주더(朱德) 등은 중국공산당을 이끌고 국민당 세력이 비교적 취
약했던 난창을 단 세 시간 만에 점령하였다. 그러나 공산당은 국민당 대군에 밀려 며칠
만에 난창을 포기하고 징강산에 혁명 근거지를 세운
뒤 농민군을 재정비하여 홍군을 편성하였다. 그러나
결국 국민당군의 총공세에 밀려 징강산을 포기하고
샤안시(陕西)성 옌안까지 1만 2,000km에 이르는 대
장정을 이곳에서 시작했다.

징강산

④ 주장

주장은 쉰양(浔阳, Xúnyáng, 심양)으로 불리던 곳이
다. 도연명은 바로 이 쉰양의 차이쌍(柴桑)에서 태어
났다. 도연명은 29세에 벼슬길에 나아가 관리가 되었
으나 출사와 은퇴를 거듭하다가 41세에 생계를 위해
고향에서 멀지 않은 펑쩌(彭泽, Péngzé, 팽택)의 현령

주장

으로 나갔다가 80여 일 만에 사직하고 다시는 관직에 나가지 않았다. 그때 심정을 담은 문학작품이 바로 잘 알려진 「귀거래사(归去来辞)」이다. 직접 농사를 지으며 전원생활을 노래한 시들은 전원시의 시초가 되었고 「도화원기(桃花源记)」에서 그렸던 이상사회는 문인들의 시와 글에서 속세를 떠난 은거지의 대명사가 되었다.

4. 교류의 창구에서 세계의 공장으로

(1) 세계의 공장 광둥

광둥(广东, Guǎngdōng, 광동)은 중국 대륙 최남단에 위치하여 링난(岭南, Lǐngnán, 영남), '오랑캐의 땅(蛮夷之地)'으로 불렸으며 약칭은 '웨(粤, Yuè)'이다. 성(省)으로 독립하기 전의 하이난도(海南岛, Hǎinándǎo, 해남도)를 관할하였고, 특별자치구인 홍콩과 마카오를 포함하고 있다. 1억에 육박하는 주민은 대부분 북방에서 이주해왔으며, 표준어인 푸퉁화와 다른 웨(粤)방언, 커자(客家)방언, 차오저우(潮州)방언 등을 주로 사용한다.

광둥은 아편전쟁 이전까지 중국에서 서양과 유일한 접촉 창구였기 때문에 이곳의 식자층은 일찍부터 서양의 선진적 문물을 접촉하고 학습하려고 노력하였다. 특히 쑨원은 1905년 중국동맹회를 조직하여 1911년 신해혁명으로 청제국을 무너뜨렸고, 청나라 말기의 캉유웨이, 량치차오 등은 1898년 무술(戊戌)변법운동을 일으켰다.

광저우, 선전, 주하이의 주장강 삼각주 지역은 세계의 공장으로 불릴 정도이며, 현재는 개혁개방 초기의 가공무역에서 벗어나 컴퓨터 부품 등의 첨단산업과 하이테크산업으로 옮겨가고 있다. 광둥은 전국 GDP의 11.4%를 차지하고 있다.

(2) '민(闽, Mǐn)'이라 불리는 푸젠

푸젠(福建, Fújiàn, 복건)의 성도는 푸저우(福州, Fúzhōu, 복주)이며 해협을 사이에 두고 타이완과 마주하고 있다. 현재 타이완 인구의 약 3분의 1이 푸젠 출신이며, 전 세계 화교의 본고장이기도 하다. 기본적으로 산악 지역이 많아 "80%는 산이고 10%는 물이요, 나머지 10%만이 밭이다(八山一水一分田)"라는 말이 있을 정도이다. 기후는 아열대성으로 룽옌(龙眼), 리즈(荔枝), 바나나, 파인애플, 감귤 등의 과일이 생산되며 안시(安溪, Ānxī,

안계)에서 생산되는 톄관인(铁观音, tiěguānyīn, 철관음)차와 우이산(武夷山, Wǔyíshān, 무이산)에서 재배되는 우이옌차(武夷岩茶, wǔyíyánchá, 무이암차)는 중국에서 손꼽히는 명차이다.

롱옌

리즈

우이산

우이옌차

푸젠은 송원 시기에 비약적으로 발전하였다. 취안저우(泉州, Quánzhōu, 천주)는 국제적인 항구도시로 성장하여 서역에서 온 아라비아 상인이 자신들의 거주지 '번방(蕃坊)'을 설치하기도 하였다. 푸저우는 명대부터 번성하였는데, 난징조약으로 서구 문물이 들어오는 창구 역할을 하게 되었다. 샤먼은 1979년 주하이, 산터우(汕头) 등과 함께 경제특구로 지정된 후 중국 경제발전의 견인 역할을 하였다. 푸젠성 출신의 대표 인물로는 주희(朱熹)를 꼽을 수 있다. 주희는 푸젠성 유시현(尤溪县)에서 태어났으며, 신유학인 주자학을 창시하였다. 현재 우이산에는 주희기념관이 있다.

(3) 대륙의 막내 하이난(海南)

하이난은 가장 최근에 성으로 승격되었으며, 중국 영토의 가장 남쪽에 있다. 약칭은 '충(琼, Qióng)'이다. 열대계절풍 기후로 사계절 내내 꽃이 피며, 여름이 길고 겨울은 없다. 타이완을 제외하면 중국에서 가장 큰 섬이다. 한족이 이주해오기 전에는 리족(黎族)이 주로 거주하였다. 현재는 한족이 절대다수이며, 리족 외에도 먀오족, 후이족 등이 거주하고 있다. 하이난은 지리적 특성으로 열대식물이 풍부하다. 동방의 하와이로 불리는 야룽만(亚龙湾) 해변을 관광자원으로 개발하여 세계적 휴양지로 명성을 얻고 있다.

야룽만

❸ 중화의 변방

1. 만주(滿洲)라 불리던 둥베이싼성

'둥베이싼성(東北三省, 동북삼성)'은 랴오닝(辽宁, Liáoníng, 요녕), 지린, 헤이룽장 3개 성을 말한다. 지리적으로 중국의 동북 지역에 자리해서 붙여진 명칭이다. 역사적으로는 '관동(关东)'이라고도 불렀는데, 이는 '천하제일관'이라 불리는 산하이관의 동쪽이라는 뜻이다. 허베이성 친황다오에서 약 10km 떨어진 곳에 있는 산하이

산하이관

관은 랴오닝성과 경계가 되는 곳이며 만리장성의 시작점이기도 하다. 산과 바다를 잇는 관문이라는 뜻의 산하이관은 예부터 동북 지역에서 중원으로 들어가기 위한 관문이었으며 치열한 전투가 많았던 곳이다.

(1) 랴오닝

성도는 선양(沈阳, Shěnyáng, 심양)시이며 약칭은 '랴오(辽, Liáo)'이다. 이 지역은 역사적으로 고조선, 고구려, 발해, 여진, 몽골 등의 지배를 거쳤다. 17세기에 들어서 누르하치는 금나라(후금)를 세우고 수도를 선양으로 정하였다. 후에 청으로 국호를 바꾸었으며, 1644년에는 베이징을 점령하였다. 청나라 초기에는 이 지역을 왕조의 발생지라 하여 '봉천승운[奉天承运, 천명에 따라 천운을 계승하여 받든다]'의 의미로 '봉천성'이라고 불렀다. 1929년 만주 군벌 장쒜량이 국민당 정부를 지지하면서

장쒜량

'영원히 안녕하다(永久安宁)'는 의미로 '랴오닝'이라 부른 것에서 이름이 유래하였다. 랴오닝성은 특히 철광석과 석탄 등의 광물자원이 풍부하며 석유가 생산되는데 일본은 1932년 만주국을 세워 이 지역을 간접 통치하기도 하였다.

① 누르하치

누르하치는 여진족 수장으로 청나라의 기틀을 다졌다. 누르하치는 조부와 외조부가 명나라와 알력으로 죽임을 당하자 몰래 군사력을 키우며 여진족을 병합하였다. 1599년에는 몽골문자를 이용하여 만주어를 표기할 수 있는 자모를

누르하치

만들었고, 1616년에는 국호를 '대금(大金)'으로 하는 나라를 세웠다. 훗날 누르하치가 병사하자 그의 여덟 번째 아들인 홍타이지(皇太极)가 제위에 올라 여진을 만저우(满洲, Mǎnzhōu, 만주)라 부르고, 선양에서 황위에 올라 국호를 '대금'에서 '대청(大淸)'으로 바꾸었다.

② 청나라의 첫 번째 수도 선양

선양은 후금의 수도이자 청나라의 첫 번째 수도였다. 현재 이곳에는 청나라 초기 두 황제의 황궁인 선양고궁이 남아 있다. 선양고궁은 베이징고궁과 더불어 중국에 현존하는 가장 완벽한 모습의 황궁이다. 선양고궁박물관(沈阳故宫博物馆)으로 지정되어 일반인에게 공개되고 있다.

선양고궁

(2) 지린

지린(吉林, Jílín, 길림)성은 쑹화장(松花江)이 가로지르고 있다. 성도는 창춘(长春, Chángchūn, 장춘)이며 약칭은 '지(吉, Ji)'이다. 창춘은 과거 만주국의 수도였다. 옌볜차오셴족자치주도 지린성에 있다.

① 만주국과 푸이

만주국은 일본이 청나라 마지막 황제였던 선통제(宣统帝) 푸이(溥仪, Pǔyí, 부의)를 내세워 세운 괴뢰국이다. 일본은 푸이를 이용해 동북 지역을 14년간 식민통치하였다. 푸이는 세 살 때 청나라 12대 황제가 되었다가 1911년 신해혁명이 일어나자 이듬해에 폐위되었다. 1934년 일본의 도움으로 만주국의 황제가 되었으나, 1945년 일본이 패망하자 전범으로 몰려 소련에 체포되었고 1950년에 다시 중국으로 송환되었다. 1959년 특별사면으로 풀려난 뒤에는 베이징식물원에서 정원사로 일했다. 1964년 『나의 전반생(我的前半生)』이라는 자서전을 썼고 이를 바탕으로 영화 〈마지막 황제〉가 만들어졌다.

영화 〈마지막 황제〉

② 옌볜차오셴족자치주

옌볜(延边, Yánbiān, 연변)차오셴족자치주는 옌지(延吉, Yánjí, 연길)에 있는 중국 최대 조
선족 집거 지역이다. 이 지역은 예부터 부여, 고구려, 발해의 영토였고, 조선 말기부터
조선인이 두만강과 압록강을 건너 이주하여 개척한 곳으로 북간도(北间岛)라고 불렀다.
1860년대에 함경도 지방에 극심한 흉년이 들자 굶주림을 피해 월경한 사람이 급격히 많
아졌고, 한일병합 이후 일제의 강제 이민정책에 따라 옮겨간 사람들도 많았다. 중화인민
공화국 건국 후 1952년에 옌볜차오셴족자치구가 설치되었고, 1955년에는 옌볜차오셴족
자치주로 개칭되었다. 일제강점기 조선 독립운동의 근거지로 청산리 항일전승지, 봉오동
항일전승지, 일송정(一松亭) 등 항일운동 유적지가 많다.

(3) 얼음과 눈의 헤이룽장

강물이 검고 구불구불한 강 모습이 용과 같아서 '헤이룽장(黑龙江,
Hēilóngjiāng, 흑룡강)'이라 불렀다고 한다. 약칭은 '헤이(黑, Hēi)'이다.
성도인 하얼빈(哈尔滨, Hā'ěrbīn)시는 동북부 지역 최대 중심도시이다.
하얼빈은 우리에게는 1909년 10월 26일 안중근 의사가 하얼빈역에
서 이토 히로부미(伊藤博文)를 사살한 곳으로 기억되지만, 중국인에
게는 춥지만 눈과 얼음이 아름다운 곳으로 여겨져 '동방의 파리', '얼
음 도시' 등 여러 수식어를 가지고 있다. 매년 1월 5일 빙등제(冰灯节)가 열린다.

빙등제

2. 파촉(巴蜀)으로 불리던 서남부

(1) 충칭

충칭(重庆, Chóngqìng, 중경)은 직할시로 서남부 정치·경제·문화의 중심지이다. 약칭은
'위(渝, Yú)'이다. 기원전 11세기 주대(周代)에 파(巴)나라 수도가 있던 곳이다. 온난다습한
기후로 겨울에도 얼음이 얼지 않으며 여름은 무덥고 습하다. 충칭은 쓰촨성뿐만 아니라
인근 샤안시성, 윈난성, 구이저우성, 시짱자치구와 교역 및 교통의 중심지이다. 중일전쟁
당시 국민정부의 임시수도였으며, 대한민국 임시정부가 있던 곳이기도 하다.

(2) 쓰촨

쓰촨(四川, Sìchuān, 사천)은 이전에 '파촉(巴蜀)' 혹은 '촉(蜀)'으로 불렸으며 약칭은 '촨(川, Chuān)'이다. 성도는 청두(成都, Chéngdū, 성도)이며, 창장강이 성 한가운데를 관통한다. 중원 지역 중심의 중국이라는 제도권 질서에 온전히 적응하기보다는 본래 야성을 숨기지 않았던 곳이다. 그래서 많은 인물이 배출되었지만, 동시에 수많은 전란과 내홍(內訌)에 휩싸였던 곳이기도 하다. 쓰촨은 또 피란과 반란의 땅이기도 하다. 당대에는 안사의 난에 쫓긴 현종이 몸을 숨긴 곳도 바로 이곳이다. 토번[吐蕃, 당·송시대 티베트의 명칭]을 비롯하여 중국 지배에 저항하려던 소수민족들이 번번이 근거로 삼았던 곳이며, 중일전쟁 당시 국민당이 이끌던 중화민국의 임시수도인 충칭과 함께 저항의 터전이었던 곳이기도 하다.

쓰촨의 가장 오래된 문화유산은 단연 싼싱두이(三星堆) 유적이다. 황허문명과 짝을 이루는 창장문명을 대표하는 이 유적의 유물은 특별한 느낌을 준다. 갸름하다 못해 길어 보이는 얼굴과 목, 위로 치켜 올라간 눈매, 사선으로 돌출된 안구는 마치 중국보다 더 남쪽 어딘가와 관련된 문명의 유물을 보는 듯해 인류문명의 신비감을 준다.

싼싱두이 유적

한나라 말기에 조조의 위, 손권의 오에 밀린 유비에게 제갈량은 익주[益州, 쓰촨의 당시 명칭]를 근거

무후사

두보초당

지로 할 것을 권하여 삼국정립의 기틀을 다졌다. 제갈량의 고향은 산둥성이지만 유비의 삼고초려(三顧草廬) 이래 촉한의 실질적 지도자로 활약한 그의 생애는, 쓰촨의 자랑거리를 넘어 중국의 대표 아이콘이 되었다. 그를 기리는 무후사(武侯祠)는 청두의 주요 관광지가 되었다. 중국의 대시인 두보를 기리는 두보초당(杜甫草堂)도 쓰촨의 청두에 있으며, 이백이 유년기를 보낸 정신적 고향이라 할 수 있는 곳도 쓰촨이다. 이백의 옛집(李白故居) 역시 쓰촨에 있다.

(3) 윈난

윈난(云南, Yúnnán, 운남)은 줄여서 '윈(云, Yún)' 혹은 '뎬(滇, Diān)'이라고 한다. '뎬'은 쿤밍(昆明, Kūnmíng, 곤명)시의 '뎬츠(滇池)'라는 호수 이름에서 유래했다는 설이 있다. 중국 전역에서 소수민족이 가장 많이 거주하는 지역이다. 현재 한족을 제외한 25개 소수민족이 거주하며, 인구 100만 이상인 소수민족으로는 이족(彝族), 바이족(白族), 하니족(哈尼族), 다이족(傣族), 좡족(壯族) 등이 있다.

뎬츠

'차마고도(茶馬古道)'는 차와 말을 주요 교환 품목으로 취급했던 옛 교역로를 말한다. 차마고도의 역사는 당·송시대로 거슬러 올라간다. 고산 지역에 사는 티베트인은 고기를 주식으로 했지만 채소가 없어서 과도한 지방을 인체 내에서 분해할 수 없었다. 차는 채소에 비해 장기간 보존이 가능하고 지방을 분해하는 장점도 있지만, 티베트 지역에서는 차를 생산하지 못했다. 한편 내륙에서는 민수용(民需用)이나 군수용 말의 공급이 부족한 상황이었다. 이와 같은 서로의 필요에 따라 차와 말의 교역이 생겨났다. 마방[马帮, 차마고도에서 물물교역을 하던 상인]들은 목숨을 걸고 해발 4,000~5,000m를 넘나드는 길을 거쳐 윈난에서 생산된 푸얼차(普洱茶, pǔ'ěrchá, 보이차), 소금, 일용품과 티베트 지역의 말, 모피, 약재 등을 교환하는 무역을 하기 시작했다. 이렇게 오가며 닦인 차마고도에는 도중에 사람과 말이 쉬어가며 교역을 펼치던 역참 기지가 발달하였다. 역참 기지 역할을 했던 곳이 바로 오늘날 윈난성의 여행지로 유명한 다리(大理, Dàlǐ, 대리), 리장(丽江, Lìjiāng, 여강), 샹거리라(香格里拉, Xiānggélǐlā, 샹그릴라) 같은 도시이다.**TIP**

이족　　바이족

차마고도

윈난성과 서부대개발

1978년 개혁개방을 실시한 이후 중국은 연평균 9% 이상 고도성장을 유지해왔다. 그러나 그 성과는 거의 동부 연해 지역에만 집중되었을 뿐 서부 내륙 지역은 과거와 별반 달라진 것이 없었다. 지역 간 경제 격차가 심화되어 소외감과 박탈감을 느낀 서부 지역 사람들의 불만이 고조될 것을 우려한 중국정부는 2000년대부터 서부 지역에 인프라를 확충하고 지역 균형 발전에 힘쓰기 위해 서부대개발 전략을 추진해왔다.

서부대개발 전략에 포함된 지역은 윈난성, 구이저우성, 광시자치구, 간쑤성, 닝샤자치구, 칭하이성, 샤안시성, 쓰촨성, 티베트자치구, 신장자치구, 충칭직할시, 네이멍구자치구 등 12개 성과 시이다. 이들 지역에는 광물자원과 수력을 포함한 에너지 자원이 풍부한데 이 자원과 에너지를 효율적으로 다른 지역에 운송할 수 있어야 한다. 그래서 서부대개발 전략에는 에너지 수급 문제를 해결하기 위한 정책도 포함되어 있다. 예를 들면 서부의 전기를 동부로 보내는 '서전동송(西电东送)', 남부의 수자원을 북부로 보내는 '남수북조(南水北调)', 서부의 천연가스를 동부로 보내는 '서기동수(西气东输)', 칭하이성과 티베트를 연결하는 칭짱철도(青藏铁路) 건설 등이 있다.

칭짱철도

(4) 구이저우

구이저우(贵州, Guìzhōu, 귀주)는 줄여서 '구이(贵, Guì)' 혹은 '첸(黔, Qián)'이라고 한다. 일설에 따르면, 지역 내에 '구이산(贵山)'이 있어서 '구이'라고 하였고, 진(秦)의 소양왕(昭襄王) 때 이 지역이 첸중군(黔中郡)에 속했기 때문에 줄여서 '첸'이라 부르게 되었다고 한다. 구이저우에는 소수민족이 많아 중국의 지배하에 들어가도 토착 봉건 영주를 통해 간접 지배하는 지역이 많았다.

"하늘은 3일 맑은 날이 없고, 땅은 3리 평평한 곳이 없으며, 사람은 3푼의 돈도 없다(天无三日晴, 地无三尺平, 人无三分银)"라는 말은 구이저우의 환경을 단적으로 드러내

준다. 산지가 많아 도시 규모가 작고 산업 발전 속도도 늦어져 티베트와 함께 중국에서 가장 낙후된 지역이다. 그럼에도 곳곳에 비경이 숨어 있으며, 특수한 자연환경으로 국가가 보호하는 희귀 동식물도 많다.

④ 중국 안의 또 다른 중국: 소수민족의 땅

중국은 92%의 한족과 8%의 55개 소수민족으로 이루어져 있다. 소수민족 가운데 인구가 가장 많은 좡족(壯族)은 1,700만 정도이고, 가장 적은 뤄바족(珞巴族)은 3,800명에 불과하다. 소수민족 거주 지역은 중국대륙 전체 면적의 64%에 이르는데, 이곳은 지하자원이 풍부할 뿐만 아니라 주변 국가와 인접하여 지정학적으로도 매우 중요하다. 따라서 중국정부는 소수민족의 움직임에 민감할 수밖에 없다.

좡족   뤄바족

중화민국 초대 총통 위안스카이는 몽골, 티베트, 신장 등의 영유권을 주장했으며, 국민당 지도자 장제스는 소수민족의 반발을 무릅쓰고 소수민족 동화정책을 펼쳤다. 이 때문에 민족 간 조화와 상호공존이라는 개념이 처음으로 제기되었고, 이 틈새를 파고든 것이 바로 공산당의 소수민족정책이었다. 중국공산당은 1930년부터 소수민족의 민족자결권을 중심정책으로 삼았고, 옌안에 민족학원을 설치하여 소수민족 간부를 양성하였다. 1949년 중화인민공화국 수립 이후에는 우호적이고 유화적인 정책을 펼치기도 했지만, 현재는 완전한 자치보다는 민족 간 통합의 중요성을 강조하고 있다.

1984년에 제정된 「중화인민공화국 소수민족구역 자치법」에 따르면 자치구 행정수반이나 인민회의 간부는 해당 자치구의 소수민족에서 선출되어야 한다. 또한 자치정부는 헌법과 법률에 위배되지 않는 한 특별정책을 시행할 수 있다. 소수민족은 그들 고유의 역사와 지리는 학습할 수 없지만, 언어와 문화는 학습할 수 있다.

1. 유목민의 땅

(1) 몽골족의 네이멍구

몽골족의 주요 거주지인 네이멍구자치구(蒙, Měng)는 1947년에 첫 번째 자치구로 지정되었지만, 현재는 한족이 80%이고 몽골족은 17%에 불과하다. 네이멍구(内蒙古,

네이멍구의 초원과 전통가옥 파오

파오의 내부

Nèiměnggǔ, 내몽골) 지역은 넓고 풍요로운 초원 외에도 빼어난 자연경관 덕분에 관광산업이 크게 발전하고 있다. 초원과 사막에서 말과 낙타 타기, 몽골족 전통가옥인 파오(包)에서 하룻밤 묵으며 몽골족 체험하기, 호수 낚시, 삼림과 빙설 지역 요양 등 레저와 결합한 관광산업을 개발하고 있다. 몽골족의 전통가옥인 파오는 지붕 가운데에 둥근 창을 두어 통풍과 채광이 용이하도록 했으며 파오 가운데에는 화덕을 두어 보온할 수 있도록 하였다. 몽골인은 유목생활에서 얻을 수 있는 유제품과 육류를 위주로 식사하며 곡류는 보조 역할을 한다. 유제품에는 치즈류의 음식과 밀크티(milk tea), 요구르트, 마유주(말 젖을 발효시킨 술) 등의 음료가 있다.**TIP**

TIP

- **몽골국과 네이멍구자치구**

몽골이 명나라 초대 황제 주원장에게 북으로 쫓겨났지만, 이후에도 자주 침공하자 명나라는 지금의 만리장성을 쌓았고 청나라는 군사력을 동원하여 복속시켰다. 강희제 때에 내몽골과 외몽골로 나뉘었으며, 내몽골은 청나라, 외몽골은 제정러시아의 영향을 받았다. 1921년 외몽골이 몽골인민공화국으로 독립을 선포하였고, 1945년 얄타회담에서 독립을 인정받았다. 1992년에는 몽골국으로 국호를 바꾸고 다당제를 허용한 자본주의를 도입하였다.

- **왕소군(王昭君)**

내몽골의 수도 후허하오터(呼和浩特) 외곽에 왕소군의 무덤이 있다. 왕소군은 원래 한나라 궁녀였다. 궁녀가 되면 화공이 초상화를 그리는 것이 관례였는데, 화공은 뇌물을 주지 않은 왕소군을 추녀로 그려놓았다. 흉노의 선우(单于)가 한나라 공주에게 장가들고 싶어 하자 추녀인 왕소군을 공주라고 속여 시집을 보내게 되었다. 시집가기 전날 실물을 보니 너무나도 어여쁜 여인이기에 많은 사람이 왕소군의 얄궂은 운명을 슬퍼하였다. 왕소군 이야기와 관련하여 당나라 이백이 가슴 아픈 시를 남겼고, 원나라의 마치원(马致远)도 「한궁추(汉宫秋)」라는 아름다우면서도 슬픈 희곡을 남겼다.

(2) 티베트족의 시짱자치구와 칭하이성

시짱(西藏, Xīzàng)자치구와 칭하이(青海, Qīnghǎi)성은 고원으로 연결된 동일 문화권이며, 약칭은 각각 짱(藏, Zàng)과 칭(青, Qīng)이다. 과거 티베트인은 티베트 전역뿐만 아니라 주변국인 인도, 네팔, 파키스탄, 부탄과 시킴은 물론 당나라 수도였던 장안[长安, 지금의 시안]까지도 정복하였다. 중국 역사서는 티베트를 토번(吐蕃)으로 기록하였으며 이 명칭은 14세기까지 사용되었다. 반면 칭하이성은 아주 먼 과거에는 강족(羌族)이나 흉노족(匈奴族)과 관계가 있었으며, 13세기부터는 몽골이 이 지역에 기반을 두면서 원나라가 멸망할 때까지 티베트에 영향력을 행사하였다. 중국정부는 필요에 따라 티베트를 여러 행정단위로 나누었지만, 티베트인은 자신들의 방언과 전통적 관습에 따라 '위장(라싸와 시가쩨 지역)', '암뚸(칭하이성 지역)', '캄(위장과 암뚸를 제외한 기타)' 지역으로 나눈다.

시짱

칭하이성

역사적으로 티베트는 현재의 시짱뿐 아니라 간쑤성 남부, 칭하이성 서부, 신장웨이우얼자치구 남부 일부, 쓰촨성 서부, 윈난성 서북부까지를 포함하는 지역이라고 한다. 이렇게 따지면 티베트 면적은 중국 전체 면적의 4분의 1인 250만 ㎢에 이른다. 이 지역에서 생활하는 티베트족은 약 600만 명으로 추산된다.

1959년 중앙정부의 정책에 불만을 품고 일어난 폭동이 강제 진압되자 달라이라마(达赖喇嘛, Dálài Lǎma)**TIP**는 인도로 망명하여 망명정부를 세웠다. 이에 중국정부는 문화대혁명 기간에 모든 종교 활동을 금지하고 한족을 티베트로 이주시켰다. 또한 티베트어 사용을 금지하고, 티베트인에 대한 차별정책을 실시하였다.

문화대혁명이 끝나고 개혁개방을 표방한 중국정부는 소수민족에 대해 교육적·민족적 유화정책을 펴지만, 티베트족과 중국정부는 서로 여전히 많은 문제를 안고 있다. 중국정부는 정부가 정한 현대식 교육만을 인정하고 전통적인 사원에서의 교육은 금지하고 있다. 따라서 대부분이 불교 신자인 티베트인은 학교에서는 불교가 미신이기 때문에 믿으면 안 된다고 배움으로써 민족 정체성에 혼란을 겪게 되었다. 또한 정부가 다자녀 혜택을 준다 해도, 많은 티베트인이 출가해 티베트인 숫자는 자연 감소되는 반면 한족은 대량으로 유입되어 소수민족 자치구로서 정체성마저 흔들리고 있다.

2. 이슬람의 땅

이슬람교는 당나라 때인 7세기 중엽 중국에 전해졌는데 당나라 때는 대식교(大食教), 명나라부터는 회회교(回回教) 또는 청진교(清真教)라고 칭하였다. 현재 중국에는 위구르족(维吾尔族)과 후이족(回族)이 이슬람교를 믿고 있다.

위구르족 사람들

위구르족은 중국에 정복당한 투르크(돌궐)계 무슬림이고, 후이족은 자발적 의사에 따라 중국에 거주하는 아랍계 무슬림이다. 위구르족은 대부분 신장에 거주하는 반면 후이족은 닝샤, 간쑤, 칭하이뿐만 아니라 중국 각지에 거주한다. 위구르족은 외모에서도 한족과 쉽게 구분되지만, 후이족은 오랫동안 한족과 통혼해왔기 때문에 외모로 구별하기가 쉽지 않다.

(1) 위구르족의 신장웨이우얼(新疆维吾尔)

신장웨이우얼자치구[신장위구르자치구, 약칭 新(Xīn)]는 고대에는 서역(西域)이라 불리던 곳으로, 간쑤성과 함께 실크로드의 주요 통로 역할을 하였다. 신장은 중국에서 가장 큰 성급 행정구이며 성도는 우루무치(乌鲁木齐)이다. 1759년 건륭제가 정복하면서 '새로 얻

우루무치

은(新) 영토(疆)’라는 이름을 붙였다. 1932~1933년과 1944~1949년에는 ‘동투르키스탄공화국’ 수립 운동이 전개되기도 했으나 1949년에 중화인민공화국으로 편입되어 1955년 ‘신장웨이우얼자치구’가 되었다. 자치구가 처음 수립될 때 위구르족과 한족의 비율이 각각 73.9%와 6.2%였지만 지금은 위구르족 46%, 한족 39%이다. 특히 성도인 우루무치시를 비롯한 대도시의 한족 비율은 70%를 넘어섰다.

(2) 닝샤후이족(宁夏回族)자치구와 간쑤(甘肃)

닝샤후이족자치구는 하이난성 다음으로 작은 성급 단위이며 성도는 인촨(银川, Yínchuān, 은천)이다. 약칭은 ‘닝(宁, Níng)’이다. 1038년에 탕구트족이 세운 서하(西夏)를 원나라가 정복한 다음 ‘안녕한(宁) 서하(夏)’라는 뜻의 ‘닝샤’로 불렀다. 서하왕조는 불교를 국교로 삼았고, 자신들의 언어를 표현하는 독특한 서하문자를 만들었으며, 농·목축업에 바탕을 둔 독특한 음식문화를 갖고 있었다.

간쑤성은 과거 ‘대륙의 긴 복도’라 불리는 ‘허시쩌우랑(河西走廊)’을 통해 동서의 문화교량 역할을 했다. ‘간쑤’라는 명칭은 서하가 이 지역을 통치할 때 간저우와 쑤저우의 첫 글자를 따서 ‘간쑤군사(甘肃军司)’를 설치하면서부터 사용되었다. 약칭은 ‘간(甘, Gān)’ 또는 ‘룽(陇, Lǒng)’이다. ‘룽’은 룽산(陇山, Lǒngshān, 롱산)에서 유래하였다. 간쑤에는 천년에 걸쳐 만들어진 둔황(敦煌)의 모가오쿠(莫高窟, 막고굴)를 비롯하여, 장예(张掖)의 마티쓰(马蹄寺, Mǎtísì, 마제사)석굴, 융징(永靖)의 빙링쓰(炳灵寺, 병령사)석굴, 톈수이(天水)의 마이지산(麦积山, 맥적산)석굴, 칭양(庆阳)의 베이(北)석굴 등이 있어서 ‘석굴 예술의 본향(石窟艺术之乡)’이라 불린다.

모가오쿠

마티쓰석굴

빙링쓰석굴

마이지산석굴

베이석굴

3. 기암괴석의 땅 광시좡족(广西壮族)자치구

광시좡족자치구는 성도가 난닝(南宁)이고 약칭은 '구이(桂, Gui)'이다. 좡족은 중국에서 한족 다음으로 인구가 많은 민족이다. 1958년 저우언라이의 추천으로 자치구가 되었다. 석회암 지형과 지각변동으로 형성된 기암괴석이 수려한 장관을 이루고 있다. 과거 한족은 좡족을 퉁족(獞族)으로 불렀다. 개 견(犭) 부수가 들어간 이름에서도 알 수 있듯이 한족은 좡족을 야만적이라고 천시했는데, 1948년 이후 개견 부수를 사람 인(人) 부수로 바꿔서 '퉁족(僮族)'으로 개명하였다. 1965년에는 저우언라이 총리의 제안으로 '강하다, 억세다'는 의미의 '좡족'으로 바꾸었다. 구이린(桂林)의 아름다운 풍광은 20위안짜리 지폐 뒷면에도 새겨져 있다.

구이린의 풍경과 20위안 지폐의 그림

⑤ 중국 밖의 중국

1997년 7월 1일 영국이 홍콩의 주권을 반환하자 중국정부는 향후 50년간 민주주의 체제를 유지하는 특별행정구로 지정하였다. 마카오 또한 1999년 12월 20일 포르투갈에서 반환될 때 같은 원칙을 적용하였다. 홍콩과 마카오는 현재 올림픽에도 중국과 별도로 자국 국가대표팀을 파견하고 있다. 하지만 중국정부는 '하나의 중국'이라는 명제 아래 민주주의와 자본주의 체제의 홍콩과 마카오 더 나아가 중화민국(타이완)도 중화인민공화국의 일부라고 주장한다. 이들 상반된 두 체제를 하나의 국가 안에 공존시키고자 생각해낸 정책이 바로 '하나의 국가, 두 개의 제도'라는 '일국양제(一国两制)'이다.

1997년 7월 1일 홍콩 반환식과
기념 우표

1. 홍콩특별행정구

해적의 근거지였던 작은 돌섬 홍콩(香港, Xiānggǎng, 향항)이 19세기 이후에는 '동양의 진주'가 되었다. 홍콩은 1842년 난징조약으로 영국이 획득한 홍콩섬(Hong-Kong Island), 1860년 베이징조약으로 획득한 주룽(九龙, Kowloon)반도와 부속도서, 1898년에 99년간 조차한 신제(新界) 세 부분으로 이루어져 있다. 신제의 끝은 광둥성 선전(深圳)과 붙어 있고, 마카오와 주하이와는 55km에 이르는 세계 최장의 강주아오(港珠澳)대교로 이어져 있다.

홍콩

홍콩은 영국의 식민지로서 영어와 광둥어(Cantonese)를 공용어로 사용하였기 때문에 지금도 푸퉁화(Mandalin)를 구사하지 못하는 주민이 많으며 문화적으로도 중국과 큰 차이가 있다. 일

강주아오대교

국양제 정책에 따라 고도의 자치권을 부여받기는 했지만, 행정장관과 입법원 선거에서 친중파가 다수 당선되면서 홍콩인들의 반발을 사고 있다. 2014년에는 대규모 시위대가 행정장관의 완전한 직선제를 요구하는 시위[01]를 벌이기도 했으며 2019년에는 「범죄인 송환법」 문제로 시위가 격화되고 있다.

2. 마카오특별행정구

마카오(Macao)는 중국어 발음으로 아오먼(澳门, Àomén)이다. 아오먼에 처음 도착한 포르투갈인이 현지인에게 이곳이 어디냐고 물었더니 현지인이 '아마가오(阿妈阁)'라고 대답했던 것에서 마카오 명칭이 유래되었다. '아마(阿妈)'는 바다의 여신이고 이 여신을 숭배하는 곳이 '아마가오'이다. '아(阿)'는 접미사이다.

마카오

---

01 시위대가 노란색 우산을 펼쳐 들었기 때문에 이 시위를 '우산혁명'이라고 부른다.

15세기말, 포르투갈은 아프리카를 돌아 인도와 아시아로 향하게 되었다. 바스코 다가마(Vasco da Gama)가 희망봉을 돌아서 1498년 인도에 도착한 후 인도 고아(Goa)에 포르투갈 식민지를 건설함으로써 서세동점[西勢東漸, 서양 세력의 동양 진출] 시대가 시작되었다.

포르투갈은 당시 은(銀)의 주생산지였던 일본과 무역을 확대하면서 중간기착지로 마카오에 주목하였다. 1557년에는 마카오 거주권을 얻게 되어 광저우를 중심으로 중국과 무역을 독점하게 되었다. 후에 영국이 홍콩을 얻고 중국이 상하이 등을 추가 개항하자 마카오는 수백 년 누려온 독점적 지위를 상실하게 되었다.

3. 타이완

1590년 타이완(台湾, Táiwān, 대만)섬을 처음 본 포르투갈인들이 'Ilha Formosa(아름다운 섬)'라고 불렀을 정도로 아름다운 섬이다. '타이완'은 1912년 건국된 중화민국(Republic of China)의 법통을 잇고 있다. 1949년 대륙에서 패망한 장제스는 중화민국 수도를 난징에서 타이베이로 옮겼다. 중화민국은 1971년 미국의 닉슨 대통령이 중국과 관계를 개선하면서 외교적으로 고립되기

타이베이

시작했다. 일본은 1972년, 미국은 1979년 중국과 수교하기 위하여 타이완과 단교하였다. 타이완은 현재 국제적으로는 중화타이베이(中华台北, Chinese Taipei)라는 명칭을 사용하고 있다. 대한민국이 중국과 수교하기 전까지는 양국 관계가 각별하였으나 1992년 8월 24일 중국과 수교하기 위해 갑작스럽게 타이완과 단교하자 타이완에서는 반한(反韓) 감정이 일어나기도 했다.

타이완 인구는 2019년 현재 2,359만 명으로, 한족이 98%이며 타이완 원주민이 2%이다. 한족 인구 98%는 명·청대 이전부터 살아온 네이성런[内省人 또는 타이완런(台湾人]] 73%, 1949년을 전후해서 국민당정부와 함께 이주해온 와이성런(外省人) 13%, 커자런(客

家人) 12%로 이루어져 있다. 언어는 푸통화와 같은 '궈위(国语)'를 표준어로 사용한다. 장제스가 통치할 때에는 강력한 표준어 정책을 추진하였지만, 2000년 민진당의 천수이볜(陈水扁)은 민난위(闽南语)로 총통 취임사를 하였다.**TIP**

TIP
타이완에서는 지하철을 '디톄(地铁)'라 하지 않고 '제윈(捷运, jiéyùn)'이라고 한다. 지하철 안에서 안내방송은 궈위, 영어, 민난위, 커자위 순으로 한다. 중국어를 능숙하게 구사하는 사람도 민난위와 커자위를 이해하는 데 어려움이 있다.

(1) 타이완의 어제와 오늘

타이완은 1661년 정성공(郑成功)이 네덜란드 세력을 몰아내고 항청복명[抗清复明, 청나라에 대항하고 명나라를 재건한다]의 기지로 삼으면서 중국 역사에 본격적으로 등장하였다. 1683년 강희제가 타이완을 점령하였고 1822년에는 성(省)으로 승격되었지만, 청일전쟁 이후 일본의 첫 식민지가 되었다.

1945년 일본이 항복한 후 장제스의 국민당이 타이완을 접수하였다. 1947년 2월 28일에는 차별에 불만을 품은 네이성런이 집단 시위를 벌이자 국민당군이 강경 진압하면서 시민 수만 명이 죽고 다치는 유혈사태가 발생하였다.[02] 1949년에는 장제스가 계엄령하에서 30만 명 규모의 군대를 진주시킴으로써 타이완을 완전히 장악하였다.

1975년에는 장제스가 사망하였고 1988년에는 40년간 지속되었던 계엄령이 해제되었다. 1989년에는 리덩후이(李登辉) 총통이 복수정당제와 민주진보당을 인정하였다. 1996년 리덩후이가 최초의 민선총통으로 당선되었고 2000년에는 민진당 천수이볜(陈水扁)으로 민주적인 정권교체가 이루어졌다. 2008년에는 국민당의 마잉주(马英九), 2016년에는 다시 민진당의 차이잉원(蔡英文)으로 이어졌다.

천수이볜   마잉주   차이잉원

---

[02] 2·28사건이라고 하는 이 사건은 1988년 장징궈 총통이 계엄령을 해제할 때까지 언급하는 것조차 금지되어 있었다. 1989년에 이 사건을 다룬 허우샤오셴(侯孝贤) 감독, 량차오웨이(梁朝伟) 주연의 〈비정성시(非情城市)〉라는 영화가 만들어졌고, 1995년 리덩후이 총통이 이 날을 국경일로 지정하여 타이베이에 2·28기념공원을 조성하였다.

(2) 양안(两岸)관계

'양안관계'는 타이완해협을 사이에 둔 중국과 타이완의 관계를 일컫는 말이다. 중국은 현재 타이완을 외교적으로 고립시키는 동시에 '일국양제'하의 통일 방안과 통상(通商), 통항(通航), 통우(通邮)의 '삼통(三通)' 및 경제, 문화, 체육, 과학기술 교류의 '사류(四流)'를 제시하고 있다.

과거 장징궈(蔣经国) 총통은 불접촉, 불담판, 불타협이라는 '삼불(三不)정책'을 고수하였지만, 타이완 국민의 대륙 방문을 허가하면서 민간 교류의 물꼬를 텄다. 1999년 리덩후이는 "중국과 타이완은 두 개의 국가"라는 '양국론(两国论)'을 주장하였고, 2002년 천수이볜은 "바다를 끼고 한 나라씩 존재한다"라는 뜻의 '일변일국론(一边一国论)'을 주장하였지만, 푸젠성과의 직항, 교역, 우편교환의 소삼통(小三通) 정책을 실행하였다. 마잉주는 불독립, 불통일, 무력불사용의 새로운 '삼불정책'을 내세우며 2017년 11월 싱가포르에서 시진핑과 정상회담을 하기도 하였다.

타이완 스펀(十分)에서 풍등을 날리는 모습

타이베이의 국제금융빌딩
➤ '101타워'라고도 하는데 508m의 높이를 자랑함.

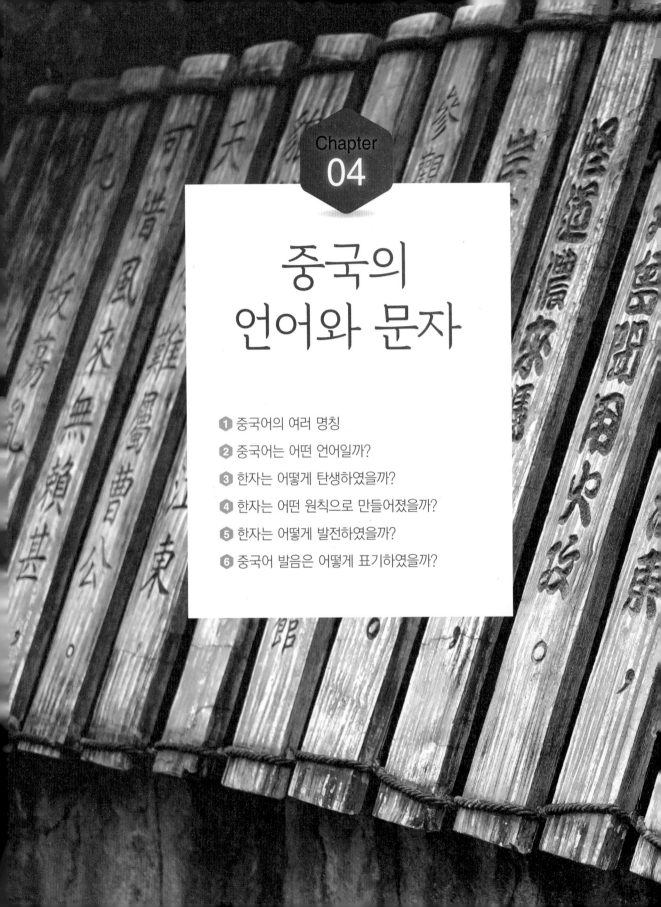

Chapter
04

중국의
언어와 문자

萬魔道一劍風，從容，

欲識英雄真手段。

杯中白水望溶容，

赤壁懷古

菩壁懷古

蓬光窟

蓮蓬水

① 중국어의 여러 명칭

1. '중국어' 명칭의 모호성

우리는 우리의 말을 '국어' 또는 '한국어'라고 한다. 이는 우리의 말이 단일한 언어 체계로서 대한민국을 대표하기 때문이다. 하지만 중국인은 우리처럼 자신의 언어를 '국어'나 '중국어'라고 말하지 않는다. 가장 보편적으로 사용하는 명칭은 '한위(汉语, Hànyǔ, 한어)'이다. '한위'란 한족이 사용하는 언어를 의미한다. 즉 중국이라는 국가의 언어가 아닌 한족이라는 민족의 언어를 의미하는 명칭을 사용하는 것이다.

다민족국가인 중국은 공식적으로 인정되는 민족만 56개이다. 56개 민족 중에서 두 민족을 제외한 54개 민족이 고유의 언어를 가지고 있다. 이런 이유 때문에 이른바 '중국의 언어'에는 54개 언어가 모두 포함되어야 한다. 만약 '중국어'를 '한국어'와 같이 국가의 언어로 민족의 언어를 대체하게 되면 심각한 논리적 모순에 직면하게 된다. 이러한 이유 때문에 90% 이상이 사용하는 '한위'가 고금과 남북을 통틀어 가장 보편적으로 사용되는 중국어의 공식 명칭으로 성립하게 되었다.

중국인은 자신의 언어를 '중원(中文, Zhōngwén, 중문)'이나 '중궈화(中国话, Zhōngguóhuà, 중국화)'라고 지칭하기도 한다. 모두 중국을 뜻하는 '중(中)'이라는 글자가 쓰였기 때문에 엄격하게 말한다면 이들 역시 모호성이 있다고 할 수 있다. '중원'은 중국어의 입말과 글말을 모두 아우르는 말이다. 따라서 중국인의 일상에서 종종 '한위'를 대체하기도 한다. 예를 들어 "난 중국어를 공부해(我学习汉语/中文)"에서 '중국어'는 '한위'와 '중원' 어느 것을 써도 무방하다. 하지만 특정 환경에서는 선택이 제한되기도 한다. 예컨대 인쇄물의 수식어로는 '중원'만 허용된다. 따라서 중국어로 된 신문과 소설은 '한위바오(汉语报)', '한위 샤오쉬(汉语小说)'라고 하지 않고 '중원바오(中文报)', '중원 샤오쉬(中文小说)'라고 한다. 한편 '중궈화'는 주로 입말만 지칭한다. 다만 최근에는 사용 빈도가 계속 떨어지는 추세이다.

중국어의 다른 이름으로 '화위(华语, Huáyǔ, 화어)'도 자주 쓰인다. '화'도 '한족'을 의미하기 때문에 문자적 의미로만 풀이하면 '한어'와 동일한 개념이다. '화위'라는 단어 사용자가 주로 해외의 화교라는 점에서 다른 명칭과 차이점이 있다. 이로써 '화위'는 대륙의 중국어를 비롯하여 세계 각 지역에서 사용하는 중국어를 모두 포괄한다. 예를 들어 『화위 츠뎬(华语词典, Huáyǔ cídiǎn)』에는 대륙은 물론, 홍콩, 타이완, 싱가포르 등에서 사용하는 어휘들이 모두 망라되어 있다.

2. 중국어의 표준어와 방언

한국어를 포함한 대다수 언어는 표준어와 비표준어를 구분한다. 특히 중국은 영토가 넓고 인구가 많기 때문에 표준어 구사자에게 일부 사투리는 외국어로 인식될 정도로 사투리가 발달한 편이다. 푸통화(普通话, pǔtōnghuà, 보통화), 궈위(国语, guóyǔ, 국어), 관화(官话, guānhuà) 등은 모두 중국어의 표준어를 지칭하기 위해 만들어진 명칭이다.

'푸통화'는 현재 중국 대륙(중화인민공화국)에서 표준어를 지칭하는 말로 쓰인다. '궈위' 도 표준어를 지칭하지만 중화인민공화국 건국 이전인 중화민국 시기에만 사용되었다. 현재는 타이완에서 표준어를 가리키는 말로 쓰인다. '관화'는 명·청 시기의 공용어를 의미하는 말로 쓰였다. 문자 그대로 공무를 처리하는 관리들의 말이었다. 영어권에서는 'Mandarin'이 중국어를 지칭하는 말로 쓰이는데 이 단어가 바로 관화의 번역어이다.

'푸통화'는 "가장 보편적으로(普) 통용되는(通) 말(话)"을 의미한다. 1956년 중국국무원은 음운, 어휘, 어법 세 방면의 제정 기준을 제시한 바 있다. 이에 따르면, 푸통화는 베이징음을 표준음으로 하고, 북방 지역 말을 표준 방언으로 하며, 모범적인 현대백화문 저작을 문법 규범으로 삼는다. 베이징음이 표준음이 된 이유는 몇 가지가 있다. 베이징은 요에서 청에 이르기까지 900여 년 동안 정치와 문화의 중심지였다. 그리고 광범위한 사용 범위, 간단한 음운구조 그리고 『삼국지연의』, 『수호전』, 『홍루몽』 등 베이징의 언어로 쓰인 문학작품의 대중적 영향이 매우 크기 때문이다.

방언(方言, fāngyán, 팡옌)은 문자 그대로 지방(方)의 말(言)을 가리킨다.[01] 현재 중국어 [여기에서는 한어를 가리킴]의 방언은 학자들의 과학적 분류에 따라 크게 7개 지역으로 나

---

[01] 한대에 양웅(杨雄)이 『유헌사자절대어석별국방언(輶轩使者绝代语释别国方言)』이란 책을 편찬하였다. 제목에서 알 수 있듯이 황제의 명을 받은 사신인 유헌사자가 공통어인 절대어로 여러 지역의 말인 별국방언을 풀이한(释) 책이다. '방언'이라는 명칭은 바로 여기에서 기원하였다.

닌다. 베이징 중심의 관화 방언, 쑤저우(苏州, Sūzhōu, 소주) 중심의 우(吳, Wú, 오) 방언, 창사(长沙, Chángshā, 장사) 중심의 샹(湘, Xiāng, 상) 방언, 난창(南昌, Nánchāng, 남창) 중심의 간(赣, Gàn, 감) 방언, 광둥성 메이셴(梅县, Méixiàn, 매현) 중심의 커자(客家, Kèjiā, 객가) 방언, 샤먼(厦门, Xiàmén, 하문)과 푸저우(福州, Fúzhōu, 복주) 중심의 민(闽, Mǐn, 민) 방언, 광저우(广州, Guǎngzhōu, 광주) 중심의 웨(粤, Yuè, 월) 방언이 바로 중국의 7대 방언 지역에 해당한다.

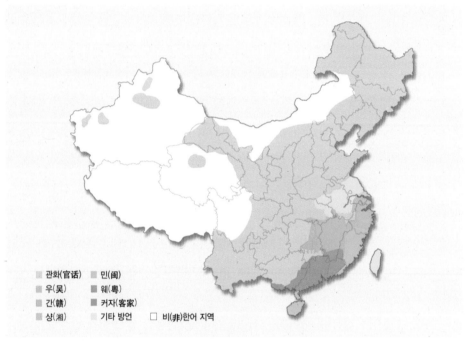

방언 분포도

3. 중국어의 입말과 글말

모든 언어에는 입으로 말하는 입말(구어)과 글로 쓰는 글말(문어)의 차이가 있다. 상술한 한위, 푸퉁화, 궈위, 방언 등이 대체로 입말의 관점에서 만들어진 개념이라면, 아래의 '문언(文言, wényán, 원옌)', '백화(白话, báihuà, 바이화)', '서면어(书面语, shūmiànyǔ, 수몐위)' 등은 모두 중국어의 글말이다.

중국어에는 역사적으로 '문언'과 '백화' 두 종류 글말이 있었다. '문언'은 '고문(古文,

güwén, 구원)'이라고도 하는데, 춘추시대 공자와 제자의 대화를 엮은 『논어(论语)』를 떠올리면 쉽게 이해할 수 있다. 『논어』, 『맹자(孟子)』 등은 당시 입말을 반영하는 어록체 산문이라 할 수 있다. 이 책들과 동시대 다른 산문을 비교해보면 문체, 어휘, 문법 등에서 큰 차이가 없다. 춘추전국시대만 하더라도 글말과 입말의 차이가 거의 없었음을 알 수 있다.

이 시기 철학서와 역사서는 후대에 이르러서도 정치, 학술의 목적에 따라 지속적으로 학습되고 재생산되어 글말의 규범으로 발전한다. 특히 한대에 유행한 경전 주석 활동은 글말과 입말의 괴리에 큰 역할을 하였다. 위와 진(晋)을 거쳐 당에 이르면 그 괴리 정도는 최고조에 달하여 일반 백성은 문인의 글을 이해할 수 없을 정도에 이른다.

한편 동한시대부터 유입된 불교는 대중의 포교를 위해 쉬운 입말 형태로 세속을 파고들었다. 불경의 구어적 특징은 당대에 이르면 본격적으로 모습을 드러내 새로운 글말 체계인 '백화'를 탄생시킨다. 백화의 '백'은 '무늬', '꾸밈'을 나타내는 '문(文)'과는 정반대로 '자연 그대로', '꾸밈없는'의 뜻을 나타낸다. 백화는 그 모태가 입말이기 때문에 입말과 함께 역사적 변화를 거듭한다. 이로써 당에서 청에 이르는 시기는 두 글말, 즉 '문언'과 '백화'가 귀족층과 서민층 사이에서 각각 따로 공존하게 된다. 이러한 형세는 1919년 5·4백화문운동이라는 혁명적 사건을 겪으면서 와해되는데, "내 손은 내 입을 쓴다(我手写我口)"라는 구호 아래 '문언'은 역사 속으로 사라지게 되고 현재의 '서면어'라는 이름으로 글말 체계가 자리 잡게 된다.

② 중국어는 어떤 언어일까?

중국어에는 어떤 특징이 있을까? 중국어는 기본어순이 SVO(주어 + 술어 + 목적어)라는 점에서 영어와 유사점이 있지만 형태변화가 없다는 점에서 차이가 크다. 피수식어가 수식어 앞에 오고 양사가 있다는 점에서 한국어와 유사점을 찾을 수 있지만 격조사가 없다는 점에서 큰 차이가 있다. 이와 같이 다른 언어와 비교해 알 수 있는 중국어의 유형적 특징을 다음과 같이 정리할 수 있다.

1. 기본어순이 SVO이다

중국어의 기본어순은 영어와 동일한 SVO, 즉 주어, 서술어, 목적어로 되어 있다. 한국어의 SOV, 즉 주어, 목적어, 서술어의 어순 유형과는 다르다.

한국어(SOV)	중국어(SVO)
나는 너를 사랑한다.	我 爱 你。
흡연(을) 금지	禁止 吸烟
환경(을) 보호	保护 环境

2. 성조가 있다

성조는 소리의 높낮이와 높낮이의 변화를 나타낸다. 성조는 중국어가 속한 한장(汉藏)어족의 전형적 특징으로, 자음이나 모음과 동일하게 의미를 변별하는 기능이 있다. 예를 들어 ma로 표시되는 같은 발음이라도 성조가 몇 성이냐에 따라 '엄마(妈 mā, 제1성)', '삼(麻 má, 제2성)', '말(马 mǎ, 제3성)', '욕하다(骂 mà, 제4성)'와 같이 의미가 달라진다. 푸퉁화 성조에는 네 종류가 있다. 근대음의 평성(平声), 상성(上声), 거성(去声), 입성(入声)에 근거하여 음(阴)평성, 양(阳)평성, 상성, 거성으로 명명하였다.

현대중국어에서는 네 성조를 제1성부터 제4성까지 숫자를 이용하여 표시하고 여기에 높낮이 없이 가볍고 짧게 읽는 경성을 별도로 설정하였다. 자오위안런(赵元任)은 중국어의 성조를 다섯 눈금이 그려진 세로선으로 성조의 높낮이를 표시한 '오도제표조법(五度制标调法)'을 제정하였는데, 현재 중국어 성조 교육은 모두 이를 따른다.

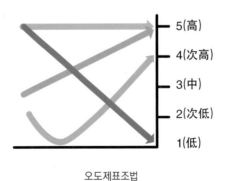

오도제표조법

调类	调值	调型	调号
제1성	[5-5]	高平	－
제2성	[3-5]	中升	´
제3성	[2-1-4]	降升	ˇ
제4성	[5-1]	高降	`

성조의 개수는 방언 지역마다 조금씩 차이를 보이는데, 대체로 남방으로 갈수록 복잡해진다. 간·샹·커자 지역 방언은 6개, 우·민 지역 방언은 7개, 웨 지역 방언은 9개의 성조를 갖는다. 일부 지역의 방언은 10개, 11개 성조를 가지기도 한다.

3. 어순이 중요하다

세계의 언어는 형태론적 구조에 따라 크게 세 가지, 즉 굴절어, 교착어, 고립어로 구분된다. 굴절어는 어근의 형태 자체가 변화하여 단어의 기능을 발휘하는 유형으로 영어, 프랑스어 등이 대표적이다. 한국어를 포함한 알타이어계 언어가 속하는 교착어는 굴절어와 고립어의 중간 형태로 어근은 변화하지 않지만 접사와 조사의 첨가로 단어의 기능이 결정되는 유형이다. 고립어는 어떠한 형태변화나 조사 첨가도 없는 유형을 말하는데 중국어가 대표적이다. 고립어인 중국어는 오로지 단어의 어순으로 그 단어의 기능이 결정된다. 한국어와 비교하면 한국어는 "나는 너를 사랑해", "너를 사랑해 나는", "사랑해 나는 너를"과 같이 아무리 순서를 바꾸더라도 조사만 고정되면 의미 변화가 없다. 하지만 중국어에서 "我爱你(나는 너를 사랑해)"를 "你爱我(너는 나를 사랑해)"라고 하면 의미가 완전히 달라지며, "爱我你"는 비문이 된다. 따라서 중국어가 고립어라는 사실은 중국어 어순의 중요성을 단적으로 나타낸다고 할 수 있다.

한국어	나는 너를 사랑해	=	너를 사랑해 나는	=	사랑해 나는 너를
중국어	我 爱 你(나는 너를 사랑해)	≠	你 爱 我(너는 나를 사랑해)	≠	爱 我 你(비문)

4. 한 글자로 뜻을 이룬다

'중국어는 단음절어다'라는 말은 단어가 아닌 형태소 관점에서 하는 말이다. 형태소는 뜻을 가진 최소 단위를 말한다. 예를 들어 한국어는 '앞, 뒤, 물, 불, 꽃, 새' 등과 같이 단음절 형태소도 있으며 '가을, 바람, 물건, 사람, 다람쥐' 등과 같이 2음절 이상의 형태소도 있다. 물론 양적으로 보면 후자의 경우가 훨씬 더 많다. 이와 대조적으로 중국어 형태소는 90% 이상이 단음절로 구성된다. '山, 水, 大, 小, 见, 说' 등은 모두 한 글자로 구성되어 한 음절을 대표하며 하나의 뜻을 나타낼 수 있다. 중국어에도 다음절 형태소가 있지만 매우 드문 편으로, 연면어(联绵语), 의성어, 음역어 등에서 찾아볼 수 있다. '연면어'란 "글자와 글자가 의미 단위로 나뉘지 않고 이어져 있는 말"이라는 의미이다. 연면어는 크게 세 종으로 나뉘는데, 성모가 같은 쌍성(双声)연면어, 운이 같은 첩운(叠韵)연면어, 쌍성과 첩운이 아닌 비(非)쌍성첩운연면어가 있다.

쌍성연면어	仿佛 [fǎngfú]	流利 [liúlì]
첩운연면어	糊涂 [hútú]	徘徊 [páihuái]
비쌍성첩운연면어	蝴蝶 [húdié]	垃圾 [lājī]
의성어	哎呦 [āiyōu]	叮当 [dīngdāng]
음역어	沙发 [shāfā]	咖啡 [kāfēi]

5. 양사(量词)가 있다

양사는 수를 세는 단위이다. 양사는 한국어에도 있다. 예를 들어 꽃을 셀 때 '꽃 한 송이', '꽃 한 다발' 등으로 표현한다.[02] 여기에서 '송이'와 '다발'이 양사에 해당하며 어순은 명사, 수사, 양사 순서이다. 반면 중국어에서 양사는 수를 셀 때 필수적으로 사용되는데, 한국어와 달리 수사/지시대명사, 양사, 명사의 순서를 이룬다.

| 꽃 한 송이 | 一朵花 [yī duǒ huā] |
| 꽃 한 다발 | 一束花 [yí shù huā] |

중국어에서 대표적으로 사용되는 양사를 열거하고 예시를 들어보자.

个(ge, 낱개로 된 것)	一个人，一个小时
本(běn, 노트나 책 등)	一本书，一本杂志
支(zhī, 얇고 가는 것)	一支烟，一支笔

---

02 국어학에서는 단위를 세는 단어를 '분류사'라고 한다.

只(zhī, 동물)	一只猫，一只狗
张(zhāng, 면이 있는 것)	一张纸，一张桌子
件(jiàn, 사건과 옷 등)	一件事，一件衣服
杯(bēi, 컵에 담긴 것)	一杯茶，一杯咖啡
条(tiáo, 가늘고 긴 것)	一条河，一条蛇
双(shuāng, 쌍으로 된 것)	一双筷子，一双眼睛
部(bù, 영화나 책 등)	一部电影，一部书

3 한자는 어떻게 탄생하였을까?

1. 중국 문자의 기원

현재 우리가 배우는 한자는 어디서 왔을까? 한자의 기원에 대한 학설은 분분하지만 크게 세 가지 정도로 살펴볼 수 있다. 먼저 그림에서 기원했다는 '그림기원설'이다. 문자를 가지고 있는 언어 대부분이 그렇듯이, 그림은 문자의 탄생과 아주 밀접한 관련이 있다. 양사오문화, 다원커우문화 유적지에서 발견된 도문(陶文)과 갑골문, 금문(金文)의 문자형태가 모두 그림과 유사하며, 초기의 상형(象形)이나 지사(指事) 글자는 그림기원설의 증거가 되기에 충분하다.

다음으로 '가정(假定)부호기원설'이다. '가정부호'는 문자가 탄생하기 전 당사자끼리 서로 알 수 있는 약속부호를 만들어 기억을 보조하던 수단이었다. 구체적으로는 결승(结绳), 각계(刻契), 팔괘(八卦) 등의 방법이 있었다. '결승'은 줄에 매듭을 지어 모종의 약속으로 삼은 것인데 매듭의 두께, 수량, 색깔에 따라 서로 다른 사물과 숫자를 나타냈다. '각계'는 서계(书契)라고도 하는데 신농씨가 발명하였다고 전해진다. 나무

판에 톱니자국이나 부호를 새기는 방법으로 주로 계약할 때 사용되었다. '팔괘'는 『주역(周易)』의 8가지 부호로 복희씨가 발명하였다고 한다. 갑골문이나 금문에 등장하는 일부 문자는 분명 팔괘와 관련이 있지만 한자체계 전체의 기원으로 보기에는 무리가 있다.

마지막으로, 황제의 사관이었던 창힐이 한자를 만들었다는 '창힐조자설(蒼頡造字说)'이다. 창힐은 눈이 네 개 달렸으며 관찰력이 매우 뛰어나 새나 짐승의 발자국을 보고 한자를 만들었다는 전설이 전해진다. 실제로 창힐은 기원전 2500년 전후에 문자와 관련된 직책에 종사하면서 흩어져 있던 글자를 모아서 통일하고 정리하는 일을 했을 가능성이 높은 인물로 추정된다.

창힐

2. 갑골문의 발견과 연구

한자의 기원에 대해 그림기원설, 가정부호기원설 등을 살펴보았다. 그림은 분명 한자의 기원과 밀접한 연관이 있다. 그리고 한자가 탄생하기 전 팔괘, 결승, 각계 등을 만들어 기초적인 의사소통을 했음을 알 수 있다. 하지만 이러한 방법은 대중성과 사회성이 결여되어 있다. 이 때문에 구체적인 사물을 표시하는 방법으로 개인의 기억 보조 도구라고 할 수는 있지만 글자로 보기는 어렵다. 다만 문자의 창조에 어느 정도 영향을 미쳤다는 것은 부인할 수 없는 사실이다.

최초의 한자는 기원전 1300년경에 사용된 상나라의 갑골문이다. 갑골문은 복사(卜辭)라고도 한다. 당시 왕실에서 길흉에 관해 점을 친 후 그 내용을 거북의 배 껍질이나 짐승의 뼈에 새겨 놓았기 때문이다. 음운, 어휘, 어법의 언어적 체계를 완벽히 갖춰 하나의 독립된 언어로 보기에 문제가 없다.

갑골문

3. 갑골문의 내용

갑골문의 내용은 거의 대부분 농업, 기상, 제사, 정벌, 전쟁, 질병, 사령, 혼례 등의 국가 대사에 대해 길흉을 점친 복사이다. 물론 간지표(干支表), 갑골의 공납과 소장 상황,

역사적 사건의 기록 등에 대한 비복사(非卜辭)도 일부 있다. 상대의 갑골문은 반경(盤庚)이 은허(殷墟)로 천도한 시기[기원전 1384]부터 상나라가 멸망할 때[기원전 1121]까지 273년 동안의 점복 기록이 대부분을 차지한다.

갑골 편에 기록되어 있는 갑골문의 실제 내용을 살펴보면, 먼저 점을 주관하는 사람인 정인(貞人)이 날짜와 점칠 내용을 고하는데, 이를 '정사(貞辭)'라고 한다. 그런 다음 거북껍질의 갈라진 무늬를 살펴서 왕이 점을 치는데, 이를 '점사(占辭)'라고 한다. 그리고 훗날 실제로 점사대로 일이 진행되었는지를 기록해놓은 '험사(驗辭)'로 구성되어 있다.

정사: □□卜, 亘貞: "逐兕, 隻(獲)"
(□□일에 점을 치니 선(亘)이 아룁니다: 코뿔소를 쫓으면 잡겠습니까?)

점사: 王占曰: "其獲"
(왕이 점치며 말하기를: 아마도 잡을 것이다)

험사: 己酉王逐允隻(獲)二
(기유일에 왕이 쫓아서 정말로 두 마리를 잡았다)

❹ 한자는 어떤 원칙으로 만들어졌을까?

한자는 흔히 상형문자 또는 표의문자(表意文字)로 불린다. 이는 고문자 가운데 사물의 형상을 그대로 본떴거나 형태만 봐도 그 뜻을 알 수 있는 글자들이 많았기 때문이다. 이러한 경향은 특히 한자의 부호화가 공고해지는 예서(隷書) 이전 시기에 두드러지게 보인다. 하지만 한자에는 상형 이외의 다른 방법으로 구성된 글자들이 훨씬 더 많이 존재한다.

중국에서는 전통적으로 한자 구성을 상형, 지사, 회의, 형성, 전주, 가차의 여섯 가지 방법으로 나누어 설명하였다. 이 여섯 가지 구성법을 흔히 '육서(六书)'라고 한다. 육서에 대한 기록은 전국시대의 『주례(周礼)』와 서한의 유흠(刘歆)이 쓴 『칠략(七略)』 등에서 이미 보이지만 명칭이나 순서가 지금과 다르며 구체적인 설명이 없다. 오늘날 보편적으로 알려진 육서에 관한 개념들은 동한 때 허신(許慎)이 쓴 『설문해자(説文解字)』라는 책에서 비롯되었다. 허신은 이 책에서 최초로 '육서' 개념을 설명하였으며 '육서'의 원리를 기준으로 9,353자의 구성을 모두 풀이하였다.

　엄밀하게 말한다면 육서의 여섯 원칙 가운데 순수하게 글자가 만들어지는 원리, 즉 조자(造字) 원리에 관한 것은 상형, 지사, 회의, 형성 네 가지이다. 전주와 가차는 글자를 운용하는 방법, 즉 용자(用字)의 원리로 볼 수 있다.

1. 상형(象形)

　구체적인 사물의 외형을 모방하여 글자를 만드는 방법이다. 사물의 모양을 그대로 본떴기 때문에 글자의 의미가 매우 구체적이다. 대부분 상형자는 초기에 만들어졌기 때문에 인체, 자연, 동식물 등 일상에서 쉽게 접할 수 있는 사물에 관한 글자가 많다. 현재 부수자(部首字) 대다수는 상형에 속한다. 예를 들면 日(해), 月(달), 木(나무), 马(말), 鱼(물고기) 등이 다 상형자다. 아래는 이들의 갑골문이다. 첫 번째와 두 번째는 각각 해와 달의 윤곽을 형상화한 것이다. 세 번째는 가지와 뿌리가 있는 나무를, 네 번째와 다섯 번째는 각각 말과 물고기 모양을 본뜬 것이다.

日(해)　　月(달)　　木(나무)　　马(말)　　鱼(물고기)

2. 지사(指事)

　상징적인 부호로 추상적인 개념을 나타내는 조자법이다. 상형자와 지사자는 둘 이상의 요소로 나뉘지 않는 독체자(独体字)라는 점에서 공통점이 있다. 추상적 관념, 상태, 위치, 동작과 같은 개념은 상형의 방식으로 표현할 수 없기 때문에 상징적인 부호의 도움이 필요하다. 上(위), 下(아래), 三(셋)과 같이 순수하게 상징적 의미만 나타내는 경우와 末(끝), 刃(날)과 같이 상형자에 지시적 부호를 추가하는 경우로 나눌 수 있다.

아래는 이들 글자의 소전(小篆)이다. 첫 번째와 두 번째는 횡선을 기준으로 위와 아래에 짧은 선을 그어 각각 위와 아래라는 추상적 개념을 나타냈다. 세 번째는 횡선 세 개로 셋을 나타냈다. 네 번째는 상형자인 木(나무)의 상단 나뭇가지 끝부분에 횡선으로 표시하여 사물의 끝부분을 나타냈다. 다섯 번째는 상형자인 刀(칼)의 중간 부분, 즉 칼날 위치에 점을 찍어 칼날을 표현하였다.

上(위)   下(아래)   三(셋)   末(끝)   刃(날)

3. 회의(会意)

뜻을 나타내는 형부(形符)가 또 다른 형부와 결합하여 하나의 글자를 만드는 것이다. 즉 글자의 구성성분이 되는 각 형부의 의미가 더해져 새로운 의미를 나타내는 것을 말한다. 예를 들어 첫 번째 글자 '休(쉬다)'는 사람과 나무로 구성되어 있는데, 이는 사람이 나무에 기대어 휴식을 취하는 모습을 나타내는 것이다. 두 번째 글자 '众(무리)'은 여러 사람(伙)이 태양(日) 아래 모인 모습으로 사람의 무리를 나타낸다. 세 번째 글자 '林(숲)'은 나무가 모여 이루어진 숲을 나타낸다. 아래는 이들 글자의 갑골문이다. 의미와 의미의 결합이기 때문에 구성하는 글자만으로 음을 알아낼 수는 없다.

休(쉬다)   众(무리)   林(숲)

4. 형성(形声)

  의미를 나타내는 형부와 발음을 나타내는 성부(声符)의 조합으로 글자를 만드는 방법이다. 형성자는 뜻과 소리를 가장 합리적으로 나타낼 수 있는 표현력을 갖추었기 때문에 한자의 생성과 발전에 큰 역할을 하였다. 현재 사용하는 한자의 70~80%가 형성자로 알려져 있다.

글자	형부	성부	뜻 / 발음
闻	耳(귀)	门(문)	듣다 / 문
清	水(물)	青(청)	물맑다 / 청
财	贝(재물)	才(재)	재물 / 재
奶	女(여자)	乃(내)	젖 / 내

5. 전주(转注)

  육서 가운데 전주는 상형, 지사, 회의, 형성, 가차와 성질이 다르다. 전주를 제외한 나머지 방식은 모두 글자와 의미를 생성하는 조자 방법에 해당되지만 전주는 그렇지 않다. 육서의 정의와 방법에 대해 처음으로 설명하고 있는 허신의 『설문해자』에 따르면, 전주는 이미 있는 서로 다른 두 글자에 대해 자형과 의미의 상호 연관성에 따라 서로 풀이해주는 방식이다. 예를 들어 '考', '老'가 그러하다. 설문해자에 '考'는 '老'라고 풀이하고 있고, '老'는 또한 '考'라고 풀이하고 있다. 이로 보건데, 전주는 조자 원리가 아닌 일종의 풀이 방식이라고 할 수 있다.

6. 가차(假借)

  문자 그대로 빌려 쓰는 것을 말한다. 즉 어떤 단어가 말만 있고 글자가 없을 때, 같거나 소리가 비슷한 글자를 빌려 쓰기도 하는데 이를 가차라 한다. 예를 들어 '其(그 기)'는 본래 '키'를 나타내는 글자였다. 그런데 지시대명사에 해당되는 '그' 혹은 '그것'을 뜻하는 말의 글자가 없어서 소리가 비슷한 '其'를 가지고 표현하였다. 이처럼 소리가 비슷한 기존의 글자를 빌려서 쓴 글자가 가차자이다. 그 후 '其'가 지시대명사로 주로 쓰이자 새로 형부인 '竹(대 죽)'을 추가하여 '箕(키 기)'를 만들어 '키'의 전용자로 독립시켰다.

⑤ 한자는 어떻게 발전하였을까?

한자는 상대의 갑골문부터 현재의 간체자에 이르기까지 수차례 자체(字体) 변화를 거쳤다. 발전 단계에 따라 고대문자, 근대문자, 현대문자로 다시 나눌 수 있다.

1. 고대문자: 갑골문(甲骨文)-금문(金文)-대전(大篆)-고문(古文)-소전(小篆)

고대문자는 한자의 시초인 갑골문부터 금문, 대전, 고문, 소전체를 말하며 현재는 사용하지 않는다. 대전체와 소전체는 보통 전서(篆书)체라 하며 문자 예술을 위해 활용되고 있다.

금문은 갑골문 이후 주나라 초기에 주로 사용했던 문자로, 청동기에 미리 거푸집을 만들어 주물을 부어 만들었다. '금(金)' 자의 본래 의미가 청동(铜)이므로 '금문'이라 불렀다. 주물이 채워져야 했기 때문에 획이 굵고 때로는 갑골문보다 상형성이 강하기도 했다. 갑골문의 점복과 달리 선조에 대한 제사, 찬양, 수상, 책봉, 공로 등이 기록되어 있다. 금문이 새겨진 대표적 청동기로는 대우정(大盂鼎)과 모공정(毛公鼎)이 있다. 특히 모공정은 현존 청동기 중 가장 긴 명문(497자)이 새겨져 있으며 자체가 일사불란하고 정연하여 금문 최고 걸작으로 꼽힌다.

대우정

모공정

대전체는 주나라 때 태사 주(籀)가 만들어 '주문(籀文)'이라고도 한다. 춘추전국 시기 진(秦)나라에서 주로 사용하던 자체이다. 인서(刃书)라고도 하는데 글자를 늘어뜨려 상하가 직사각형으로 균형을 이루고 있다. 진나라에서 만든 석고문(石鼓文)이 대표적이다.

전국시대에 진을 제외한 6국, 즉 제, 초, 연, 한, 위, 조에서는 대전과 다른 자체를 사용하였다. 이를 '고문' 혹은 '6국문자'라 부른다. 한나라 경제(景帝) 때 공자의 옛집을 허물다가 『고문상서』, 『예기』, 『춘추』, 『논어』 등 경전이 수십 편 발견되었다. 이들 경전 속 글자는 한대 사람이 이전 시기 글자체로 알고 있던 대전이나 소전과 다르고 당시 통용되던 예서와도 달라 상고시대 글자체로 오인하여 '고문'이라고 부르게 되었다.

소전체는 진나라가 통일한 이후 이사가 대전체를 간화하여 만든 진나라의 공식서체

이다. 한자 역사상 최초의 규범화
된 문자체라는 점에서 의의가 있
다. 진시황이 순시하면서 세운 태
산(泰山)각석, 낭아대(琅琊台)각석,
역산(嶧山)각석 등에서 그 자체를
볼 수 있다. 동한시대 허신의 『설
문해자』9,353자의 표제자도 소전
체로 되어 있다.

석고문(대전)

태산각석(소전)

2. 근대문자: 예서(隸书)-초서(草书)-해서(楷书)-행서(行书)

근대문자는 예서부터 초서, 해서, 행서체를 말한다.
현재에도 번체자 형태로 사용되는 자체들이다. 예서체
는 문자혁명이라고 할 만큼 그 변화와 의의가 컸다. 소
전은 글자체가 복잡하여 문서 처리에 어려움이 많았기
때문에 당시 감옥에서 옥리(獄吏)로 근무하던 정막(程
邈)이라는 사람이 서사의 편의를 위해 고안한 서체로 알

희평석경(熹平石经)의 「시경(诗经)」
(예서)

려져 있다. 진나라 공식 서체였던 소전체와 공존하였으며 진나라를 거쳐 한나라의 공식
서체로 통용되었다. 소전체에서 보이던 상형성이 완전히 사라지고 눈에 띌 정도로 부호
화되는 큰 변화를 거쳤다. 마왕뚜이(马王堆)에서 발굴된 백서(帛书)와 한대에 세워진 각
종 비석에서 초기 예서체의 형태를 볼 수 있다.

해서는 현재 우리가 사용하는 표준 자체로 진서(真书) 혹은 정서(正书)라고도 한다. 구
조적 측면에서 보면 예서와 완전히 동일하다고 할 수 있지만 예서의 삐침을 생략한 비교
적 단정한 서체이다. 해서는 위진시대에 처음 사용되어 위진남북조시대를 거치면서 이체
자가 많이 생성되었다가 당대에 표준화 작업을 거쳐 정자(正字)로 확정된다. 공력이 많이
들어 규범에 맞추어 쓰기가 까다롭다. 송대에 서적 인쇄의 주요 서체로 사용되었기 때문
에 '송체자(宋体字)'라고도 칭해진다.

초서는 광의적 차원에서 보면 시대를 막론하고 서사의 편의를 위해 흘려 쓴 자체라고 할 수 있다. 협의적 차원에서는 한대에 형성된 특정한 자체로 볼 수도 있다. 흘려 쓴 정도에 따라 장초(章草), 금초(今草), 광초(狂草)로 나뉜다. 장초는 한대에 예서를 흘려 쓴 것이다. 글자와 글자 사이의 연결은 없으며 한 글자 내에서 획을 연결하여 쓴 형태로 가장 모범적이라고 할 수 있다. 금초는 위진시대에 해서를 흘려 쓴 것이다. 획뿐만 아니라 글자와 글자 간에도 연결되어 있어 흘림 정도가 장초보다 심하다. 동진 때 왕희지가 금초 형성에 결정적인 영향을 미쳤다. 광초는 전혀 구속 없이 자유분방한 필체로, 난해하고 실용성이 결여되어 서예가들의 전유물로 전락하게 된다.

왕희지의 「우안길첩(虞安吉帖)」(금초)

회소(懷素)의 「자서첩(自敍帖)」(광초)

행서는 엄격한 규범이 없다. 해서와 비슷하나 해서처럼 근엄하지 않다. 필획이 연결되나 각 글자의 독립됨이 장초에 가까워 해서와 초서의 장점을 두루 취하고 있다. 해서보다 자유롭고 빨리 쓸 수 있지만, 알아보기 어려울 정도로 흘려 쓰지는 않기 때문에 아름답고 우아하면서도 편리하고 실용적이라는 장점이 있다.

3. 현대문자: 간체자(简体字)

한자의 간화(简化)는 갑골문, 금문 등 고문자 시대에서도 이미 찾을 수 있다. 이는 서사의 편의를 위한 필연적 추세라 할 수 있다. 소전에서 예서로 변화하는 데서 가장 큰 변화는 간화이다. 소전을 바탕으로 초서가 출현한 것과 해서를 바탕으로 행서가 출현한 것 역시 간화의 반영이다. 1919년 5·4백화문운동에서 한자 개혁의 필요성이 적극적으로 제기되면서 한자 간화의 새로운 계기가 마련되었다. 당시 지식인은 한자가 발음을 알 수 없고 쓰기가 어려워 문맹률을 높이는 주된 원인이라 판단해 문자 체계 자체에 의심을 품었다. 이러한 의심은 한자혁명이라는 구호 아래 1928년 국어로마자의 표음체계를 탄생시켰고, 1930년대 상하이를 중심으로 라틴화신문자(拉丁化新文字, Latinized New Writing)운동 등을 거쳐 급기야 '한어병음방안(汉语拼音方案)'을 탄생시키게 된다. 문자방면에서는 1956년에 번체자 사용을 금하는 '한자간화방안(汉字简化方案)'이 공포되었다. '한자간화

방안은 몇 번 수정을 거쳐 1982년에는 현재 사용하는 2,235자의 '간화자총표(简化字总表)'가 만들어지게 된다. 구체적인 한자 간화 방법은 다음과 같다.

획을 줄인 것	龟(龜), 鱼(魚)
고체자를 대체한 것	气(氣), 无(無), 云(雲), 从(從), 个(個)
원자의 특정부위만 남긴 것	声(聲), 习(習), 医(醫), 乡(鄉)
동음자로 대체한 것	几(幾), 丑(醜)
성부(声符)를 간단한 동음자로 고친 것	钟(鍾), 灯(燈), 迁(遷)
초서를 해서화한 것	东(東), 车(車), 专(專)
간단한 부호로 복잡한 편방을 대신한 것	鸡(雞), 观(觀), 难(難)
새로운 형성자를 만든 것	础(礎)
새로운 회의자를 만든 것	尘(塵), 宝(寶)

⑥ 중국어 발음은 어떻게 표기하였을까?

영어와 한국어는 모음과 자음의 음운규칙이 있어 의미를 몰라도 읽는 데는 전혀 문제가 없다. 중국어는 다른 언어와 달리 문자가 존재하기 때문에 해당 문자의 음을 모르면 읽어낼 수 없다. 문자의 음을 알기 위해서는 발음기호가 필요하다. 현대중국어에서 한어병음이 바로 이러한 발음체계이며, 21개(영성모, 반모음 제외)의 성모(声母)와 35개(er 제외)의 운모(韵母)로 구성되어 있다.

1. 독약법(读若法), 직음법(直音法)

발음체계의 필요성은 고대중국어에서도 예외가 아니었다. 한나라 때는 독약법과 직음법을 사용하였다. 모두 같은 소리를 내는 쉬운 동음자(同音字)를 활용하여 어려운 글자의 음을 나타내는 방식이다. 독약법은 "A读若(读如/读为)B(A는 B와 같이 발음한다)"의 형식으로 나타낸다. 동한 말에 출현한 직음법은 "A音B(A의 음은 B이다)"의 형식을 지녔다.

이 둘은 모두 한대에 경전 주석을 위해 고안되었다. 그러나 동음자가 없거나 동음자가 어려운 글자일 경우에는 음표기가 어렵다는 단점이 있다.

2. 반절(反切)

독약법이나 직음법보다 진일보한 '반절법'이라는 발음체계가 동한시대에 출현하였다. 반절법은 글자의 의미와 무관한 순수한 음(音) 표기법으로, 산스크리트 표기법에 영향을 받아 탄생하였다. 음을 알고자 하는 글자를 '피절자(被切字)'라 하고, 우리말 초성에 해당하는 성모를 나타내는 글자를 '반절상자(上字)', 우리말 중성과 종성에 해당하는 운모를 나타내는 글자를 '반절하자(下字)'라고 한다. 반절법은 바로 반절상자와 반절하자를 결합하여 음을 표기하는 방식이다. 형식은 'A, BC反' 혹은 'A, BC切'로 나타낸다.

피절자	반절상자(성모)	반절하자(운모)	표기
东[dong]	德[d]	红(ong)	东, 德红反(혹은 切)

'东'의 음은 '德'의 성모인 [d]와 '红'의 운모인 [ong]의 합음인 [dong]이라는 음임을 알 수 있다. 직음법이나 독약법에 비해 상당히 과학적이다. 그러나 제작시기 차이, 제작자의 자의성, 제작 지역에 따라 피절자와 반절의 독음에 차이가 생길 수 있다는 단점이 있다.

3. 주음부호(注音符号)와 한어병음

19세기 중반 영국인 토머스 프랜시스 웨이드(Thomas Francis Wade) 경이 만들고 1892년 허버트 자일스(Herbert Allen Giles)가 완성한 '웨이드-자일스 표기법(Wade-Giles system)'이 탄생하였다. 영어 사용자의 영어식 중국어 표기법이라 할 수 있다. 영어의 알파벳을 모방한 것으로, 이후 '국어로마자병음방식(国语罗马字拼音方式)', '라틴화신문자(拉丁化新文字)' 등의 노력을 거쳐 현재 사용하는 한어병음의 탄생에 큰 영향을 미쳤다.

1918년 중국(당시 중화민국) 교육부는 장타이옌(章太炎)이 만든 음 표기 방식을 정식으로 채택하였다. 이 표기법은 여러 번 수정을 거쳐 1931년 '주음부호(注音符号)'라는 이름으로 탄생하였다. 현재 타이완에서 사용한다. 중화인민공화국 수립 이후 1958년 마침내 현재 중국에서 사용하는 '한어병음방안'이 공표되었다.

Chapter 05

중국의
사상과 종교

❶ 전란 속에 피어난 꽃 제자백가(诸子百家)

　제자백가는 진나라 이전, 즉 선진(先秦) 시기에 활동했던 학술사상가와 학파를 일컫는 말이다. '제자'는 노자, 장자, 공자, 묵자 등 선진 시기에 활동한 여러 학파의 창립자 혹은 대표 인물을 가리킨다. '백가'는 유가, 도가, 묵가, 법가 등 선진 시기의 각종 학파를 가리킨다. 후대에는 이 제자와 백가를 합쳐 '제자백가'라 부르게 되었다. 춘추전국 시기에 이르자 주(周)나라는 국가 통제력을 상실하였고 제후국들은 천하를 제패하고자 극렬하게 싸웠다. 이러한 사회적 분위기 속에서 지식인들은 혼란한 사회를 바로잡을 수 있는 정책을 만들고 학파를 형성하였다. 당시 형성된 수많은 학파는 서로 활발히 논쟁하며 다양한 정책을 제시하였다. 이른바 '백가'들이 앞다투어 논쟁한다는 '백가쟁명(百家争鸣)'의 시대가 펼쳐진 것이다.

노자　　　　장자　　　　공자　　　　맹자

순자　　　　묵자　　　　한비자

1. 백가쟁명과 12개 학파ᵀᴵᴾ

　제자백가 중 주요 학파로는 음양가, 유가, 묵가, 명가, 법가, 도가, 종횡가, 잡가, 농가, 소설가, 병가, 의가 등이 있다. 제자백가의 사상을 기록한 '백가서'는 처음부터 책으로 완성된 것은 아니었다. 처음에는 단편의 짧은 글들이었으나 후대의 제자들이 자료를 수집하고 편집하여 책으로 완성하면서 내용이 수정되거나 첨삭되기도 하였다. 백가서 중에는 『장자』나 『맹자』와 같이 온전하게 전해지는 저서도 있지만, 전달 과정에서 유실되어 이름만 남아 있는 경우도 있다.

(1) 음양가(阴阳家)

천문관직에서 유래한다. 우주 만물의 생성과 변화발전이 음양오행으로 이루어졌다는 음양오행(阴阳五行)설을 주장하였다. 대표 인물로 추연(邹衍)이 있고, 주요 저서로는 『추자(邹子)』, 『추자종시(邹子终始)』 등이 있었으나 전하지 않는다.

(2) 유가(儒家)

교육관직에서 유래한다. 인의(仁义)와 예악(礼乐)을 숭상하였으며, 인정(仁政)과 덕치(德治)를 주장하였다. 대표 인물로 공자, 맹자, 순자(荀子)가 있으며 주요 저서로 『논어』, 『맹자』, 『순자』가 있다.

(3) 묵가(墨家)

사당관리직에서 유래한다. 모든 사람이 평등하며 똑같이 사랑해야 한다는 겸애(兼爱)를 주장하였다. 대표 인물은 묵자(墨子)와 전구(田鸠)가 있으며 주요 저서로 『묵자』가 있다. 흔히 '극단적 이기주의'로 불리는 양주(杨朱)의 학설과 대비하여 '극단적 박애주의'라고 평가받는다.

(4) 명가(名家)

의례관직에서 유래한다. 논리 학파로, 이름과 실제가 하나가 되어야 한다는 명실합일(名实合一)을 주장하였다. 대표 인물로 혜시(惠施)와 공손룡(公孙龙)이 있으며 주요 저서로 『공손룡자(公孙龙子)』가 있다.

(5) 법가(法家)

법리관직에서 유래한다. 법으로 나라를 다스려야 한다는 법치(法治)를 주장하였다. 대표 인물로 한비자, 상앙, 이사가 있으며 주요 저서로 『한비자』가 있다.

(6) 도가(道家)

문서관리직에서 유래한다. 인위적인 것에 반대하는 무위자연(无为自然)을 주장하였다. 대표인물로 노자, 장자, 열자(列子)가 있으며 주요 저서로 『노자』, 『장자』, 『열자』가 있다.

(7) 종횡가(纵横家)

외교관직에서 유래한다. 전략가인 종횡가가 여러 나라를 돌아다니며 정치적 책략을 설파하였다. 대표 인물로 소진(苏秦), 장의(张仪)와 이 둘의 스승으로 알려진 귀곡자(鬼谷子)가 있다. 주요 저서로는 『귀곡자』가 있다. 소진은 합종설을 주장하였고 장의는 연횡설을 주장하였다.

(8) 잡가(杂家)

국정자문직에서 유래한다. 제자백가의 학설을 받아들여 이를 종합하였다. 특히 도가를 숭상하면서 동시에 유가, 묵가, 명가, 법가의 장점을 받아들였다. 대표 인물로 여불위(吕不韦)가 있으며, 주요 저서로 『여씨춘추(吕氏春秋)』가 있다.

(9) 농가(农家)

농업관리직에서 유래한다. 농업을 사회의 근본으로 보았다. 대표 인물로 허행(许行)이 있으며, 주요 저서로 『신농(神农)』이 있었으나 전하지 않는다.

(10) 소설가(小说家)

패관(稗官)에서 유래한다. 이들은 민간의 풍속이나 정사를 살피기 위해 야사나 전설을 수집하고 기록하는 일을 하였다. 대표 인물로 우초(虞初)가 있으며, 주요 저서로 『우초주

설(虞初周说)』이 있었으나 전하지 않는다.

(11) 병가(兵家)

군사관리직에서 유래한다. 군사학이나 용병술을 논하였다. 대표 인물로 손무(孙武)와 손빈(孙膑)이 있으며, 주요 저서로 『손자병법(孙子兵法)』과 『손빈병법(孙膑兵法)』이 있다.

(12) 의가(医家)

의술관직에서 유래한다. 양생(养生)과 의약에 대해 연구하였다. 대표 인물로 편작(扁鹊)이 있으며, 주요 저서로 『편작내경(扁鹊内经)』과 『편작외경(扁鹊外经)』이 있었으나 전하지 않는다.

② 도덕적 이상을 꿈꿨던 공자와 유학

공자가 창립한 유가는 전국시대부터 명·청시대에 이르기까지 계승과 발전을 거듭하였다. 제자백가 중에서 가장 많은 사상가와 학파를 배출하였으며, 중국 사회에 가장 큰 영향을 미친 주요 사상이다.

1. 인(仁)과 예(礼)를 외친 공자

공자의 이름은 구(丘)이며 자는 중니(仲尼)이다. 노나라[산둥성 취푸]에서 태어났다. 젊어서 정치에 뜻을 두었으나 벼슬길이 여의치 않았다. 50대에 대사공(大司空)과 대사구(大司寇)의 벼슬을 지냈다. 정치에서 물러난 후에는 제자들과 함께 10여 년간 여러 나라를 돌아다니며 정치적 이상을 실현하고자 하였다. 하지만 뜻을 이루지 못하고 고향인 노나라로 돌아왔고, 3년 후인 기원전 479년경에 세상을 떠났다.

고향으로 돌아온 공자는 『시경(诗经)』, 『서경(书经)』, 『역경(易经)』, 『예기(礼记)』, 『춘추(春秋)』 등을 정리하고 편찬하였다. 공자는 후학 양성에도 힘을 기울였는데, 공자와 제

공자

자의 언행을 기록한 어록집이 바로 『논어』이다. 총 20편으로 구성된 『논어』에는 공자의 정치주장과 윤리사상, 도덕관념, 교육원칙 등이 들어 있다.

공자는 '인'을 제일 중시하였다. '인'은 사람을 사랑하는 어진 마음을 말한다. 유가는 인을 인간이 실현해야 할 최고 도덕규범으로 보았다. 『논어』에서는 인을 실천하는 다양한 방법을 제시한다. 그 가운데 효제(孝悌)는 부모에 대한 효도와 형제간의 우애이며, 충서(忠恕)는 자신의 마음으로 미루어 남을 헤아리는 것을 말한다. 공자는 '인'과 함께 '예'도 중시하였다. '예'는 질서, 제도, 문물, 예법을 총칭하는 사회규범을 말한다.

공자는 '예'는 '인'을 바탕으로 한다고 보았다. 즉 인간의 본성인 '인'이 겉으로 드러난 것이 '예'라고 생각했다. 그래서 예를 실천하는 방법으로 "자신의 욕심을 극복하여 사람이 본래 지녀야 할 예로 돌아간다"는 '극기복례(克己复礼)'를 강조하였다. 유가는 인과 예를 실천한 사람을 성인, 군자라 하였고, 인과 예로 다스려지는 나라를 이상적인 국가로 여겼다.

2. 유학의 계승과 발전

(1) 선진유학: 맹자와 순자

공자 사후 공자 사상을 계승한 제자 가운데 맹자와 순자가 대표적이다. 맹자의 이름은 가(轲)이며 자는 자여(子舆)이다. 전국 시기 추(邹)나라[산둥성 쩌우청시(邹城市)]에서 태어났으며 공자와 함께 '공맹'으로 불린다. 맹자는 공자의 '인' 사상을 중시하였으며 이를 기초로 "인간의 본성은 선하다"는 성선설(性善说)을 주장하였다. 그는 인간의 도덕성에는 인(仁), 의(义), 예(礼), 지(智)의 사단(四端)이 있다고 보았다. 사단 중 인의 시작점은 측은하게 여기는 마음인 측은지심(恻隐之心)이고, 의의 시작점은 부끄러워하는 마음인 수오지심(羞恶之心)이다. 예의 시작점은 사양하는 마음인 사양지심(辞让之心)이고, 지의 시작점은 옳고 그름을 판단하는 마음인 시비지심(是非之心)이다. 맹자는 여기에 백성을 귀히여겨야 한다는 민본사상을 제기하며 '인의'의 덕을 바탕으로 한 '왕도정치'를 주장하였다.

순자는 이름이 황(况)이고 자는 경(卿)이다. 전국 시기 조(赵)나라[산시성 안쩌현(安泽县)]에서 태어났다. 순자는 "인간의 본성이 악하다"는 성악설(性恶说)을 주장하였다. 그는 인간의 선천적 도덕성을 부인하고 후천적 환경과 교육을 중시하였다. 순자는 공자의 '예' 사상을 중시하였는데 사회적 규범인 예법(礼法)으로 나라를 다스려야 한다는 예치설(礼治说)을 주장하였다.

(2) 한대유학: 금문경학과 고문경학

중국 최초의 통일국가를 세운 진(秦)나라는 법가사상을 채택하고 분서갱유를 단행하였다. 사상이 엄격하게 통제되어 유학 또한 크게 위축되었다. 그러나 한나라에 이르러 유학이 국교가 되면서 유학은 새로운 흥성기를 맞이하게 된다. 무제는 황로[黄老, 황제와 노자]사상을 배척하고 중앙집권체제를 강화하기 위해 유학을 국가의 정치이념으로 삼았다. 그는 유학자 동중서(董仲舒)**TIP**를 등용하였으며, 교육기관인 태학(太学)을 설립하고 오경박사(五经博士)를 두어 유실된 유학서적을 복원하고 해석하도록 하였다. 경서(经书)를 연구하는 학문인 경학(经学)은 한대에 '금문(今文)경학'과 '고문(古文)경학'으로 나뉜다.

금문경학은 분서갱유 이후 사라진 유가경전을 암기로 복원한 뒤 한대에 통용되던 문자인 예서로 기록한 경전, 즉 "지금 통용되는 문자로 기록한 경전"을 연구하는 것이다. 동중서와 오경박사를 대표로 하는 금문경학은 한나라 왕조의 권위를 확립하기 위해 음양오행설과 결합되었고, 후한 광무제 때에는 참위(谶纬)설과 결합되어 흥행하였다. 그러나 비합리적이고 신비주의적인 경향이 농후하여 점차 쇠퇴하였다.

고문경학은 공자의 옛집 벽을 허물다가 벽 속에서 발견된 유가경전을 연구하는 것을 말한다. 선진시대에 사용한 대전(大篆)체의 '옛 문자로 기록된 경전'이라는 의미에서 고문경학이라고 한다. 유향(刘向)이 고문경서를 정리하였고 유흠(刘歆)에 이르러 고문경학이 본격화된다. 유흠은 고문경학을 통해 왕망의 신왕조 건국을 돕기도 하였다. 왕망의 신나라가 멸망하면서 고문경학의 기세가 잠시 주춤하였으나 반고와 왕충(王

TIP

동중서
전한의 사상가이자 정치가인 동중서는 한 무제에게 유학으로 국가를 통치할 것을 건의하였다. 동중서의 사상은 유학을 기본 사상으로 하면서 음양오행사상과 제가백가의 사상을 부분적으로 흡수하였다. 대표적 사상은 "하늘과 인간이 서로 감응한다"는 '천인감응설(天人感应说)'이다. 동중서는 황제의 1인 통치를 강화하기 위해 "왕권은 신에게서 부여받는다"는 '군권신수설(君权神授说)'을 주장하였다. 그리고 동시에 왕권의 남용을 막는 방법으로 "가혹한 군주에게는 하늘이 벌을 내린다"는 '재이설(灾异说)'을 내세웠다. 대표 저서로 『춘추번로(春秋繁露)』와 『천인삼책(天人三策)』이 있다.

充) 등이 실사구시(实事求是) 정신에 입각하여 고문경학을 발전시켰다. 후한의 정현(郑玄)이 고문경학을 위주로 하면서 금문경학의 학설을 종합하여 한나라의 경학을 집대성하게 된다.

(3) 당송유학: 훈고학과 성리학

후한 말에는 외척과 환관의 세력다툼으로 황권이 약화되어 정치가 매우 혼란하였으며, 유학의 폐단과 한계가 드러나게 되었다. 위진남북조 시기에는 왕조의 혼란과 흥망이 거듭되면서 사람들은 유학보다는 노장(老庄)의 현학(玄学)이나 인도에서 전래된 불교에 관심을 갖게 되었다. 당나라에 이르러서는 불교와 도교가 번성하고 유학이 상대적으로 침체되었지만, 유학에 대한 연구와 부흥운동 또한 새롭게 일어난다. 한유(韩愈)의 고문운동은 송대에 성리학이라는 신유학이 탄생되는 데 영향을 미쳤다.

① 당대의 훈고학(训诂学)과 한유(韩愈)

당나라 초반에는 경전연구에 치중하는 훈고학이 발달하였다. 과거시험 중 유가경전과 주석을 암송하는 명경과(明经科)가 있었는데, 당시 유교경전은 문자나 주해 등에서 통일되어 있지 않았다. 따라서 당태종의 칙명으로 안사고(颜师古)에게 오경을 교정한 『오경정본(五经定本)』을 만들게 하였고, 공영달(孔颖达)에게는 오경의 주석서인 『오경정의(五经正义)』를 제작하게 하여 유가경전을 통일했다. 훈고학에 의거하여 만들어진 이 저서들은 명경과의 교과서로 사용되었으며 경전해석의 기본 문헌이 되었다.

중당(中唐)에 이르러 유학은 사상 측면에서 발전을 이루게 된다. 유가의 부흥을 도모한 대표적인 사람이 한유이다. 안사의 난 이후 국가기강이 흔들리고 사회적 혼란이 야기되자 한유는 유학을 통해 사회질서를 바로잡고자 하였다. 그는 요순(尧舜)으로부터 공자와 맹자까지 선왕의 도가 전승되었음을 설명한 '도통론(道通论)'을 내세우며 정치사상의 개혁을 주장하였다. 그리고 당시에 만연한 불교와 도교의 허무관을 맹렬히 비판하였다. 한유는 "문장에는 유가의 도가 담겨야 한다"는 '문이재도(文以载道)'를 강조하며 고문운동을 제창하였다. 「원도(原道)」, 「원성(原性)」, 「원훼(原毁)」 등의 산문에 한유의 유가사상이 잘 드러나 있다.

② 송대의 성리학(性理学)

송대에는 인간의 본성과 우주의 원리를 밝히는 데 중점을 둔 유교철학이 연구되었다. 이를 성리학이라 한다.**TIP** 송나라 초기, 중앙집권제를 강화하고 사회질서를 확립하는 데 유리한 유학이 중시를 받았지만, 상품경제와 과학이 발전되었기 때문에 기존의 유학이론으로는 시대의 요구에 부응할 수 없었다. 이에 당시 사회에 적합한 새로운 유학인 성리학이 탄생하게 된다.

성리학은 우주의 기본원리와 인간의 심성을 '이(理)'와 '기(气)'의 개념으로 설명한 '이기론(理气论)'을 주장하였다. 성리학에서 '이'는 우주 만물의 본원이며 만물생성의 근원이다. 따라서 인간은 모두 '이'를 갖고 태어나는데 그것이 바로 인간 본연에 존재하

성리학의 다양한 이름

"인간의 본성(性)이 바로 천리(理)"라는 성즉리(性即理) 이론에서 성리학이라는 이름이 붙여졌다. 대표 유학자의 이름을 붙여 주자학(朱子学)이나 정주학(程朱学)이라고도 한다. 송대에 발생했다 하여 송학(宋学)이라고도 하고, 핵심 이론에 의거해 이학(理学)이나 도학(道学)이라고도 한다. 또 발생 시기와 이론을 합쳐 송명이학(宋明理学)이라고도 한다. 이전의 유학과 다른 새로운 유학이라는 의미에서 신유학(新儒学)이라고도 한다.

는 착한 본성이라는 것이다. 한편 '기'는 만물을 이루는 요소로, 기가 모이고 흩어져 우주 만물이 생성·소멸된다고 보았다. 그리고 '기'에는 청탁(清浊)과 경중(轻重)의 차이가 있기에 사회에는 차별적 위계질서가 존재하고, 인간에게는 선과 악이 공존한다고 생각하였다.

주희

인간에게 존재하는 악을 없애고 인간 본래의 선한 본성으로 돌아가기 위해 성리학은 "공손히 거하며 사물의 이치를 궁구한다"는 '거경궁리(居敬穷理)'의 도덕적 인격 수양법을 제시하였다. 거경궁리는 주자학의 두 가지 수양방법으로 '거경'은 몸과 마음을 공손히 하는 내적 수양을 말하고 '궁리'는 만물의 이치인 천리를 깊이 연구하고 정확히 아는 외적 수양을 말한다.

또한 인간의 악함이 욕심에서 비롯되었다고 보아 "천리를 지키고 인욕을 없앨 것(存天理, 去人欲)"을 강조하였다. '이'를 철학의 최고 범주로 삼은 성리학은 송의 주돈이(周敦颐), 장재(张载), 정호(程颢), 정이(程颐)를 거쳐 남송의 주희(朱熹)에 이르러 집대성된다. 송대의 성리학은 불교와 도교의 반사회성과 비윤리성 등의 공허함을 지적하며 이단으로 배척하였지만, 불교와 도교의 형이상학적 요소를 부분적으로 차용하여 유교이론을 확립했다.

(4) 명·청유학: 양명학과 고증학

몽골족이 지배한 원나라는 라마교를 신봉하였으며 한족을 멸시하였다. 이에 유학은 침체 국면을 맞게 된다. 그러나 한족 왕족인 명나라가 건국되면서 한족 문화가 재건되었다. 『사서』, 『오경』, 『성리대전(性理大全)』이 편찬되고 주자학을 비롯한 전통학문이 부흥하기 시작했다. 명대 중엽에는 왕양명이 양명학을 확립하여 명대 중후기의 유학을 주도하게 된다. 청나라는 만주족 왕조였음에도 원나라와 달리 한족 문화의 전통을 인정하였다. 유학의 경우 송명유학의 공리담론을 비판하며 실증적인 고증학이 유학의 발전을 이끌었다.

① 명대의 양명학(阳明学)

명대에는 성리학이 관학으로 중요한 위치를 차지하였다. 그러나 성리학을 지나치게 추종하는 교조주의로 기울어, 이론적 지식과 경전에 집착하는 폐단이 생겨났다. 이에 왕수인(王守仁)은 성리학을 비판하며 양명학(阳明学)을 주창한다. 왕수인은 지금의 구이저우성 구이양시(贵阳市)로 귀양 와서 양명동굴에 머문 적이 있기 때문에 그를 왕양명이라 칭한다. 양명학이라는 명칭 또한 여기서 유래하였다.

양명학은 왕수인이 집대성하였기에 왕학(王学)이라고도 하고, 마음을 중시하기에 심학(心学)이라고도 한다.

왕양명의 사상적 기초는 남송의 육구연(陆九渊)에서 비롯된다. 성리학이 '성즉리'를 핵심사상으로 하였다면 육구연은 '마음이 곧 천리'라는 '심즉리(心即理)'를 핵심사상으로 하였다. 그는 "내 마음이 우주요, 우

양명동굴

주가 내 마음(宇宙便是吾心，吾心便是宇宙)"이라고 하여, 인간의 본성이 아닌 주체적인 마음속에 만물의 본원인 천리가 존재함을 강조하였다. 왕수인은 육구연의 심학(心学)을 계승 발전시켰다. 그는 "마음 밖에는 하늘의 이치가 없다(心外无理)"고 하여, 인간의 마음이 바로 하늘의 이치인 '천리'라고 보았다. 그리고 천리가 욕심에 가려지지 않도록 수양하는 방법으로 '양지(良知)**TIP**'를 다할 것을 주장하였다. 양지란 선과 악을 아는 능력을 말한다. 왕양명은 인간에게는 '양지'가 있기 때문에 바로 행동으로 실천한다고 보아 '지행

합일(知行合一)'을 강조하였다. 이는 앎과 행함을 분리하여 앎이 먼저이고 행함이 나중이라는 '선지후행(先知后行)'을 주장한 성리학의 지식탐구에 편향된 폐단을 비판한 것이다. 왕양명의 사상은 그의 저서 『전습록(传习录)』에 잘 나와 있다.

② 청대유학: 고증학(考证学)

청나라의 관학은 성리학이었다. 하지만 도덕성만을 다룬 성리학은 현실과 동떨어진 공허한 담론이라는 비판이 제기되었다. 한편 만주족이 세운 청왕조는 한족 지식인을 회유하고 그들을 통제하기 위해 편찬사업과 같은 문화사업에 동원하였다. 이에 황종희(黄宗羲), 고염무(顾炎武), 왕부지(王夫之) 등의 학자들이 실용주의적 관점에서 문헌연구를 시작하였다. 이들은 옛 경서를 객관적이고 실증적으로 연구하여 현실 문제를 해결하고자 하였다. 하지만 고증학자의 학문연구는 시간이 갈수록 현실정치와 거리가 먼 문헌자료 연구에 몰두하였다. 또한 고전의 주석과 훈고에 치우쳐 정치적·사회적 문제 해결책을 제시하지 못했다.

청나라 중후반에 이르면 『공양전』을 바탕으로 『춘추』를 해석하는 '공양학' 연구가 성행한다. 청나라 중기 상주(常州)금문경학파는 금문으로 된 『공양전』을 표준으로 삼아 공자의 정치사상을 연구하였는데, 이 때문에 이들의 학문을 '공양학'이라 한다. 청 말 현실개혁을 주장한 궁쯔전(龚自珍), 웨이위안(魏源), 캉유웨이(康有为) 등은 모두 공양학을 연구하였다. 공양학 연구자들은 기존 고증학의 비(非)정치성을 비판하며 현실 인식과 개혁을 이끄는 학문을 강조하였다. 또 『공양전』에 담긴 공자의 정치사상으로 청나라의 현실을 파악하고 개혁하고자 하였다. 청나라 말기에 이르러 열강의 중국 침략에 무기력함을 느낀 중국의 사상가 중에는 서양 학문의 필요성을 인식한 이들도 있었다. 장즈둥(张之洞)의 '중체서용론(中体西用论)'과 탄쓰퉁(谭嗣同)의 '동도서기론(东道西器论)'이 그것이다. 이들은 중국 학문을 본체로 삼고 서구 학문을 도구로 삼는다는 이론으로 성리학을 기반으로 한 유교적 질서를 지키면서 서양의 우수한 군사·과학기술은 수용할 것을 주장하였다.

③ 자유로운 삶을 추구한 노자와 도가

유가와 함께 중국사상을 이끈 도가사상은 인간의 자연본성에 중점을 두고 있다. 노자를 창시자로 한 도가는 후에 유가나 불교에 영향을 주기도 하고 받기도 하면서 중국인의 주요 사상으로 남아 있다.

1. 무위자연(无为自然)을 주창한 노자(老子)

노자는 도가학파의 창시자이다. 성은 이(李), 이름은 이(耳), 자는 담(聃)이다. 춘추말기 초나라에서 태어났다. 노자는 장서를 관리하는 수장실(守藏室)에서 사관으로 일했다. 만년에 함곡관을 지나다가 함곡관의 관령이었던 윤희(尹喜)가 저서를 부탁하자 책한 권을 지어주고는 홀연히 그곳을 떠났다. 이 책이 바로 『노자』이다. 『노자』는 상편인 도경(道经)과 하편인 덕경(德经)으로 구성되어 있어 훗날 『도덕경』이라고 불리게 되었다.

노자

노자는 '도'를 우주의 본체이자 만물의 근원이며 운행의 법칙으로 보았다. 그리고 인간이 인위적으로 만든 윤리도덕이나 법령과 같은 사회규율에 구속받는 것을 반대하였다. 그는 세속적인 욕심을 버리고 사회적 구속에서 벗어나 자연의 법칙에 따르는 무위자연의 삶이야말로 도에 이르는 길이자 인간이 지향해야 할 삶의 방식이라고 보았다. 노자는 무위자연의 실천방법을 물에 비유하여 상선약수(上善若水)라 하였다. 즉 물처럼 만물을 이롭게 하지만 다투지 않고, 스스로 낮은 곳으로 임하는 '부쟁(不争)'과 '겸허(谦虚)'를 강조하였다.

또한 노자는 정치에도 의견을 제시하였다. 그는 최고 정치란 무위지치[无为之治, 무위의 다스림]라고 보았다. 무위지치란 인위적인 다스림 없이 자연의 순리에 따라 저절로 다스려지는 무위의 정치를 말한다. 그리고 작은 나라에 적은 수의 백성이 무욕과 무위를 실천하며 소박하게 살아가는 국가를 이상국가로 보았다.^{TIP}

유가사상과 도가사상의 비교

구분	유가사상	도가사상
주창자	공자(기원전 551~기원전 479)	노자(기원전 579~기원전 498)
계승자	맹자(기원전 372~기원전 289)	장자(기원전 369~기원전 286)
핵심 사상	인의와 예의	무위자연
삶의 자세	사회규범을 준수하는 도덕적인 삶	현실초월의 자유로운 삶
이상형	도덕인격을 완성한 자: 성인(圣人), 군자(君子)	물아일체에 이른 자: 지인(至人), 신인(神人)
수양 방법	도덕수양: 인과 예의 실천	심신수양: 허정, 현람, 심제, 좌망
사상 발전	성리학과 양명학	청담과 현풍

2. 도가의 전승과 발전

(1) 선진 시기의 도가: 장자(庄子)

장자는 성은 장(庄)이고 이름은 주(周)이며 자는 자휴(子休)이다. 송나라에서 태어났다. 출세에 욕심이 없어서 칠원성(漆园城)의 말단 관직을 지냈다. 장자는 노자의 사상을 계승 발전시켜 노자와 함께 노장(老庄)이라 불린다.

장자의 저서인 『장자』는 내편 7편, 외편 15편, 잡편 11편 등 총 33편으로 구성되어 있다. 이 가운데 내편은 장자가 저술하였고, 나머지는 후인이 쓴 것으로 본다. 장자는 노자의 사상을 계승·발전시켰다. 그는 노자와 마찬가지로 '도'를 우주의 본체요 천지만물의 운행규율이라 보았으며, 무위자연을 통해 도를 체득하는 것이 인간의 최고경계라고 보았다. 그는 도를 깨닫는 수양 방법으로 심재(心斋)와 좌망(坐忘)을 제시하였다. 심재는 일체의 잡념을 버리고 마음을 깨끗이 하는 것이고, 좌망은 조용히 앉아 자신의 존재마저도 잊어버리는 상태를 말한다.

한편 장자는 인간의 자유로운 삶에 매우 관심이 많았다. 그는 어떠한 외물에도 얽매이지 않고 자연의 본성에 따르는 절대 자유의 경지를 추구하였다. 장자는 유유자적하는 정신경계를 '소요유(逍遥游)'라고 표현하였다. 그리고 장자는 인간의 선입견과 편견에 따른 차별의식을 비판하였다. 또한 그는 모든 사물은 시비, 선악, 미추, 귀천의 구별이 없다고 보았다. 이에 의거해 장자는 "모든 사물의 가치는 동등하다"는 '제물론(齐物论)'을 제기하였다. 제물론은 상대적 인식과 판단에서 벗어나 만물의 본질인 도의 관점에서 사물을 인식할 때, 만물과 내가 하나 되는 물아일체(物我一体)의 경지에 이를 수 있다고 설명한다.

(2) 한대도가: 황로학(黄老学)과 도교(道教)

가혹한 법치주의를 실행한 진나라가 멸망하고 한나라가 세워지자 무위(无为)를 주장한 황로학파의 사상이 주목을 받게 된다. 황로(黄老)란 전설상의 임금인 황제와 도가의 창시자 노자를 가리킨다. 황로학파는 노자사상을 바탕으로 하면서 황제의 법가적 내용을 융합하였다. 이와 동시에 음양가, 유가, 묵가의 관점도 수용하였다. 그들의 사상은 전한 초기 문제와 경제에 의해 통치적 지위를 차지하게 된다. 황로학파는 '청정무위(清静无为)'로 나라를 다스려 백성을 평안하게 해야 한다는 정치사상을 주장하며 통치 질서를 공고히 하였다. 청정무위는 통치자가 마음을 깨끗이 하고 무위로 국가를 다스린다는 것이다. 그러나 사회적으로 안정을 회복한 무제 때 통치이념이 유학으로 바뀌면서 황로학파의 정치적 영향력은 점차 약화된다.

전한 말에 이르면 황로사상이 종교적 성향을 띠면서 민간에 퍼지게 된다. 사람들은 황제와 노자를 신선으로 추앙하였는데, 특히 노자를 도의 화신이라 여기며 최고신으로 숭배하게 된다. 여기에 음양, 오행, 참위, 방술 등이 가미되면서 종교적 성격인 '도교'가 성행하게 되었다. 후한 시기에 만들어진 도교 교단으로 태평도(太平道)와 오두미도(五斗米道)가 있다. 태평도는 중국 최초의 도교 교단으로 장각(张角)이 창립하였다. 장각은 정치적 암흑기에 백성이 고통을 겪는 것을 보며 황제 때처럼 착취와 억압이 없고, 기아와 질병이 없으며 사기꾼과 도적이 없는 태평세상을 만들고자 하였다. 황건적의 난을 일으켰으나 장각의 죽음으로 세력이 쇠퇴하면서 난이 진압되었다. 한편 장도릉(张道陵)이 창시한 오두미도는 신도가 처음 등록할 때 쌀 다섯 말을 바쳤기 때문에 오두미도라고 한다. 그는 영혼을 정화하고 선행하면 병을 치료하고 신선이 될 수 있다고 설파하였다.

(3) 위진남북조: 현학과 청담

① 현학(玄学)

위진 시기는 정치적 세력다툼과 이민족의 침략으로 사회적 혼란이 심화되었다. 이러한 혼란 속에서 유가사상에 회의를 느낀 지식인들은 현실 문제를 해결하기 위해 도가사상에 관심을 갖게 되었다. 이것이 위진 시기에 유행한 철학사조인 '현학'이다. 현(玄) 자는 '현묘하다, 심원하다'는 의미이다. 『노자』 제1장에서 우주생성의 근원인 도의 심원함과 변화막측함을 형용한 '현묘하고 또 현묘하다(玄之又玄)'에서 연원한다. 위진 시기의 대표적 현학가로는 하안(何晏), 왕필(王弼), 완적(阮籍), 혜강(嵇康), 향수(向秀), 곽상(郭象) 등이 있으며, 남북조 시기 남조에서 더욱 성행하였다.

② 청담(清谈)

위진 시기에 노장을 숭상한 지식인 가운데에는 노장의 심오한 이치, 즉 현리(玄理)를 담론하는 청담 풍조가 일어났다. '청담'은 세속적 가치를 초월한 철학적 담론으로, 청언(清言) 혹은 현언(玄言)이라고도 한다. 속세를 떠나 자연에 은거하면서 청담을 즐긴 사람들 가운데 대표적인 이들이 '죽림칠현(竹林七贤)'이다. 유영, 완적, 혜강 등 7인의 명사가 대나무 숲에 모여 담론을 즐겼기에 '죽림칠현'이라 부르게 되었다. 죽림칠현은 유교의 가치를 부정하고 노장의 자연사상을 숭상하였다. 따라서 무위정치를 이상으로 보았고 개인의 개성과 자유가 존중되어야 한다고 생각하였다. 하지만 담론의 내용이 지나치게 초현실적이고 형이상학적이어서 공허한 경향을 띠었으며 현실도피적인 측면도 있었다.

죽림칠현

(4) 당나라 이후: 도가의 쇠퇴화

당나라는 왕족이 도교를 숭상하여 도교가 국교가 되었다. 노자가 태상현원황제(太上玄元皇帝)로 봉해졌고 도가 저서인 『노자』, 『장자』, 『열자(列子)』 등은 경서가 되었다. 또 현학의 인재를 배양하는 학교인 숭현관(崇玄馆)을 세워 도가사상을 교육하였다. 송나라 또한 도가사상을 매우 중시하였다. 『황제내경(黃帝內経)』과 『도덕경』을 대경(大経)으로 삼았고, 『장자』와 『열자』를 소경(小経)으로 삼았다. 북송의 휘종(徽宗)은 『도덕경』에 직접 주석을 달 정도로 노자사상에 관심을 가졌으며, 송나라의 도가사상은 성리학의 발전에도 영향을 미쳤다. 그러나 명·청대를 거치면서 주자학이 막강한 지위를 차지하자 도가사상은 힘을 잃어갔다. 도가사상가들은 권력으로부터 멀어져 주로 민간에서 활동하였으며, 더는 철학적인 발전을 하지 못했다. 그 대신 종교적 색채를 지닌 도교가 민중의 생활에 깊은 영향을 미쳤다.

➤ 당나라 때 건축된 도교사당 바이원관(白云观)

④ 내세관을 인식하게 한 불교

한나라 때 서역에서 들어온 불교는 중국의 철학, 종교와 융합하며 중국에 뿌리내렸다. 외래종교가 아닌 중국 종교로 탈바꿈하여 왕실과 민중의 지지를 받으며 중국 사회의 중요한 종교가 되었다.

1. 실크로드를 통해 들어온 불교

한무제 때 중국과 서역의 여러 나라를 연결하는 동서교역로가 개척되면서 중국은 서역[지금의 티베트]과 교류하게 되었다. 당시 서역에는 인도로부터 불교가 전파되었는데 서역에 전파된 서역불교가 실크로드를 통해 중국으로 전래되었다. 『삼국지』에 따르면 기원전 2년경에 경려(景庐)가 불경을 구전(口传)으로 전수받았다고 한다. 후한 말에는 서역으로부터 불경을 가져와서 한자로 번역하기 시작했다. 또 중국 최초 사찰인 바이마쓰(白马寺, Báimǎsì, 백마사)가 건립되었다.

바이마쓰

한대에 불교가 처음 들어왔을 때는 유가에 배척받았다. 그러나 불교의 인과응보설과 윤회사상이 당시 사람들에게 정신적 위안을 주었다. 그리고 황로사상이나 도교가 불교와 상통하는 면이 있어 서로 영향을 주고받으면서 점점 중국 사회에 침투하게 되었다.

2. 불교의 중국화와 발전

(1) 위진남북조 불교

위진 시기 현학이나 청담에서 다룬 노장의 무(无)사상은 불교의 공(空)사상과 상통하는 면이 있었다. 당시 도가의 명사(名士)들은 불교의 '공'사상에 깊은 관심을 가졌다. 이러한 과정을 거치면서 불교는 상류층에 빠르게 전파되었다. 하지만 위나라와 서진 시기의 불교 활동은 여전히 불경 해석에 집중되어 있었다.

불교는 남북조 시기에 이르러 크게 발전한다. 특히 끊임없는 전쟁을 치른 북방의 호족들은 불교의 힘을 빌려 혼란한 국가를 보호하고자 하였다. 이들의 불교 장려 정책으로 다양한 불경이 번역되었고 많은 불교사원이 건립되었다. 또한 수많은 승려가 배출되었으며 승려가 정치에 참여하기도 하였다. 승려 도안(道安)은 초기 중국 불교의 기초를 확립하였고, 그의 제자 구마라습(鳩摩罗什)은 불경을 쉽게 풀이함으로써 불교의 안정과 확대에 기여하였다. 이 시기에는 왕실의 보호 아래 불교가 더욱 확대 발전하였다. 북조의 불교는 상류층에서 민간에 이르기까지 확대되었으며, 윈강(云岗, Yúngāng, 운강)석굴과 같은 대규모 석굴이 만들어졌다. 남조에서는 노장사상에 의거하여 불교의 교리를 이해하는 격의불교(格义佛教)가 성행하였으며, 주로 귀족사대부에게 전파되었다.

원강석굴

(2) 수당 시기의 불교

수당 시기는 중국 불교의 흥성 번영기라 할 수 있다. 중국을 통일한 수문제는 불교를 국교로 채택하였으며, 사원을 건립하고 민간인의 출가도 허용하였다. 수문제 시기에 불경의 번역과 연구가 활발했으며, 인도 불교에서 탈피하여 중국적 관점과 문제의식에서 불교를 해석하기 시작하였다. 승려 지의(智顗)가 천태산(天台山)에 머물면서 『법화경(法华经)』을 연구하고 교리를 만들어 중국 문화에 기반을 둔 천태종(天台宗)을 창건하였다.

당나라 때는 왕실의 불교 보호정책으로 중국 불교가 독자적인 면모를 갖추며 크게 번성하였다. 국가 주도 아래 많은 불상이 조각되고 불교 벽화가 그려졌으며 법상종, 정토종, 화엄종, 선종, 밀교 등 여러 불교 종파가 생겨났다. 현장(玄奘)은 당태종 때 인도를 순례하고 불경을 장안으로 가져와 75부 1,335권을 번역하였는데 그 덕분에 체계적이고 완정한 번역서들이 나왔다. 그는 또한 인도 여행 경험을 담은 『대당서역기』도 지었다.

사원에서는 승려가 불교 고사를 이야기하며 불경을 쉽게 설명해주는 '속강(俗讲)'이 개설되었다. 속강으로 불교 보급이 더욱 빨라지게 되었으며, 민중들 사이에서는 미륵신앙이나 관음신앙과 같은 신앙으로 자리 잡았다. 미륵신앙은 미래의 부처인 미륵이 나타나 세상을 구원한다는 신앙이고 관음신앙은 관세음보살이 중생을 구제한다는 신앙이다. 하지만 744년 안녹산의 난이 일어난 후 국가 기강을 확립하기 위해 유교가 부흥하면서 불교는 배척되었다. 당 말 무종(武宗)은 불교를 배척하여 주요 사찰 몇 개만 남기고 모두 없앴으며 승려를 환속시키고 사찰의 토지를 몰수하였다.

서유기에 나오는 현장법사

(3) 송대 이후의 불교

5대10국의 혼란 시기를 통일한 송나라는 불교로 민심을 안정시키고자 불교 부흥에 힘을 쏟았다. 승려의 출가를 장려하였고 사찰의 토지세를 면제해주었다. 승려를 서역으로 보내 불경을 구해오게 하였으며 조칙을 내려 대장경을 간행하게 하였다. 세계 최초의 목판대장경인 『촉판대장경(蜀板大藏经)』이 간행되었으며 이를 필두로 많은 대장경이 인쇄되었다. 송나라의 불교는 깨달음을 중시한 선종(禅宗)이 교세를 확장하였다. 하지만 성리학이 융성하면서 불교는 큰 발전을 이루지 못하게 된다.

원나라 초기에는 조정에서 선종의 승려들이 큰 힘을 행사하였다. 승려가 원나라의 전장(典章)제도를 제정하였고 불교로 몽골인을 다스리고자 하였다. 그러나 쿠빌라이 칸 때 티베트에서 라마교가 들어와 국교가 되면서 중국 불교는 정치적인 힘을 잃게 된다. 주목할 것은 민간에서는 라마교나 선종보다 도교가 널리 퍼졌다는 것이다. 명나라는 억불숭유(抑佛崇儒) 정책을 펼쳤지만 왕실에서는 불교를 숭상하였다. 청나라는 황실이 라마교를 신봉하여 라마교 보급에 주력하였다. 황궁인

옹화궁에서 향불을 피우고 기도하는 사람들

옹화궁(雍和宮)을 라마교 사원으로 바꿀 정도로 라마교 신앙이 독실했다.

중국의 불교는 송대 이후로는 수·당대처럼 불교 논쟁이 활발히 이뤄지거나 교세가 크게 확장되지는 못했지만 여전히 왕실이 앞장서서 불교를 장려하였다.

⑤ 장구한 역사만큼 다양한 중국의 종교

중국은 한족 이외에 55개 소수민족이 있다. 소수민족은 인구가 많지는 않지만 다양한 민족만큼이나 종교 또한 다양하다. 예부터 믿어온 원시종교까지 고려한다면 중국의 종교는 헤아릴 수 없이 많다. 현재 중국공산당은 여러 종교 가운데 불교, 도교, 이슬람교, 천주교, 개신교의 다섯 종교만 합법적인 종교로 인정하고 있다.

1. 중국의 종교 현실

1949년 중화인민공화국 건국 이후 마오쩌둥은 강력한 종교 통제정책을 시행하였다. 국가정책에 호응하는 종교를 제외한 종교단체는 토지를 몰수당했고 종교 활동이 금지되었다. 특히 1966년부터 1976년까지의 문화대혁명 기간에는 사상 정화라는 명목 아래 대대적인 종교탄압이 가해져 거의 모든 종교 활동이 금지되었다고 해도 지나친 말이 아니다. 1978년 덩샤오핑의 개혁개방정책이 실시되면서 비로소 종교정책은 완화되기 시작

한다. 종교단체의 종교 활동이 허용되었고 종교 서적의 출판간행도 부분적으로 허용되었다.

현대 중국은 헌법에 종교 신앙의 자유를 허용한다고 명시하고 있다. 또한 중국인은 다양한 종교를 믿는다. 하지만 중국정부는 기본적으로 종교가 공산당과 사회주의 제도에 도움이 되어야 한다고 생각하기 때문에 중국공산당이 각 종교단체와 협회를 모두 관리하며 종교 활동을 지도·통제하고 있다.

2. 중국의 5대 종교

중국의 종교별 신도 수에 대한 정확한 통계는 파악하기 어렵다. 다만 중국인 80% 이상이 무신론자이다. 불교, 도교, 이슬람교, 천주교, 개신교는 조사기관에 따라 신도 수의 많고 적음에 차이가 있다.

(1) 불교

불교는 한나라 때 들어온 외래종교이다. 하지만 오랜 세월을 걸쳐 중국의 전통문화를 근간으로 한 종교로 진화하면서 오늘날까지 중국 역사와 함께하고 있다. 상류층에서부터 일반 백성까지 광범위하게 보급되었던 불교는 다른 종교와 마찬가지로 중화인민공화국 건립 이후 종교 활동을 제한받았다. 개혁개방 이후 종교 활동을 시작하였으며 불경 편찬과 불교학 연구, 승려 양성 등에 주력하게 된다. 현재 중국 불교는 대승불교, 라마교, 상좌부불교의 세 개 종파로 나뉘어 있다. 대승불교는 서역을 거쳐 중국에 들어온 불교로, 한자로 된 불경을 사용하며 한족들이 믿는다. 라마교는 네팔을 거쳐 중국에 전해진 불교로, 티베트어로 된 불경을 사용하며 티베트 지역에서 믿는다. 상좌부불교는 스리랑카를 중심으로 퍼진 불교로, 코다마 붓다가 사용한 팔리어로 된 경전을 사용하는데 주로 윈난 지역에서 믿는다. 중국 각 민족의 불교 모임인 중국불교협회가 베이징의 광지쓰(广济寺, Guǎngjìsì, 광제사)에 있다.

광지쓰

(2) 도교

중국의 민족종교인 도교는 후한의 태평도와 오두미교로 시작된다. 태평도는 황건적의 난으로 사라졌고 장도릉을 시조로 하는 오두미교는 장도릉 사후에 그의 자손이 교주의 지위를 계승하며 교세를 확장하였다. 남북조 시기에 오두미교는 북위의 북천사도(北天師道)와 남위의 남천사도(南天師道)로 나뉘어 각각 활동하였으며 이때 교리가 체계적으로 정리되었다. 도교를 국교로 삼은 당나라 때는 도사 왕원지(王远知)와 반사정(潘师正)이 북천사도와 남천사도를 통합하고 국가의 도교 정책을 이끌었다. 남송 때는 새로운 도교 교파인 신도교(新道教)가 활동하였고, 명나라 때에는 화베이의 전진교와 강남의 정일교(正一教)가 그리고 청나라 때에는 정명도(净明道)가 국가의 통제 속에 주로 활동하였다.

도교사원과 도사들

1949년 중화인민공화국이 건국된 이후 도교의 종교 활동은 금지되었다가 개혁개방 이후 다시 시작되었다. 도교사원에는 3명의 신(神)인 삼청(三清)을 최고신으로 모시고 있다. 이밖에도 옥황을 보좌하는 4명의 신(神)인 사어(四御)와 민간전설의 8명의 신선인 팔선(八仙) 등 다양한 신을 모시고 있다. 현재 중국도교협회는 베이징의 바이윈관에 있고, 중국의 대표 도관으로는 뤄양의 상칭궁(上清宫, Shàngqīnggōng, 상청궁)이 있다.

(3) 이슬람교

이슬람교는 7세기 중엽 아랍인과 페르시아인이 중국과 무역에 종사하면서 전래되었다. 당시 당나라에는 유·불·도 삼교가 성행하였기에 이슬람교는 쉽게 정착하지 못했다. 이슬람교도는 송·원 때에 중앙아시아를 거쳐 중국의 서북쪽으로 이주하였다. 특히 원나라 때에는 이슬람교에 대해 관용정책을 펼쳐 많은 이슬람교도가 중국에 정착할 수 있었다. 이때 교방(教坊)이라는 독립된 이슬람교도 거주 지역이 만들어졌다. 명대에는 이슬람 경

시닝에 있는 동관청진대사(东关清真大寺)
중국 서북 지역 4대 이슬람 사원 중 하나

전과 아랍어를 가르치는 경당교육이 행해져 『정교진전(正教真诠)』, 『청진지남(清真指南)』과 같은 경전 해석과 저술 활동이 활발해졌다. 청대에 이르러 이슬람교의 4개 학파가 형성되었는데 이 가운데 최고 영수가 교방을 관할하였다.

중화인민공화국이 건국된 이후 회족자치구와 웨이우얼자치구에만 제한적으로 이슬람교를 허용하였으나, 문화대혁명 시기에는 이슬람교를 포함한 모든 종교 활동이 전면 중단된다. 개혁개방 후에야 이슬람 사원인 청진사(清真寺)에 성직자들이 복귀하면서 종교 활동이 재개된다. 이슬람교도는 집단으로 거주하며, 거주지에는 이슬람 사원인 청진사가 있어 이를 중심으로 무슬림 사회를 형성하고 있다.

(4) 기독교

천주교는 당태종 치하인 635년경 지금의 터키 이스탄불인 콘스탄티노플의 대주교였던 네스토리우스의 가르침을 신봉하던 일파인 네스토리우스파가 중국에 전했다. 당시 당나라 사람들은 네스토리우스파 기독교를 '경교(景教)'라고 불렀다. '빛의 종교'라는 의미이다. 왕실의 옹호를 받은 '경교' 선교사들은 경전의 번역과 포교에 힘썼다. 경교 사원인 십자사(十字寺)가 전국에 세워지기도 하였다. 무종(武宗) 때 경교가 배척되면서 선교사들이 추방되었다. 당나라 때 제작되었다가 땅에 묻혀 있던 「경교비(景教碑)」[01]가 1623년 발견되었고, 마테오리치와 함께 활동하던 선교사들이 비문 독해에 많은 역할을 하였다.

경교비

---

01 경교의 교리를 담은 비석으로 대진경교유행중국비(大秦景教流行中国碑)라고 한다.

원나라 때에는 천주교(로마 가톨릭)가 들어와 왕실과 상류층에 전파되었다. 당시 사람들은 가톨릭을 '야리가온(也理可溫)'이라 불렀다. 원나라 때는 선교 활동이 활발하였지만 원이 몰락하면서 가톨릭 교세도 힘을 잃었다. 명나라 때는 마테오리치를 포함한 예수회 선교사들이 중국에서 선교 활동을 하였다. 청나라 때는 제사와 공자숭배 문제로 예의(礼仪) 논쟁이 벌어지자 천주교 금교령이 내려지고 선교사들이 추방되는 등 선교 활동이 제한되었다.

아편전쟁 후 선교금지가 해제되고 종교 활동이 활발해졌지만 중화인민공화국 수립 이후에는 정부의 종교 탄압으로 선교 행위가 금지되었다. 하지만 개혁개방 이후 종교 신앙 자유 정책에 따라 천주교당이 개방되고 신부가 양성되었으며 신도 수도 급속히 늘어났다. 천주교의 모든 활동은 중국 '천주교애국회'에서 한다. '천주교애국회'에 소속되지 않은 가톨릭교회를 속칭 '지하교회'라고 하는데 이들은 비밀리에 활동한다.

중국의 개신교는 1807년 영국 선교사 로버트 모리슨(Robert Morrison)이 광저우로 몰래 들어와 선교하면서 시작되었다. 로버트 모리슨은 『성경』을 중국어로 번역 출판하였다. 1830년에는 미국인 선교사 브릿지맨(Elijan Coleman Bridgman)이 광저우로 와서 중국 최초의 개신교 단체를 만들었다. 그는 중국 최초의 영자신문인 『중국총간(中国丛刊)』을 출간하여 서방에 중국을 소개하였다. 당시에는 선교가 금지되었기 때문에 선교사나 신도 수도 많지 않았고 선교 활동도 미약하였다. 아편전쟁 이후 선교 금지가 해제되면서 비로소 여러 나라의 선교사가 들어와 교육, 의료, 출판, 자선 등의 활발한 전도 사업을 하게 되었다. 1851년부터 1864년까지는 태평천국이 기독교 교리를 통치이념으로 삼아 창장강 이남 지역을 통치하기도 했다. 하지만 19세기 말 서양의 침탈에 불만을 품은 보수적 관료와 민중이 의화단운동을 일으켜 선교사와 교인이 다수 피살되기도 하였다.

중화인민공화국 건국 이후 개신교는 천주교와 마찬가지로 외국의 기독교단체나 로마 교황청에 소속되지 않음을 선언한 '삼자선언(三自宣言)'을 하여 공산당의 기독교 혁신 운동에 동참하였다. 여기서 '삼자'란 중국 교회의 국외 종교단체로부터의 독립인 자치(自治), 중국 교회 재정의 정부나 국외종교단체로부터의 독립인 자양(自养), 중국 교회 전도사의 전도 및 교리 설명인 자전(自传)을 말한다. 개혁개방 후에는 모든 개신교 활동이 '중국기독교삼자애국운동회'의 주도하에 이루어졌다. '기독교삼자애국운동회'에 등록하지 않은 비(非)인가 교회를 '가정교회'라고 한다.

TIP

중국인의 생활 속 금기와 미신

- 중국인이 좋아하는 숫자 8: 8의 중국어 발음 바(bā)가 '돈을 벌다'는 뜻의 '파차이(发财)'의 파(fā)와 발음이 비슷하기 때문이다.
- 중국인이 싫어하는 숫자 4: 4의 중국어 발음 쓰(sì)가 '죽다'는 의미의 중국음 쓰(死 sǐ)와 발음이 같기 때문이다.
- 중국인들이 좋아하는 선물 사과와 술: 사과의 중국음 핑궈(苹果)의 핑(píng)이 '평화'의 중국음 허핑(和平)의 핑(píng)과 같고, 술의 중국음 주(酒)가 '오래 산다'의 중국음 주(久, jiǔ)와 같기 때문이다.
- 중국인들이 싫어하는 선물 시계와 우산: '시계를 선물하다'의 중국음 쏭중(送钟)이 '임종을 지켜보다'의 중국음 쏭중(送终, sòngzhōng)과 같고, 우산의 중국음 위싼(雨伞)의 '싼'이 '헤어지다'의 중국음 싼(散, sǎn)과 같기 때문이다.
- 중국인이 좋아하는 색 – 빨간색: 고대 중국에서는 빨간색이 사악함을 물리친다고 믿었으며 권력과 부귀를 상징한다고 보았다. 따라서 궁전과 묘당을 붉은색으로 칠하였고 관리의 제복도 빨간색으로 하였다. 심지어 중국 국기도 빨간색이다. 현재도 붉은색은 경사, 열정, 혁명, 상서로움 등을 상징한다.
- 중국인들이 싫어하는 색 – 흰색, 검은색, 녹색: 흰색과 검은색은 죽음을 의미하기 때문에 전통 혼례복으로는 흰색이나 검은색 옷을 입지 않는다. 그러나 요즘 결혼식에서는 대부분 흰색 웨딩드레스를 입기도 한다. 녹색은 옛날에 직업이 천한 사람들이 입었던 색이다. 원나라 때 홍등가 일을 돕던 남자들이 녹색 두건을 썼기에 녹색 모자를 쓰면 아내가 바람난 걸 모르는 남자를 의미하게 되었다. 따라서 중국 남자들은 녹색 모자를 쓰지 않는다.

중국 베이징에 있는 성 요셉 가톨릭 성당

중국인의
먹거리

❶ 중국인은 음식을 하늘로 삼는다

맹자는 일찍이 "백성은 먹는 것을 하늘로 삼는다(民以食为天)"라는 명언을 남겼다. 중국인의 실용적인 사상을 집약적으로 보여주는 대목이라 할 수 있다. 실제로 중국인은 역대로 먹는 것에 대해 대단한 집착을 보여주었다. 선진 시기부터 이미 꼬치구이를 하거나, 진흙으로 싸서 굽거나, 쪄서 먹거나, 삶아 먹거나, 회를 쳐서 먹는 등 수많은 음식 조리법이 등장했으며, 한대에는 이미 면요리가 본격적으로 등장한다.

당대와 송대에 이르러서는 각종 만두, 떡뿐만 아니라 오리, 사슴, 토끼 등의 각종 고기를 재료로 한 요리가 식탁을 풍성하게 하였다. 원대에는 구이 요리가 크게 유행했으며, 명대에는 옥수수, 감자, 설탕이 등장했고, 청대에는 베이징오리구이, 상어지느러미 요리, 곰발바닥 요리 등 희귀한 음식을 선보이기도 했다. 그야말로 '날아다니는 것 중에는 비행기, 네 발 달린 것 중에는 책상 빼고 다 먹는다'는 말을 실감하게 한다.

중국의 음식문화는 시대를 거듭하며 더욱 발전하게 되는데, 이는 현재에도 여전히 진행형이다. 즉, 같은 재료이지만 지방마다 요리법이 각각 다르며, 부단히 새로운 요리를 선보이고 있다. 그래서 중국인 사이에는 '태어나서 중국 음식을 다 못 먹어보고 죽는다'라는 이야기가 있을 정도이다.

❷ 중국의 4대 요리

1. 공자의 고향 산둥의 루차이(鲁菜, Lǔcài)

산둥 지역은 우리나라에서 서해를 건너면 바로 도달하는 곳이다. 산둥은 춘추전국시대에 노나라의 땅으로, 유가의 창시자인 공자의 고향이다. 그래서 산둥성을 '루(鲁)'라고 약칭하며, 산둥 지역의 요리를 '루차이'라고 부른다. 산둥은 우웨(五岳, Wǔyuè, 오악)의 하나인 타이산을 안고 있고, 동쪽으로는 보하이(渤海, Bóhǎi, 발해), 북쪽으로는 허베이, 남쪽으로는 허난, 안후이, 장쑤 등의 성과 이웃하고 있다. 이렇듯 산과 바다가 모두 있는 산

등 지역은 육지와 바다에서 공급되는 풍부한 물산이 넘치는 곳이기에 자연히 음식문화가 발달하게 되었다. 또한 공자와 맹자의 탄신지로 비롯되는 유가문화의 전통 속에서, 산둥은 전통적인 중국 문화를 대표하는 지역이 되었다.

(1) 루차이의 특징과 대표요리

공자의 고향에서 비롯된 유가문화 속에서 루차이는 북방을 대표하는 요리로, 산둥 지역뿐 아니라 베이징과 둥베이(东北) 지역에 이르기까지 폭넓게 발전한다. 루차이는 명·청대에 궁정요리로 자리매김하면서 산둥 출신의 많은 요리사가 황궁의 궁중요리사가 되었다. 그리고 이들은 후에 '만한취안시(满汉全席, Mǎn Hàn quánxí, 만한전석)'**TIP**의 구심점이 되었다.

루차이는 소금, 파, 마늘을 기본으로 사용하고 원재료 맛을 살리는 것에 중점을 둔다. 또한 유가문화의 발상지답게 음식을 먹는 절차와 형식에 치중한다. 예를 들어 산둥 취푸의 공자 가문을 중심으로 형성된 음식인 쿵푸(孔府, Kǒngfǔ, 공부) 요리의 경우, 음식문화의 예절을 강조하고 반드시 은테를 두른 자기를 사용한다. 만주족이 건국한 청나라의 황제들이 특히 쿵푸를 자주 방문했다. 이에 쿵푸는 자연스럽게 중국 음식의 본고장이 되었으며 루차이는 궁정요리로 자리매김할 수 있었다. 대표적인 루차이에는 다음과 같은 요리가 있다.

TIP

만한취안시

만시(满席)와 한시(汉席), 즉 만주족과 한족의 연회 요리를 합쳐 부르는 말이다. 만주족이 세운 청나라 초기에는 만시와 한시가 구분되어 있었다. 강희제의 60세 생일을 맞이하여 중국 각지에서 65세가 넘은 노인 2,800명을 황궁으로 초청하여 만시와 한시를 한꺼번에 차리게 했는데, 이것이 만한취안시의 효시가 되었다. 만한취안시는 한 번에 상을 차리는 것이 아니다. 하루에 두 번씩 사흘에 걸쳐 연회상을 차린다. 이 사흘 동안 제비집, 상어지느러미, 해삼, 전복, 곰발바닥, 사슴 힘줄 같은 산해진미를 올린다. 만한취안시에는 연회를 통해 만주족과 한족의 융합을 구현하고자 한 청나라 통치자의 정치적 의도가 담겨 있다.

① 탕추황허리위(糖醋黃河鲤鱼, tángcù huánghé lǐyú)

탕추황허리위는 '달콤새콤한 탕추소스를 얹은 황허의 잉어요리'라는 뜻이다. 특히 후이취안러우(匯泉楼, Huìquánlóu)는 탕추황허리위 요리를 잘하기로 소문이 났는데, 황허강의 잉어를 연못에 길러 손님이 직접 고르게 한 다음 그 자리에서 바로 잡아서 상에 올렸다고 한다.

탕추황허리위

② 바셴궈하이나오뤄한(八仙过海闹罗汉, bāxiān guòhǎi nào luóhàn)

상어지느러미, 해삼, 전복, 어골(鱼骨), 새우, 부레, 아스파라거스, 훈제고기 등 여덟 가지 재료와 닭고기로 요리한 쿵푸의 대표요리다. 바셴은 위의 여덟 가지 재료이며 뤄한은 닭고기를 가리킨다. 팔선을 상징하는 여덟 가지 재료를 원 모양으로 빙 두르고 가운데에 나한

바셴궈하이나오뤄한

을 상징하는 닭고기를 놓았다. '바셴궈하이나오뤄한'이라는 이름은 팔선, 즉 여덟 신선이 바다를 건너며(过海) 소란을 일으켜(闹) 나한(罗汉)을 성가시게 하다'라는 의미이다. 고대 중국의 전설에 따르면 여덟 신선이 각지에서 모여 여신 서왕모(西王母)의 연회에 참가했다고 한다. 이와 마찬가지로 전국 각지의 사람들이 쿵푸에 모여 잔치를 즐기는 일을 요리 이름으로 비유한 것이기도 하다. '나오'는 여덟 신선이 '시끄럽게 소란을 피운 만큼' 쿵푸 또한 사람들로 시끌벅적한 것을 표현한 것이다.TIP

TIP

이핀서우타오(一品寿桃, yìpǐn shòutáo)
역대로 공자의 후손에게는 연성공(衍圣公)이라는 작위를 세습케 하여 쿵푸에서 열리는 공자 관련 제례를 주관하게 하였다. 이렇듯 공자의 가문과 유가의 전통은 국가 차원에서 중시하였다. 따라서 연성공의 생일 또한 쿵푸의 중요한 행사 중 하나였다. 연성공의 생일에는 특별히 장수를 기원하는 '수(寿)' 자가 새겨진 복숭아 모양 대추 빵이 올려졌다. 복숭아는 중국에서 장수를 상징하는 과일이다. 여신 서왕모는 한 알을 먹으면 삼천 년을 산다는 반도원(蟠桃园)을 가지고 있었는데, 바로 이 반도원의 복숭아가 이핀서우타오라는 음식을 통해 장수를 기원하는 상징으로 사용된 것이다.

2. 요리 국가대표 광둥의 웨차이(粵菜, Yuècài)

사계절 따뜻한 날씨와 풍부한 강수량, 곳곳에 자리 잡은 푸른 산과 유유히 흐르는 주장강, 그 속에서 싹을 틔우는 기름진 땅과 온갖 풍부한 물산. 이곳이 바로 하늘이 내린 자연환경을 간직한 광둥 지역이다. 광둥은 북동쪽으로는 푸젠, 북쪽으로는 장시와 후난, 서쪽으로는 광시좡족자치구, 남쪽으로는 홍콩·마카오와 이웃해 있다. 한나라 이전부터 광둥 지역은 베트남의 조상격인 월족(越族)과 교류하면서 자신들만의 독자적 문화를 형성했다. 그래서 광둥성을 약칭하는 '웨(粵, Yuè)'는 월족(越族) 또는 월족(粵族)의 땅이라는 의미에서 파생되었다. 이는 광둥 지역 음식인 웨차이에 한족의 음식문화뿐 아니라 남방 월족의 음식문화도 섞여 있음을 뜻한다. 이렇듯 남북의 음식문화가 융합된 웨차이는 아편전쟁 이후 홍콩과 마카오를 통해 들어온 서구의 음식문화와 또 한 번 융합한다. 그리고 웨차이는 화교 네트워크를 통해 전 세계로 전파되어 세계 어느 나라 사람의 입맛에도 맞는, 중국 음식의 국가대표로 불리게 되었다.

(1) 웨차이의 특징과 대표요리

1,500여 년 전 쓰인 『회남자』에는 웨차이에 사용되는 식재료의 다양함과 요리법의 특이함이 기록되어 있다. 이는 오래전부터 중국인 스스로 웨차이의 특수성을 인지했음을 뜻하는 것이다. 이 책에서는 웨차이가 "담백하면서도 싱겁지 않고(淸而不淡), 신선하면서도 평범하지 않으며(鮮而不俗), 부드러우면서도 날것은 아니고(嫩而不生), 기름지면서도 느끼하지 않다(油而不膩)"라고 하면서 요리의 색깔, 향기, 맛, 형태를 중시한다고 했다. 현대에 와서 웨차이는 "날개 달린 것은 비행기, 다리 달린 것은 의자만 빼고 다 먹는다"라는 말이 만들어진 것처럼, 다양한 식재료를 사용한다. 흔히 웨차이 베스트 쓰리로 삶은 개고기, 참새찜, 뱀탕을 꼽으며 이들을 '광둥의 세 보배(广东三宝)'라고 부른다. 대표적인 웨차이로는 다음 요리가 있다.TIP

홍샤오루거(红烧乳鸽, hóngshāo rǔgē)

광둥 사람들은 "비둘기 한 마리를 먹는 것이 닭 아홉 마리보다 낫다(一鸽胜九鸡)"라고 이야기한다. 식용으로 길러진 비둘기를 사용하는데, 반드시 비둘기 머리가 온전하게 달린 채 통째로 조리하거나, 머리 부분을 함께 요리해서 식탁에 올린다. 홍샤오루거는 루수이[卤水, lǔshuǐ, 밑국물]에 삶아서 다시 튀기기 때문에 뼈도 버리지 않고 먹는다. 어린 남자아이에게는 비둘기 백숙을 보양식으로 먹이기도 한다.

톈수간(田鼠干, tiánshǔ gān)

톈수(들쥐)도 웨차이의 훌륭한 식재료이다. 겨울철에 톈수를 잡아서 껍질과 털을 벗긴 뒤 간과 심장만 남긴 채 내장 등을 제거한다. 그리고 쌀겨를 이용하여 톈수고기를 노란색이 되도록 훈연하면 육포처럼 되어 오래 보관할 수 있다. 톈수간을 요리할 때는 먼저 톈수 육포를 물에 불린 뒤 돼지고기와 곁들여 조리하는데, '톈수 육포가 돼지고기값'이라는 말이 있을 정도로 톈수간은 야들야들하고 신선한 식감으로 유명하다.

① **바이체거우러우**(白切狗肉, báiqiē gǒuròu)

바이체거우러우는 삶은 개고기 편육이라고 생각하면 된다. 레이저우(雷州, Léizhōu, 뇌주) 지역에서 즐겨 먹는다. 광둥 지역에서는 개고기를 '싼류탕(三六汤)'이라고도 한다. 숫자 3에 6을 더하면 9가 되는데, 9의 발음이 개고기를 뜻하는 구(狗)와 유사하기 때문이다.

바이체거우러우

② **쥐췌**(焗雀, júquè)

쥐췌는 참새찜 요리로, 늦가을에서 초겨울 사이에 잡은 허화췌(禾花雀, héhuāquè)라는 참새를 재료로 하여 만든 음식이다. 이 요리는 1990년대까지는 광둥의 포산(佛山, Fóshān, 불산) 지역에서 열린 '참새요리 축제'에서 지역 특산음식으로 해마다 선보였다. 그러나 지금은 참새가 보호야생동물로 지정되어 음식점에서 주문할 수 없다.

쥐췌

③ 바전후이셔겅(八珍烩蛇羹, bāzhēn huìshégēng)

광둥 지역에는 오래전부터 뱀을 별식으로 즐기는 음식문화가 있었다. 그래서 지금도 광둥에는 뱀 전문 음식점인 셔찬관(蛇餐馆, 사찬관)이 여러 곳 있으며 그 가운데 셔왕만(蛇王满, 사왕만)이라는 음식점이 가장 유명하다. 셔왕만은 19세기 말 우만(吴满)이라는 사람이 문을 열었는데 우만은 매일 뱀 한 마리를 먹는 습관이 있었으며 90여 세까지 건강하게 살았다고 한다. 웨차이 뱀요리 가운데 바전후이셔겅이 대표적인데, 신선한 뱀

바전후이셔겅

고기와 여러 가지 버섯, 진피, 해삼, 생강 등을 넣어 끓인 수프 형태다.

④ 바이체지(白切鸡, báiqiējī)

바이잔지(白斩鸡, báizhǎnjī)라고도 한다. 닭을 통째로 백탕(白汤)으로 대강 삶은 뒤에 작은 조각으로 자른 요리이다. 만들기 쉽고 원재료의 맛을 잘 보존하여, 닭요리 중 가장 보편적인 요리라고 할 수 있다. 생강이나 파를 곁들여 먹기도 한다.

바이체지

⑤ 메이차이커우러우(梅菜扣肉, méicài kòuròu)

우리나라의 시래기 비슷한 메이차이와 간장에 절인 삼겹살찜이라 할 수 있다. 삼겹살과 파의 흰 부분과 생강 등을 넣고 30분 정도 끓인 뒤에 프라이팬에 기름을 두르고 익힌 삼겹살을 굽는다. 그리고 진간장을 부어 돼지껍질이 황금색이 되도록 조린 다음 적당한 두께로 썬다. 시래

메이차이커우러우

기는 갖은양념을 넣고 볶다가 조린 다음 삼겹살을 시래기 위에 얹은 후 찜통에 넣고 찐다. 이렇게 만들어진 메이차이커우러우는 짭조름하면서 달콤하고 기름지지만 전혀 느끼하지 않다.

(2) 딤섬(点心)과 얌차(饮茶)

해가 일찍 뜨고 늦게 지는 광둥 지역에 사는 사람들은 아침에 일어나면 가족이나 친지끼리 차관(茶馆)이나 차루(茶楼)에 모여 주전자에 담긴 따뜻한 차와 두세 종류의 간단한 음식을 먹는다. 이러한 아침식사는 "아침에 차를 마신다"는 뜻으로 '짜오차(早茶, zǎochá)'라고 한다. 때로는 아침을 먹은 뒤에도 계속해서 낮 시간을 차관이나 차루에서 보낸다. 즉 낮이 너무 길어서 생긴 독특한 광둥 스타일의 문화를 광둥어로 딤섬(点心)과 얌차(饮茶)라고 한다. 정확히 말하면 딤섬은 '차관이나 차루에서 먹는 음식'이고 얌차는 '그러한 음식을 먹는 행위'다.

딤섬은 정식요리가 아니라 출출할 때 요기할 정도의 음식이다. 본래 딤섬은 동진 시기에 어떤 장군이 전쟁에서 공훈을 세운 병사들을 치하하려고 민간에서 가장 맛있다고 이름난 떡과 간식을 보낸 일에서 유래했다고 하는데, 그 장군이 병사에게 떡과 간식을 보내면서 이것이 자신의 '마음 한 점밖에 안 되는 아주 작은 성의(点点心意)'라고 했다고 한다. 그 뒤 딤섬은 '간단하지만 맛있는 먹거리'를 지칭하게 되었다고 한다.

얌차는 본래는 '차를 마신다'는 뜻이지만 단순히 차를 마시는 행위만을 의미하는 것은 아니다. 얌차는 '탄차(叹茶)'라고도 하는데, 이는 "차의 맛을 오래도록 음미하며 즐기다"라는 말이다. 즉 긴 낮 시간 동안 향기로운 차를 향유하며 서로 이야기를 나누는 광둥 지역의 음식문화는 광둥 사람들의 사회활동이기도 하다. 대표적인 딤섬으로는 다음과 같은 것이 있다.

① **차사오바오**(叉烧包, chāshāobāo)

차사오바오

돼지고기를 조려서 만든 차사오(叉烧, 차슈)가 소로 들어 있는 만두다. 하가우(새우만두), 사오마이, 에그 타르타와 함께 가장 보편적인 광둥식 딤섬이다.

② **사오마이**(烧卖, shāomài)

밀가루 반죽에 다진 돼지고기를 넣고 꽃모양으로 쪄낸 음식이다. 흔히 꽃만두라고 한다. 사오마이에 대한 기록은 고려시대의 중국어 교과서인『박통사(朴通事)』에도 있다. 이 책에서는 원나라 대도(大都)에서 '소산함초맥(素酸馅稍麦)'이라는 음식을 파는 장면을 묘사했는데, '초맥'이 바로 사오마이다. 사오마이는 본래 북방 지역 음식이었으나 광둥으로 전해져 딤섬의 한 종류가 된 것으로 추정된다.

사오마이

③ 샤자오(虾饺, xiājiǎo)

새우만두인 샤자오는 광둥어 발음인 '하가우'로도 널리 알려져 있다. 일곱 주름이 잡힌 투명한 만두피 안에 새우로 만든 소가 들어 있다.

샤자오

④ 피단서우러우저우(皮蛋瘦肉粥, pídàn shòuròu zhōu)

광둥 지역에서 아침에 흔히 먹는 죽으로, 삭힌 오리알이나 달걀에 기름기 없는 돼지 살코기를 넣어 끓인 죽이다. 광둥어로는 피딴싸오룩쭉이라고 한다.

피단서우러우저우

3. 맵고 얼얼한 쓰촨의 촨차이(川菜, Chuāncài)

쓰촨요리는 쓰촨성과 충칭시를 중심으로 한 요리로, 촨차이라는 약칭으로 많이 불린다. 쓰촨과 충칭은 안개가 많고 습도가 높아 향신료를 많이 쓰고 매운 요리가 발달하였다. 이 지역 음식은 한국 사람이 특히 좋아하는 매운(辣, là, 라)맛으로 유명한데, 단순히 맵기만 하지 않고 자극적인 얼얼한(麻, má, 마) 맛으로 유명하다. 이런 '마라' 맛을 대표하는 음식으로 마포더우푸(麻婆豆腐, mápó dòufǔ), 위샹러우쓰(鱼香肉丝, yúxiāng ròusī), 쏸라탕(酸辣汤, suānlàtāng), 훠궈(火锅, huǒguō) 등을 들 수 있다.

마포더우푸

위샹러우쓰

쏸라탕

마포더우푸의 경우 우리나라에서도 많이 먹는 음식이다. 우리나라의 '마파두부'는 대부분 순한 맛이지만, 쓰촨 지역의 마포더우푸는 산초와 고추를 넣어 얼얼하고 매운맛이 강하다. 한국인이 사랑하는 중국 요리 중 열 손가락 안에 들어가는 것이 위샹러우쓰이다. '위샹'은 '생선의 향'이란 이름과 달리 생선을 사용하지 않는다. 위샹은 쓰촨 사람들이 생선을 요리할 때 비린내를 없애려고 사용하는 소스의 일종이다. 달콤짭짜름하면서도 매운맛과 신맛이 약간 들어 있는, 우리나라에서는 맛볼 수 없는 소스이다. 위샹러우쓰는 위샹소스에 돼지고기를 길게 채 썰어 함께 볶은 요리로 중국 어디서나 접할 수 있는 대중적 음식이다. 쏸라탕의 경우 새콤하면서도 매콤한 맛의 소스에 물과 전분을 넣어 걸쭉하게 만든 요리로 이 역시 많은 사람의 사랑을 받고 있다.

중국식 샤브샤브인 휘궈는 보통 맵고 얼얼한 국물에 각종 채소, 고기, 생선 등을 익혀 먹는 요리로 한국인도 좋아하는 음식이다. 휘궈는 쓰촨휘궈 혹은 충칭휘궈라는 이름으로 중국 전역에서 사랑받고 있다. 보통 홍탕(红汤)이라 부르는 붉은색의 매운 소스를 넣은 탕과 백탕(白汤) 혹은 청탕(清汤)이라 부르는 맵지 않은 탕에 각각 음식을 익혀 먹는 '위안양(鸳鸯 yuānyāng)휘궈'는 태극 모양 솥에 홍탕과 백탕을 따로 담아 취향에 따라 음식을 익혀 먹게 만든 휘궈이다.TIP

위안양휘궈

TIP

중국의 매운 요리

쓰촨 외에 후난과 구이저우에서도 매운 음식을 즐긴다. 이들 지역은 모두 산악 지형에 강우량이 많으며 습도가 높아 여름에는 무덥고 겨울에는 춥기 때문에 예부터 매운 음식을 먹어 몸 안에 쌓인 습기를 배출하였다. 이에 "후난 사람은 매운 걸 두려워하지 않고, 구이저우 사람은 매운 것도 두려워하지 않는데, 쓰촨 사람은 맵지 않을까 두려워한다(湖南人不怕辣, 贵州人辣不怕, 四川人怕不辣)"라는 말이 민간에 퍼져 있을 정도로 이 세 지역에서는 매운 음식을 즐겨 먹는다.

후난요리는 샹차이(湘菜)라 한다. 대표 음식으로는 둬자오위터우(剁椒鱼头)와 마오쩌둥이 즐겨 먹었다는 통삼겹살에 다양한 향신료를 넣어 조리한 훙사오러우(红烧肉) 등이 있다. 구이저우요리는 첸차이(黔菜)라 불리는데, 촨차이의 영향을 받아 맵지만 시큼한(酸) 것이 특징이다. 특히 민물 생선탕의 일종인 시큼한 쏸탕(酸汤)은 구이저우를 대표하는 요리이다.

둬자오위터우

훙사오러우

4. 강남땅 창장강의 미각 쑤차이(苏菜, Sūcài)

"하늘에는 천당이 있고 땅에는 쑤저우와 항저우가 있다(上有天堂, 下有苏杭)"라는 표현이 있을 정도로 중국인들은 강남을 살기 좋은 지역으로 여긴다. 특히 쑤저우가 있는 장쑤성과 항저우가 있는 저장성은 강남을 대표하는 지역이다. 이 지역은 '위미즈샹(鱼米之乡)', 즉 생선과 쌀의 고장이라고 할 정도로 풍요로운 곳으로 손꼽힌다. 쑤차이라고 불리는 장쑤요리의 특징은 섬세함이다. 이곳 요리를 대표하는 조리법에는 뚜껑을 닫고 약한 불에 긴 시간 찌기, 고아내기, 삶기, 뜸들이기 등 장시간의 수고와 세심한 주의를 요구하는 것들이 많다. 재료를 다루는 섬세함과 본질에 대한 충실함은 강남요리의 전반적 특징이기도 하지만 장쑤에서 더욱 두드러진다. 장쑤요리는 다시 난징 중심의 진링차이(金陵菜), 양저우 중심의 화이양차이(淮扬菜), 쑤저우와 우시(无锡, Wúxī, 무석) 중심의 쑤시차이(苏锡菜), 쉬저우(徐州, Xúzhōu, 서주)와 인근 바닷가의 쉬하이차이(徐海菜)로 나눌 수있다. 이들 지역이 장쑤요리의 하위 범주에 속하나 각각의 역사와 체계와 지명도를 자랑한다.

난징은 10개 왕조가 수도로 삼았던 곳으로 '십조도회(十朝都会)'라 불리는 유서 깊은 도시인 만큼 요리 또한 품격이 특히 높다. 섬세하게 칼을 사용하고, 찌거나 뜸 들이는 등의 조리법에 능하며 자극적이지 않고 은은하면서 부드러운 맛을 특징으로 한다. 대표 요리로는 진링옌수이야(金陵盐水鸭)를 들 수 있다.

진링옌수이야

화이양차이는 4대 요리를 꼽을 때 장쑤차이를 제치고 그 자리를 차지할 정도로 명성이 높다. 이 지역 요리는 '국연(国宴)', 즉 국가적인 행사의 잔치 요리로 특히 유명하다. 1949년 10월 1일 중화인민공화국 건국을 선포한 날 저녁 파티 음식으로 화이양차이를 선택했을 정도로 그 위상이 대단하다. 양저우는 과거 소금 전매로 큰 부를 축적한 휘상의 근거지였기에 소비문화가 매우 발달한 곳이다. 돈이 모이는 곳이었기에 그에 따라 음식도 발달했던 것이다. 대표 요리로는 스즈터우(狮子头), 원쓰더우푸(文思豆腐), 중국식 볶음밥인 양저우차오판(扬州炒饭)을 들 수 있다.^{TIP}

스즈터우

원쓰더우푸

양저우차오판

쑤시차이는 쑤저우와 우시 외에 상하이까지를 포괄한다. 이 지역 곳곳에 있는 강과 호수에서 나는 새우, 생선, 게 등을 많이 사용하는데 맛뿐 아니라 그 생김새가 아름다운 것으로도 유명하다. 특히 쏘가리 같은 민물생선에 칼집을 낸 뒤 튀겨낸 모양이 마치 다람쥐처럼 생겼다 하여 쑹수구이위(松鼠桂魚)라고 불리는데 그 맛과 모양이 뛰어나 중국 전역으로 퍼져나갔을 정도로 인기가 많다. 이외에 양청후(阳澄湖)에서 생산되는 민물게를 찐 칭정다자셰(清蒸大闸蟹) 역시 이 지역 대표 요리로 빠질 수 없다.

쑹수구이위

칭정다자셰

TIP

중국 요리 이름의 비밀
중국 요리는 대부분 이름만 들어도 어떤 재료를 어떤 방식으로 조리했으며, 어떤 모양을 갖추었는지 유추해볼 수 있는데 몇몇 음식은 이름과 실제가 연결되지 않는 경우도 있다. 그중 스즈터우는 이름만 보면 '사자 머리'를 요리한 것으로 착각할 수 있는데, 잘게 간 돼지고기에 파, 마늘, 계란 등을 넣어 커다랗게 빚은 완자 요리로 수양제 때 최초로 만들어졌다고 전해진다. 원래는 쿠이화셴러우(葵花献肉)라고 하였으나 커다랗고 거친 완자가 숫사자 갈기를 닮았다고 하여 스즈터우로 불리게 되었다.

❸ 중국의 길거리 음식 풍경

중국인은 대부분 길거리 식당에서 아침을 해결하는데, 대표적인 아침 메뉴로는 젠빙궈즈, 유탸오, 저우, 더우장, 샤오룽바오, 훈툰 등을 들 수 있다.

1. 젠빙궈즈(煎饼果子, jiānbǐng guǒzi)

산둥성 타이안(泰安, Tài'ān, 태안)에서 시작되었다고 알려진 젠빙은 우리나라의 얇은 전이나 서양의 팬케이크 정도에 해당하는 음식이다. 발효한 밀가루를 물에 풀어 달궈진 철판 위에 원형으로 종이처럼 얇게 펴서 익히고 그 위에 계란을 깨트려 입힌 후 톈몐장(甜面酱), 라자오장(辣椒酱) 등 다양한 소스를 취향에 따라 바른다. 다시 그 위에 바삭바삭한 궈비얼(馃篦儿)이나 유탸오(油条)를 올리고 다진 파나 샹차이(香菜) 등을 뿌린 뒤 먹기 좋게 접어준다. 젠빙은 손에 들고 길거리를 걸으며 먹을 수 있고 한 끼를 대체할 수 있을 정도로 포만감이 있어 중국인의 바쁜 아침 메뉴로 많은 사랑을 받고 있다.

젠빙궈즈와 젠빙궈즈를 만드는 모습

2. 유탸오(油条, yóutiáo)

유탸오는 반죽한 밀가루를 기다란 막대 형식으로 튀긴 중국식 꽈배기의 일종이라고 할 수 있다. 갓 튀긴 유탸오는 겉은 바삭하면서도 안은 쫄깃한 특이한 식감과 막 입에 넣었을 때는 맛을 잘 느낄수 없지만 씹을수록 배어 나오는 기름과 밀가루 맛의 조합으로 묘한 매력을 느끼게 한다. 송나라 때의 간신 진회(秦桧)가 충신 악비

유탸오

(岳飞)를 핍박하자 백성들이 유탸오와 유사한 밀가루식품인 유자후이(油炸桧, 기름으로 진회를 튀겨버린다는 뜻)를 만들어 분노를 표시한 데서 비롯되었다고 한다.

3. 저우(粥, zhōu)

중국인은 아침으로 죽을 많이 먹는데 보통 유탸오나 샤오룽바오 등 다른 먹거리와 함께 먹는다. 쌀죽(大米粥), 조죽(小米粥), 녹두죽(绿豆粥) 등 종류가 다양하다. 우리나라 죽보다는 더 묽은 것이 특징이다. 타이완에서는 죽이라는 표현보다는 시판(稀饭, xīfàn)으로 더 많이 불린다.

저우

4. 더우장(豆浆, dòujiāng)

우리의 두유와 비슷한 더우장은 중국인이 즐겨 마시는 음료이다. 약 1,900여 년 전 유안(刘安)은 효심이 지극하였는데 어머니가 병이 나자 매일 황두(黄豆)를 갈아 어머니께 마시게 했으며, 이 음료가 민간에 유행하였다고 한다. 더우장은 취향에 따라 소금 또는 설탕을 넣어 먹고 유탸오를 적셔 먹기도

더우장

한다. 유안이 신선이 되기 위해 연단(炼丹)을 할 때 더우장에 우연히 석고를 넣었다가 두부가 만들어졌다고 한다.

5. 샤오룽바오(小笼包, xiǎolóngbāo)

만두(包子)를 작은(小) 바구니(笼) 속에 넣고 쪘기에 '샤오룽바오'라는 이름이 붙었다. 우리나라에서는 만두를 보통 간장에 찍어 먹지만 중국에서는 고추기름과 생강채를 넣은 천추[陈醋, chéncù, 검은색의 묵힌 식초]에 찍어 먹는 게 일반적이다. 육즙이 많은 중국만두의 고기 비린내를 잡기 위해서이다.

샤오룽바오

6. 훈툰(馄饨, húntun)

훈툰

훈툰은 중국 북방의 민간 전통음식이다. 얇은 밀가루피로 고기 소를 싼 후 이를 물에 끓여 먹는데 대부분 탕과 같이 먹는다. 우리나라의 만둣국과 비슷하지만 만두 크기가 작고 피가 훨씬 얇으면서 하늘하늘하기 때문에 먹을 때 촉감이 부드럽고 좋다.TIP

TIP

만두
'오랑캐(蛮)의 머리(头)'에서 유래했다고 한다. 소설 『삼국지연의』 제91회 「노수(泸水)에서 제사를 올린 뒤 한나라 승상이 군사를 거두어 돌아가고, 중원을 정벌하려는 제갈량이 천자에게 출사표를 올리다」를 보면 제갈량이 남만(南蛮)의 맹획(孟获)을 칠종칠금(七纵七擒)하여 복종하게 한 뒤 노수를 건너 돌아가는 장면이 나온다. 당시 노수는 파도가 거칠고 바람이 거세서 도저히 건널 수 없는 상황이었다. 그러자 맹획이 "사람 머리 49개와 검은 소와 흰 양을 잡아 신에게 제사를 지내면 파도가 가라앉을 것"이라고 제갈량에게 말한다. 제갈량은 전쟁으로 이미 많은 사람이 죽었는데 어떻게 또 사람을 죽일 수 있느냐며 밀가루 속에 소와 양고기를 채워 만두(馒头)라 이름 짓고, 노수에 제물로 바친 뒤 언덕에 올라 제사를 지냈다. 제사가 끝나자 구름이 걷히고 파도가 잔잔해져 제갈량의 군대가 무사히 노수를 건널 수 있었다.
중국에는 만두 종류가 다양하다. 대표적인 것이 앞에서 언급한 샤오룽바오이다. 이 외에도 자오즈(饺子)라고 하는 길쭉한 만두가 있고, 밑은 군만두처럼 바삭하고 윗부분은 촉촉한 성젠바오(生煎包)와 궈톄(锅贴)도 있다. 또 광둥 지역의 딤섬으로 꽃만두라고 불리는 사오마이(烧卖)도 있다. 참고로 현대 중국에서 만터우(馒头)라고 부르는 것은 우리의 만두가 아니라 소가 들어가지 않은 찐빵을 의미한다.

자오즈 　　　　성젠바오 　　　　궈톄 　　　　사오마이 　　　　만터우

4 술에 취하고 차 향기에 빠지고

1. 비즈니스의 필수품: 중국의 술과 문화

예부터 술은 중국인의 삶과 밀접하게 닿아 있었고, 관시(关系)를 맺는 데 없어서는 안 될 중요한 매개체이다. 중국 술의 역사가 언제 시작되었는지 고증하기는 어렵지만 그 기

원설로는 하나라 창건자 우임금 때 의적(仪狄)이라는 사람이 만들었다는 설과 하나라 황제였던 두강(杜康)이 만들었다는 설이 있다. 이백 등 중국의 수많은 문인이 술과 풍류를 주제로 한 시와 작품을 남겼다.

전통적으로 중국 술은 크게 백주(白酒), 황주(黃酒), 약주(药酒)로 나눈다. 최근 들어 맥주와 포도주도 많은 중국인의 사랑을 받고 있다. 백주는 말 그대로 술의 색이 흰색처럼 투명하다고 해서 붙여진 이름이다. 우리가 일반적으로 '빼갈'이라고 하는 술이 바로 백주이다. '빼갈'은 '바이갈(白干儿, báigānr)'이 우리 발음으로 정착한 것이다. 백주의 경우 고량(高粱, 수수)을 사용하여 만드는 경우가 많기에 고량주(가오량주)라고도 불리는데, 보통 50도 이상의 증류주이다. 중국을 대표하는 백주로는 마오타이주, 펀주, 우량예, 수이징팡, 루저우라오자오, 궈자오 1573, 젠난춘, 타이완의 진먼가오량주 등이 있다.

| 마오타이주 | 펀주 | 우량예 | 수이징팡 |

| 루저우라오자오 | 궈자오 1573 | 젠난춘 | 진먼가오량주 |

황주는 주로 쌀이나 찹쌀을 사용하여 만든 술인데 황갈색을 띠어 황주라고 한다. 도수는 15도 내외로 낮은 편인데 향이 익숙하지 않아 우리나라 사람들이 즐기기에는 다소 부담스러운 면이 있다. 그러나 으슬으슬 추운 강남 지역의 겨울에 생강 등을 채 썰어 넣은 따뜻한 황주를 한 잔 마시면 온몸이 은근히 데워지면서 강남의 겨울을 편안하게 보낼 수 있다. 대표적인 술로는 사오싱주(绍兴酒), 뉘얼홍(女儿红), 자판주(加饭酒), 화댜오주(花雕酒) 등이 있다.

| 사오싱주 | 뉘얼훙 | 자판주 | 화댜오주 |

약주는 술에 약재를 넣어 만든 술을 말한다. 도수는 40도 내외이고 단맛이 강하다. 대표적인 술로 우자피주(五加皮酒), 주예칭주(竹叶青酒) 등이 있다.

| 우자피주 | 주예칭주 |

(1) 중국의 유명술

① 마오타이주(茅台酒, Máotáijiǔ)

구이저우성에서 생산되는 장향(醬香)의 증류주이다. 수수를 주원료로 하며 생산에만 약 5년이 걸리는 최고급 술이다. 중국 술의 자존심이라 할 수 있으며, 국가대표 술(国酒), 술 중의 왕(酒中之王), 세계적인 명주(中外名酒) 등으로 불린다.

② 펀주(汾酒, Fénjiǔ)

역사가 1,500년이나 된 유서 깊은 명주로 청향(清香)형 백주의 대표이다. 산시성 싱화촌(杏花村)에서 생산된다. 색, 향, 맛이 모두 뛰어나서 '삼설(三绝)'이라고 불린다. 마오타이주와 함께 명주대회에서 다섯 차례나 금상을 받았다.

③ 우량예(五粮液, Wǔliángyè)

쓰촨성 이빈(宜宾)에서 생산되는 농향형(浓香型) 백주이다. 수수를 주원료로 하는 다른 백주와 달리 수수, 쌀, 찹쌀, 옥수수, 밀 등 5종의 원료를 사용하기 때문에 '우량예'라는 이름이 붙었다. 이빈을 흐르는 민장(泯江)강의 강심수(江心水)를 사용한다.

④ 수이징팡(水井坊, Shuǐjǐngfāng)

원래 명주였던 취안싱다취주(全兴大曲酒) 회사가 소재한 쓰촨성 청두(成都)시에서 1999년 수이징팡 유적지가 발견되었다. 수이징팡에서 발굴된 발효지는 그동안 중국에서 가장 오래된 발효지였던 루저우라오자오의 1573년보다 앞선 발효지임이 증명되었다. 이 발견은 1999년 전국 10대 고고학적 발견의 하나일 만큼 큰일이었다. 이후 취안싱다취주는 Diageo(조니워커)와 손잡고 술의 고급화 전략을 펼치며 수이징팡주를 선보였다.

⑤ 루저우라오자오(泸州老窖, Lúzhōu Lǎojiào)와 궈자오(国窖, Guójiào) 1573

쓰촨성 루저우는 중국의 17개 명주 중에서 루저우라오자오와 랑주(郎酒)를 생산하여 '술의 도시(酒城)'라고 불릴 정도로 백주의 자존심을 가지고 있다. 루저우에는 그동안 중국에서 가장 오래되었다고 하는, 1573년에 만들어진 발효터가 있어서 지명과 오래된 발효터라는 보통명사를 사용해서 루저우라오자오라는 이름을 만들었다. 이렇듯 라오자오는 루저우의 자존심이었는데 청두에서 발견된 수이징팡 유적지 때문에 자존심이 상처받았다. 그러자 이 회사에서는 '궈자오 1573'이라고 하는 최고급 브랜드 술을 만들어 수이징팡과 같은 고급화 전략을 구사하고 있다.

⑥ 진먼가오량주(金门高粱酒, Jīnmén Gāoliángjiǔ)

타이완을 대표하는 술로 청향형 백주이다. 진먼다오는 타이완성이 아닌 푸젠성 취안저우시(泉州市) 소속일 만큼 대륙의 코앞에 있다. 1949년 진공 작전이 실패로 돌아간 이후 최근까지도 군사적 긴장감이 고조되었던 곳이다. 이 작은 섬에 군인만 10만 명이 주둔하기 때문에 군과 민이 합작하여 만든 것이 바로 진먼가오량주이다. 이렇듯 냉전의 산물로 태어난 술이 2015년 11월 싱가포르 샹그릴라호텔에서 개최된 시진핑과 타이완 총통 마잉주의 만찬주로 사용되면서 분단의 상징에서 화합의 상징으로 거듭나고 있다.

칭다오(青岛)맥주와 하얼빈(哈尔滨)맥주

전통적으로 중국인은 백주를 즐겼으나 지금은 오히려 맥주를 즐겨 마신다. 중국은 맥주 브랜드가 지역마다 다양하다. 그중 중국을 대표하는 맥주로 우리에게도 친숙한 칭다오맥주와 하얼빈맥주가 있다. 칭다오맥주는 '양꼬치엔 칭다오'라는 유행어가 나올 정도로 한국에서 인기를 끌고 있다. 칭다오맥주는 1903년 영국과 독일의 합자로 생산되었는데 독일의 맥주 기술과 근처 라오산(崂山)의 맑은 물이 결합하여 맛이 부드럽고 좋다. 하얼빈맥주는 1900년 중국 최초로 러시아 상인이 하얼빈에 맥주공장을 만들면서 탄생하였다. 두 맥주 모두 역사가 100년이 넘고 세계적으로도 큰 인기를 얻고 있다.

칭다오맥주　　　하얼빈맥주

(2) 중국식 음주법

중국인과 술을 마시는 경우, 먼저 오늘 마실 술을 각자의 다베이(大杯, dàbēi 혹은 分酒器, fēnjiǔqì)에 따른다. 자기에게 배당된 다베이의 술로 자기 앞에 놓인 샤오베이(小杯, xiǎobēi)를 스스로 채운다. 그 자리에서 제일 높은 사람이나 초대자가 당일 술자리의 취지를 설명한 뒤 간베이(干杯, gānbēi)를 제청하면 모두 다 자기 술잔을 들고 간베이를 외친 후에 비운다. 편이 나뉜 경우에는 양편에서 번갈아가며 소감을 이야기한 후 간베이를 제의한다. 개인적으로 감사를 표할 때는 자신의 샤오베이에 술을 채우고 특정인을 지목하거나 특정인 옆에 가서 감사 인사를 한 후 두 손으로 공손히 술잔을 받치고 '워징닌이베이(我敬您一杯)'라고 이야기한 후 공손한 태도로 원샷한 다음 빈 잔을 보여주고 가볍게 목례한 뒤 자기 자리에 착석한다.

중국식으로 술을 마시는 경우에는 상대방 잔에 술을 채워주기도 하지만 일반적으로 자신의 빈 잔에 자기가 직접 부어서 마신다. 그리고 고개를 돌려 술을 마시거나 혼자서 마시는 것은 결례이다. 반드시 상대방과 눈을 맞춘 뒤에 마시며 마시는 술 한잔 한잔에 의미를 담아서 함께 마시는 것이 중국식 예법이다. 술을 잘 마시지 못하는 경우 "쑤이이(随意, suíyì, 편하신 양만큼 드세요)", "차수이(茶水, cháshuǐ, 차를 주세요)", "이차다이주(以茶代酒, yǐchá dàijiǔ, 술 대신 차를 마실게요)" 등의 단어를 숙지하고 술자리에 참석하자.

2. 중국인의 필수품: 중국의 차와 문화

중국 하면 차를 넣은 보온병을 싣고 자전거를 타고 출퇴근하는 중국 사람들이 떠오를 정도로 중국인에게 차는 필수불가결한 음료이다. 20세기 중국의 지식인 린위탕(林语堂)은 중국인은 "맑은 차 한 주전자만 있으면 어떠한 상황에서도 편안하다"라고 하였다. 그렇다면 중국인은 언제부터 차를 마셨을까? 문헌에 따르면 전설상의 신농씨가 몸에 탈이 났을 때 우연히 어떤 식물의 잎을 맛보았는데 배 속이 깨끗해지고 편안해져 이 식물 이름을 차로 지었다는 설이 있다. 사실 중국인은 처음에 찻잎을 약용으로 사용하다가 점차 음용하게 된 것인데 『삼국지연의』에는 유비가 어머니의 차를 구하기 위해 돌아다니는 대목이 나오기도 한다. 위진남북조 시기에 불교의 흥성과 함께 차문화가 크게 발전하게 되었고 당대에 이르러 육우(陆羽)가 차에 관한 경전으로 여겨지는 『다경(茶经)』을 집필하기도 한다. 송대에 이르러서는 차문화가 민간에까지 널리 보급되며 더욱 발전하게 되는데 바로 이 시기에 지금처럼 찻잎에 뜨거운 물을 부어 마시는 포다법(泡茶法)[01]이 개발되었다. 이후 청대에 이르러서는 화차(花茶) 등이 등장하며 차문화는 절정에 이르게 된다.

중국 차는 크게 녹차, 백차, 청차, 홍차, 흑차, 화차로 나눌 수 있다. 녹차는 발효를 시키지 않은 차로 찻잎도 녹색이고 우려낸 물도 녹색이기에 녹차라는 이름이 붙여졌다. 중국인이 가장 애호하는 차로 성질이 차가워 여름에 마시면 좋다. 대표적인 녹차로는 시후룽징(西湖龙井, Xīhú Lóngjǐng), 둥팅비뤄춘(洞庭碧螺春, Dòngtíng Bìluóchūn), 황산마오펑(黄山毛峰, Huángshān Máofēng) 등이 있다.

시후룽징

백차는 약(弱)발효차로 녹차보다 다소 오래 우려내 마신다. 대표적인 백차로는 바이하오인전(白毫银针, Báiháo Yínzhēn), 바이무단(白牡丹, Báimǔdān) 등이 있다.

바이하오인전

---

01 포다법이 등장한 남송 시기 이전인 당대에는 찻잎을 직접 끓여 마시는 자다법(煮茶法)이 유행했다. 북송 시기에는 차 가루를 분말 형태로 뜨거운 물에 부어 마시는 점다법(点茶法)이 유행하기도 했다.

청차는 우려낸 찻물이 일반적으로 푸른색을 띤다고 하여 붙여진 이름인데 반(半)발효차에 속한다. 대표적인 차로 둥딩우롱차(冻顶乌龙茶, Dòngdǐng Wūlóngchá), 안시톄관인(安溪铁观音, Ānxī Tiěguānyīn), 우이옌차

둥딩우롱차

치먼홍차

(武夷岩茶, Wǔyí Yánchá), 다훙파오(大红袍, Dàhóngpáo) 등이 있다.

홍차는 대표적인 발효차로 우려낸 찻물이 붉은색을 띠어 홍차라 한다. 마시면 몸이 따뜻해지는 성질이 있으며 보존 기간이 비교적 길다. 대표적인 홍차로는 치먼홍차(祁门红茶, Qímén Hóngchá), 정산샤오중(正山小种, Zhèngshān Xiǎozhǒng) 등이 있다.

흑차의 대표로는 국내에 보이차로 알려진 푸얼차(普洱茶, Pǔ'ěrchá)를 들 수 있다. 일정한 발효균을 인공적으로 이식하여 후(后)발효 과정을 거친 후 숙성시킨 숙차(熟茶)와 인위적인 발효를 거치지 않고 산화시킨 생차(生茶)로 나뉜다. 흑차는 기본적으로 오래될수록 그 가치가 더 올라간다. 위장에 부담이 없고 건강에 좋은 차로 인정받고 있다. 대부분 윈난에서 생산되며 먼지를 제거하기 위해 찻잎을 씻는 의미로 처음 한두 번은 우린 물을 버리는 게 좋다. 대표적인 흑차로는 푸얼성차, 푸얼수차, 푸얼퉈차(沱茶, tuóchá), 치즈빙차(七子饼茶, qīzibǐngchá) 등이 있다.

화차는 꽃잎을 첨가하여 향을 음미하며 마시는 차로 대표적으로 자스민차라는 이름으로 더 잘 알려져 있는 모리화차(茉莉花茶, mòlìhuāchá)와 메이구이화차(玫瑰花茶, méiguīhuāchá) 등이 있다.

푸얼차

모리화차

⑤ 중국 밖의 중국 음식

1. 나가사키짬뽕

일본 나가사키현으로 이주한 푸젠성 출신의 화교 천핑순(陈平顺)이 1899년경 자신의 중화요리집에서 개발한 음식이다. 지역 유학생들을 배불리 먹이기 위해 푸젠요리인 탕러우쓰몐(汤肉丝面)을 변형한 것이 큰 인기를 끌어 정식 메뉴로 자리 잡았다. 중국어로는 차오마몐(炒码面, Chǎomǎmiàn)이라고 하며 돼지뼈 육수에 고기나 해물을 넣고 채소와 함께 끓인 면요리이다.

짬뽕의 유래에 대해서는 다음과 같이 전해진다. 차오마몐이 나가사키를 중심으로 일본에 전해지게 된 당시, 굶주린 유학생들에게 "밥을 먹었습니까?"라는 인사를 하던 중국어 사투리가 변하여 차오마몐의 이름이 잔폰(ちゃんぽん)이 되었다고 한다. 또 다른 유래는 인

천에 정착한 화교에 의해 주변에서 구할 수 있는 해물과 채소로 한국인 식성에 맞춰 매콤하게 만들어진 음식에 일본어로 '한데 섞음'을 뜻하는 '잔폰(ちゃんぽん)'이라는 이름을 붙여 부르다가 오늘날의 '짬뽕'이 되었다는 설이다. 일본의 나가사키짬뽕은 매운맛이 나지 않는 것에 비해 우리나라의 것은 매운 국물을 베이스로 하는 차이가 있다.[02]

나가사키짬뽕

2. 자장면

자장면은 원래 베이징과 산둥 지역에서 삶은 면에 볶은 장과 각종 채소를 얹어 비벼 먹는 음식이었다. 이 음식이 임오군란 시기(1882년) 인천을 거쳐 우리나라로 전파되면서 한국화된 중화요리로 정착되었다. 중국의 자장면이 차갑고 짭짤한 맛의 국수요리인 것에 비해

자장면

---

02 일본의 나가사키에는 최초로 짬뽕을 개발한 음식점으로 알려진 시카이로(四海楼)가 있다. 시카이로에는 일본식으로 정착된 나가사키짬뽕을 팔 뿐 아니라 시카이로와 짬뽕의 역사를 전시하는 짬뽕박물관이 있다.

우리나라의 자장면은 뜨겁고 짭짤하면서도 단맛이 도는 요리로 변화하였다.[03]

3. 판다 익스프레스의 미국식 중국 음식

미국에는 중국 음식을 패스트푸드 형태로 맛볼 수 있는 음식점이 몇 군데 있다. 그중 판다 익스프레스는 미국 최대 중식 체인점이다. 오렌지치킨, 볶음국수 등의 중국 음식을 미국화하여 더 기름지면서도 단맛이 강한 것이 특징이다. 현재 미국의 음식 리뷰에서는 팬다 익스프레스의 중국 음식을 '미국적인 맛'으로 인지하고 있다.

판다 익스프레스 체인점

⑥ 식사예절

1. 식당에서의 자리 배치

중국에서 식사 모임은 일반적으로 원탁에서 하는 경우가 많다. 또 제대로 대접해야 하는 경우는 독립된 방을 빌리는 '바오젠(包间, bāojiān)'을 하는 경우도 많다. 이 경우 초대자나 제일 높은 사람은 출입문에서 마주 보이는 안쪽 정중앙 자리에 앉는다. 초대받은 사람 중에서 제일 높은 사람이 초대자 오른쪽에, 그다음 서열이 초대자 왼

바오젠

쪽에 앉는다. 나이가 어리거나 지위가 제일 낮은 사람이 출입구 쪽으로 주인 맞은편에 앉는 것이 일반적인데, 이 자리를 '푸페이(副陪, fùpéi)'라고 한다. 이 자리에 앉은 사람이 주인을 대신해서 심부름을 하거나 종업원을 부리며, 이 자리 양쪽 옆으로 음식이 올라오기 때문에 번거로운 자리이다. 나머지 자리는 초대한 측과 초대받은 측이 번갈아 앉는다. 운전기사가 있는 경우 출입구 쪽 자리에서 식사를 같이한 뒤 슬그머니 사라지는 경우가 많다.

---

[03] 중국의 전통 자장면은 톈몐장(甜面酱, tiánmiànjiàng)을 사용하는 데 비해 우리나라의 자장면은 톈몐장에 캐러멜 소스를 넣어 달콤짭짤하게 볶은 춘장을 사용한다.

2. 메뉴 읽는 법과 음식 시키기

중국 식당은 평범한 곳이라 하더라도 100가지 이상의 음식 메뉴가 있어 주문에 부담을 느낄 수 있다. 최근에는 대부분 메뉴판에 음식 사진이 함께 있어서 어렵지 않게 주문할 수 있다. 중국의 음식문화를 잘 알고 있으면 음식 주문을 잘할 수 있으므로 음식과 관련된 기본적인 상황을 이해하는 것이 좋다.

격식을 갖춘 연회에서는 전채(小菜, xiǎocài 또는 开胃菜, kāiwèicài), 차가운 요리(凉菜, liángcài), 뜨거운 요리(热菜, rècài), 탕(汤, tāng), 주식, 후식의 순서로 음식이 나온다. 전채와 차가운 요리는 특별히 구분하지 않는 경우가 많다. 한 테이블에 10명이 앉았을 경우, 차가운 요리 네 가지, 메인이 될 만한 특별요리 두 가지, 그리고 일반요리 여덟 가지 정도의 조합으로 음식을 시키는 경우가 많다. **TIP**

TIP

중국 요리 주문하기 팁

중국인은 일반적으로 손님을 접대할 때 음식을 풍족하게 주문한다. 북쪽 지역은 음식의 양이 많고, 남쪽 지역은 양이 적은 경우가 대부분이기에 자신이 주문한 음식의 양이 적당한지 종업원에게 물어볼 필요가 있다. 혹 음식이 남는다면 포장(打包, dǎbāo)해달라고 하면 된다.

차가운 요리의 경우 우리의 밑반찬처럼 식당에서 미리 준비한 경우가 많아서 주문하면 바로 나온다. 뜨거운 요리가 나오기까지 차가운 요리를 먹으며 담소를 나눌 수 있다. 뜨거운 요리는 육류, 조류, 해산물, 야채류 등으로 분류해 메뉴판에 실려 있으니 골고루 시키면 된다. 이렇게 뜨거운 요리까지 다 먹으면 마지막으로 탕이 나온다. 광둥 지역에서는 다른 곳과 달리 탕을 먼저 먹는 것이 일반적이다. 탕까지 다 먹고 난 후 주식을 먹는다. 우리는 밥 같은 주식과 함께 요리를 반찬삼아 먹는 경우가 일반적이지만, 중국에서는 면, 볶음밥, 만두 같은 주식류는 제일 마지막에 먹는다. 물론 이는 일반적인 상황이고 각각의 취향과 식당의 성격에 따라 음식 주문은 달라질 수 있다. 예를 들어 우리나라 식으로 밥, 탕, 요리를 함께 먹고자 하면 주문할 때 종업원에게 이야기하면 된다.

3. 식사 중 예절

중국의 식탁은 대부분 원탁이고 음식이 놓인 회전판을 돌리며 식사한다. 자신이 먹고 싶은 것이 있다고 회전판을 급하게 돌려서는 안 된다. 다른 사람이 음식을 덜고 있을 때 회전판을 돌려도 안 된다. 회전판은 한 방향으로만 돌리는 게 상식이므로 먹고 싶은 음식이 막 지나갔다고 하더라도 반대 방향으로 회전판을 돌려서는 안 된다. 새로운

중국식 회전테이블

음식이나 메인 요리가 나올 경우에는 그 식탁의 주빈이 먼저 맛을 볼 수 있도록 하는 것도 중국의 예절이다.

중국에서는 음식을 먹을 때 대부분 젓가락을 사용한다. 숟가락은 탕이나 죽을 마실 때 혹은 젓가락의 보조로만 사용한다. 심지어 볶음밥을 먹을 때도 젓가락을 사용한다.

4. 계산은 어떻게?

한국에서는 일반적으로 식사를 다 마친 뒤 자기 짐을 챙겨 나가면서 계산한다. 그러나 중국에서는 대부분 식사를 마친 후 종업원에게 계산서를 가져오라고 한다.[04] 종업원과 눈을 맞춘 후 '마이단(买单, mǎidān)' 혹은 '제장(结账, jiézhàng)'이라 하면 계산서를 접시에 담아 가져다준다. 가지고 온 계산서를 확인한 후 신용카드나 현금을 접시에

전자결제

올려놓은 뒤 종업원에게 주면, 종업원이 카운터에서 계산하고 영수증과 함께 신용카드나 잔돈을 다시 가져다준다. 중국은 팁 문화가 없기 때문에 굳이 팁을 줄 필요는 없지만 자잘한 현금 거스름돈의 경우 팁으로 남겨놓아도 좋다. 다만 귀한 손님을 접대하는 경우 슬그머니 나가 계산하여 손님이 불편하지 않도록 한다. 최근에는 현금이나 신용카드보다 위챗페이(微信支付)나 알리페이(支付宝) 같은 전자결제를 일반적으로 사용한다.

---

04 중국의 북방 지역에서는 식당의 종업원을 '푸우위안(服务员, fúwùyuán)'이라고 부른다. 남방 지역에서는 잘생긴 총각 혹은 처녀를 뜻하는 량자이(亮仔, liàngzǎi) 혹은 량메이(亮妹, liàngmèi)로 부른다. 최근에는 남성 종업원을 쐐이거(帅哥, shuàigē), 여성 종업원을 메이뉘(美女, měinǚ)로도 부른다.

Chapter
07

중국의
명절과 풍속

1 전통 명절
2 현대 기념일

● 명절과 국경일, 기념일 일람표

날짜	명칭	내용
1월 1일(음력)	춘제(春节)	음력 설
1월 15일(음력)	위안샤오제(元宵节)	정월대보름
2월 14일	칭런제(情人节)	밸런타인데이(연인의 날)
3월 8일	푸뉘제(妇女节)	세계여성의 날
4월 5일, 6일(양력)	칭밍제(清明节)	청명절(한식)
5월 1일	라오둥제(劳动节)	노동절
5월 4일	칭녠제(青年节)	청년의 날(5·4운동 기념일)
5월 5일(음력)	돤우제(端午节)	단오절
5월 둘째 주 일요일	무친제(母亲节)	어머니날(어버이날)
5월 20일	우얼링제(520节)	우얼링데이(연인의 날)
6월 1일	얼퉁제(儿童节)	아동절(어린이날)
6월 셋째 주 일요일	푸친제(父亲节)	아버지의 날(어버이날)
7월 1일	젠당제(建党节)	중국공산당 창당 기념일
7월 7일(음력)	치시제(七夕节)	칠월칠석(중국 전통의 연인의 날)
8월 1일	젠쥔제(建军节)	중국인민해방군 창군 기념일
8월 15일(음력)	중추제(中秋节)	중추절
9월 9일(음력)	충양제(重阳节)	중양절
9월 10일	자오스제(教师节)	스승의 날
10월 1일	궈칭제(国庆节)	중화인민공화국 건국 기념일
10월 10일	쐉스제(双十节)	쌍십절(중화민국 건국 기념일)
11월 11일	광군제(光棍节)	솔로데이, 독신자의 날

① 전통 명절

1. 춘제(春节, Chūnjié, 춘절)

음력 1월 1일 춘제는 중국 최대 명절로 우리의 설과 같다. 설을 전후로 입춘(立春) 절기가 시작되므로 '새로운 봄을 맞이하는 절기'라는 의미에서 중국인은 설을 '춘제'라 부른다. 우리나라도 설에 고향을 찾아 가족, 친지와 친구를 만나려는 귀성행렬로 북적이듯이, 중국의 춘제 또한 엄청난 규모의 민족대이동이 시작된다. 더구나 중국은 면적도 넓다보니 지리적으로 먼 곳은 고향을 방문하려면 이동시간이 며칠씩 소요된다. 따라서 춘제 법정휴가 기간은 3일이지만, 중국 정부에서는 매년 춘제가 낀 전후 주말 날짜 등을 고려하여 일주일 정도의 연휴 기간을 부여한다. 이외에도 지역에 따라서 혹은 직종별로 최대 10~15일 정도 연휴 기간을 갖기도 한다.

우리나라와 마찬가지로 중국도 춘제가 다가오면 거리와 상점, 집집마다 새해를 맞이하고 축하하려는 일상 활동들로 매우 분주하다.**TIP** 중국 가정에서 행해지는 춘제 맞이는 전날 밤인 음력 12월 30일, 즉 섣달그믐날 밤에 시작된다. 춘제 전날 밤을 '추시(除夕, chúxī, 제석)' 혹은 '추예(除夜, chúyè, 제야)'라고 하며, 가정에서는 온 가족

TIP

춘제 맞이

춘제가 다가오면 중국의 가정과 일터에서는 대청소를 하고, 춘롄(春联, chūnlián, 춘련)과 녠화(年画, niánhuà, 연화)를 대문이나 기둥에 붙이는 등 춘제 맞이 단장을 한다. 춘롄과 녠화는 섣날에 복을 바라고 기원하는 민간신앙에서 비롯된 풍속이다.

춘롄은 행운을 의미하는 붉은색 직사각형 종이에 한 해의 복과 운을 기원하는 덕담이 담긴 문장으로, 글자 수나 내용이 짝과 대칭을 이루는 대련(对联) 형태로 되어 있다. 중국인은 춘롄 두 개를 집 앞 대문이나 기둥에 붙여둔다. 한국에서도 입춘을 전후하여 집 대문에 '입춘대길(立春大吉)'이나 '건양다경(建阳多庆)' 등의 글귀를 붙이기도 하는데, 이 또한 새해를 맞아 한 해의 복을 기원하는 것으로 중국의 춘롄인 셈이다.

춘롄

춘롄이 덕담이 적힌 글귀라면, 녠화는 가정의 평안과 한 해의 복을 기원하는 그림이다. 일반적으로 갑옷을 입은 장군이 역귀와 마귀를 쫓는 형상, 신화나 전설상의 복을 기원하는 내용 등 다양한 그림이 있다. 특히 중국을 소재로 한 다

녠화

큐멘터리나 영화를 보면 문 앞이나 창문에 '복(福)' 자를 거꾸로 붙여놓은 것을 많이 봤을 것이다. 이는 우리나라에서 대문 앞에 복을 기원한다는 의미에서 '복조리'를 매다는 것과 유사하다. 재밌는 것은 '복' 자를 거꾸로 붙인다는 것이다. 그 이유는 거꾸로 뒤집어서라는 의미의 한자 '도(倒)'와 '~에 도착하다, ~에 이르다'라는 뜻의 한자 '도(到)'의 발음이 둘 다 '다오(dào)'로 같기 때문이다. "복(福) 자가 거꾸로 뒤집어졌다"는 문장인 '福倒了'의 발음은 절묘하게도 '福到了(복이 온다)'라는 문장과 발음이 같게 된다. 따라서 중국인은 춘제가 되면 자기 집에 한 해 동안 복이 오도록 대문이나 창문에 '복' 자를 거꾸로 붙인다.

뒤집어진 '복' 자

이 모여 함께 밤을 새운다. 이런 풍속을 "한 해를 지킨다"라는 뜻으로 '서우쑤이(守岁, shǒusuì)'라고 한다.

서우쑤이 풍속은 고대 중국의 촉나라 때부터 유래한다. 촉나라 사람들은 섣달그믐날 밤에 집집마다 벗과 친지를 초청하여 잔치를 벌이고, 밤새 불을 밝히며 잠을 자지 않고 묵은해를 보냈다고 한다. 지금도 이 풍속이 전해 내려와 중국 각 가정에서는 춘제 전날 밤에 모여서 밤을 새우고, 제야 음식인 '녠예판(年夜饭, niányèfàn)'을 먹는다. 아울러 환담을 나누면서 묵은해를 보내고 새해를 맞이한다. 이처럼 서우쑤이의 풍속에는 묵은해를 보내고 새해를 맞이하려는 송구영신(送舊迎新)의 의미가 담겨 있다.

녠예판

자오즈

특히 밤 12시 제야의 종이 울리고 새해가 되면, 중국인들은 물만두인 자오즈(饺子, jiǎozi, 교자)를 먹는다. 여기엔 특별한 의미가 담겨 있다. 전통적인 시간 개념에 따르면 밤 23시~새벽 1시는 자시(子時)에 해당한다. 섣달그믐날 밤 자정은 묵은해에서 새해로 바뀌는 시각이므로, "자시에서 시간이 교차하여 해가 바뀐다(更岁交子)"는 의미의 '자오즈(交子)'와 동일한 발음의 '자오즈'를 먹는 풍속이 유래하게 된 것이다.

자정이 되고 해가 바뀌면 이곳저곳에서 요란하게 바오주(爆竹, bàozhú, 폭죽)를 터뜨리며 본격적인 춘제의 시작을 알린다. 폭죽을 터뜨리는 것은 폭죽의 중국어 발음인 '바오주'가 "복을 알린다(报祝, bàozhù)"와 발음이 같기 때문이다. 또 중국의 민간신앙에서는 기쁘고 경사스러운 날을 맞이하여 폭죽을 터뜨리면 나쁘고 사악한 기운을 물리친다고 한다. 따라서 춘제 때 중국 전역에서는 한 해의 나쁜 기운을 물리치고 안전과 행운을 염원하는 폭죽 소리가 끊이지 않는다. 그러나 최근 폭죽이 스모그 등의 환경오염, 안전 문제, 소음 피해, 경제적 자원 낭비와 손실 등의 각종 사회문제를 일으키자 중국정부에서는 정해진 날과 정해진 장소를 제외하고는 폭죽을 엄격하게 제한하고 있다. 그럼에도 중국인의 뿌리 깊은 전통 의식과 풍속을 근절하기가 쉽지 않다.TIP

폭죽의 유래

폭죽을 터뜨리는 풍속은 전설상의 괴수를 물리치는 데서 유래한다. 전설에 따르면 중국 고대에 '녠(年, nián)'이란 괴물이 있었는데, 이 괴물은 바다 깊은 곳에 살다가 매년 섣달그믐날 밤에 해안으로 올라와 사람과 가축을 해쳤다. 이에 마을 사람들은 섣달그믐날 밤이 오기 전에 이 괴물을 피해 깊은 산속으로 숨었는데, 어느 날 한 노인이 마을을 찾아와서 이 괴물을 쫓아내주겠다고 했다. 그러나 사람들은 노인의 말을 믿지 않고 산으로 피신하였고, 어김없이 섣달그믐날 밤이 되자 괴물 녠이 나타났다. 마을 사람들이 종적을

감춘 빈 마을을 활보하던 녠은 어느 집 대문 앞에서 붉은색으로 쓴 글귀와 집 안에서 새어 나오는 붉은빛을 보게 된다. 그리고 불이 붙은 대나무 조각들이 요란한 소리를 내며 튀는 모습에 혼비백산하여 도망쳤다. 이를 계기로 마을 사람들은 이 노인을 자신들을 구해주러 온 신선으로 믿었고, 이때부터 새해를 맞이해 붉은색 대련을 집 앞에 붙이고 홍등을 매달고 폭죽을 터뜨리며 재앙과 화로부터 가족의 안전과 행운을 기원했다고 한다.

새해에 우리가 떡국을 먹는 것처럼 중국인도 춘제 때 특별한 음식을 먹는다. 더구나 중국은 워낙 면적이 넓다보니 지역마다, 지방마다 먹는 음식이 다르다. 북방 지역에서는 우리가 흔히 꽃빵으로 알고 있는 '만터우(馒头, mántou)'를 주로 먹고, 남방에서는 '녠가오(年糕, niángāo)'와 '탕위안(汤圆, tāngyuán)'을 먹는다. '녠가오'는 팥이나 완두 소를 넣고 찹쌀가루를 입혀 튀겨낸 것으로 찹쌀 도넛과 비슷하다. 새해에 녠가오를 먹는 것은 이 글자의 발음이 "해마다 더 발전하고 높게 성장하라"는 의미의 '年高(niángāo)'와 같기 때문이다. '탕위안'은 찹쌀로 빚은 새알심에 팥, 견과류, 흑설탕 등의 소를 넣어 만든 음식이다. 동글동글한 새알심 모양은 가족 간의 화합과 단결을 연상시킨다. 특히 탕위안은 "각지에 흩어져 있던 가족이 하나로 모인다"는 의미의 '퇀위안(团圆, tuányuán)'과 발음이 유사하다. 따라서 탕위안을 먹는 것은 온 가족이 새해에 다 같이 모인다는 가족의 결합과 화합이라는 상징적 의미가 담겨 있다.

만터우

녠가오

탕위안

이처럼 중국의 춘제 요리는 지역마다 조금씩 다르지만 빠지지 않는 공통 음식이 바로 국수와 생선요리다. 국수는 우리와 마찬가지로 장수를 의미하기 때문에 중국인은 새해에 국수를 먹으면서 장수를 염원한다. 또 생선을 뜻하는 글자 '위(鱼, yú)'의 발음이 '여유가 있다', '남음이 있다'는 뜻의 글자 '위(余, yú)'와 같기 때문에 풍요와 번성을 기원하는 의미에서 생선요리를 먹는다. 특히 생선요리로 잉어를 먹는 경우가 많은데, 이는 잉어를 뜻하는 글자 '리(鲤, lǐ)'가 '이롭다', '이익이 되다'는 뜻의 한자 '리(利, lì)'와 발음이 같기 때문이다. 즉 새해에 잉어요리를 먹는 데에는 "새해 내내 이롭고 좋은 일이 넘쳐나길 바란다"는 염원이 담겨 있는 것이다.

중국인은 새해 음식을 먹고 나면 공원이나 사찰에서 펼쳐지는 새해맞이 경축 행사인 사자춤, 용춤 등을 구경하러 나가거나, 우리처럼 가까운 친지들에게 세배를 간다. 새해를 맞아 가까운 친지를 찾아뵙고 인사하는 것을 '바이녠(拜年, bàinián)'이라고 한다. 우리나라의 세배는 어른께 무릎을 꿇고 양손으로 큰절을 올리는 인사지만, 중국인은 보통 두 손을 모으고 가볍게 목례를 하는 '퇀바이(团拜, tuánbài)'를 한다. 세배 후 가족과 친지는 서로 새해의 안녕과 건강과 행복을 기원하는 덕담을 나눈다. 어른들은 세배하는 아이들에게 '야수이첸(压岁钱, yāsuìqián)'이라 불리는 세뱃돈을 빨간 봉투인 '훙바오(红包, hóngbāo)'에 넣어서 덕담과 함께 나눠준다.

야수이첸

한국인이 "새해 복 많이 받으세요"라는 말로 새해 덕담을 나누는 것처럼, 중국인들도 춘제 때 통상 나누는 덕담이 있다. 우선 가장 많이 사용하는 표현은 "신녠 콰이러(新年快乐, xīnnián kuàilè)"이다. 이것은 직역하면 "즐거운 새해 되세요"이다. 이외에 "궁시 파차이(恭喜发财, gōngxǐ fācái, 돈 많이 버세요)", "완스 루이(万事如意, wànshì rúyì, 만사형통하시기 바랍니다)", "녠녠 유위(年年有余, niánnián yǒuyú, 해마다 여유와 풍요가 넘치길 바랍니다)"와 "쑤이쑤이 핑안(岁岁平安, suìsuì píng'ān, 해마다 평안하시길 기원합니다)", "궁쭤 순리(工作顺利, gōngzuò shùnlì, 하시는 일이 평탄하고 순조롭길 바랍니다)", "스예 유청(事业有成, shìyè yǒuchéng, 사업이 성공하고 번창하시길 기원합니다)" 등 여러 종류의 덕담이 있다. 중국인은

새해에 이 같은 덕담을 주고받으며 한 해의 복과 행운을 기원한다.**TIP**

시대가 변하고 세상이 변화하면서 중국의 전통적인 춘제 풍속과 문화도 새롭게 변화하고 있다. 물론 춘제 때 귀향하여 고향에서 부모님과 함께 명절을 보내는 것이 여전히 보편적이긴 하다. 그러나 명절 연휴 동안 가족이 함께 여행을 가거나 혹은 젊은층의 경우 혼자 여행을 한다든지 영화를 보며 명절의 여유를 느끼고 힐링을 하는 사례 또한 증가하는 추세이다. 직장 일에 고달프고 바쁜 자녀를 대신해 시간 여유가 있는 부모가 자녀를 보러 고향에서 역귀성하는 현상도 점차 증가하는 추세다. 춘제 맞이 '녠예판'과 같은 음식을 준비하는 데 드는 시간과 노고를 들이는 대신, 외식하거나 혹은 반가공 조리 식품을 사다가 집에서 간편하게 대체하는 등 춘제를 보내는 중국인의 방식 또한 시대와 세상의 변화에 맞춰 새롭게 변화하고 있다.

2. 위안샤오제(元宵节, Yuánxiāojié, 원소절)

음력 1월 15일 '정월대보름'은 새로운 해가 시작되고 처음 맞이하는 보름날로, 둥글게 가득 찬 만월(满月)의 보름달은 풍요와 번성이라는 상징적 의미를 갖는다. 우리나라에서는 이날 오곡밥을 지어 먹고 한 해의 액운을 물리치는 의미에서 땅콩이나 호두 등으로 '부럼깨기'를 한다. 또 달맞이 소원 빌기, 쥐불놀이 등 다양한 민속놀이와 풍속을 즐긴다. 중국에서도 우리와 마찬가지로 이날을 매우 특별하게 여기며 다채로운 민속놀이를 즐긴다.

위안샤오제의 덩

우리의 정월대보름에 해당하는 이날을 중국에서는 '위안샤오제'라고 부른다. 위안샤오제의 '위안'은 정월을 나타내고 '샤오'는 밤(夜)을 뜻하는 글자이므로 '위안샤오'는 정월 보름날 밤이라는 뜻이다. 이날을 기념하고 경축하는 풍속 중 가장 대표적인 것이 덩(灯, dēng, 등)을 다는 것이다. 위안샤오제 며칠 전부터 거리와 공원, 사찰 등지에는 각양각색의 등이 설치되어 밤을 화려하게 수놓는다. 이와 같은 위안샤오제 풍속 때문에 위안샤오제는 덩제(灯节, Dēngjié, 등절), 덩훠제(灯火节, Dēnghuǒjié, 등화절), 덩룽제(灯笼节, Dēnglóngjié, 등롱절) 등 여러 가지 명칭으로 불린다.ᵀᴵᴾ

위안샤오제 아침에 중국인은 '위안샤오(元宵)'를 먹는다. 위안샤오는 찹쌀가루를 반죽해서 그 속에 팥 앙금, 설탕, 깨 혹은 고기 등 다양한 소를 넣어서 동그랗게 빚어 물에 삶거나 쪄낸 음식이다. 우리의 팥죽에 넣는 새알심과 그 모양이 매우 유사하다. 위안샤오는 다른 말

위안샤오

로 '탕위안(汤圆, tāngyuán)'이라고도 한다. 한무제가 총애하던 동방삭(东方朔)이란 재상이 어느 날 궁정을 거닐다가 우물에 뛰어들어 자살하려던 궁녀 '위안샤오'를 구한다. 부모님이 보고 싶다는 이야기를 듣고 동방삭은 그녀의 소원을 들어주기로 약속한다. 점쟁이로 변장하고 저잣거리에 나간 그는 정월 16일에 모든 사람이 화마(火魔)를 입는다는 거

TIP

등을 달게 된 유래

위안샤오제에 등을 달게 된 유래에 대해서는 여러 가지 설이 있다. 그중 하나는 인간 세상을 벌하려는 옥황상제의 불의 심판을 피하기 위해서 덩룽(등롱)을 만들게 되었다는 설이다. 전설에 따르면 하늘에서 기르던 선냐오[神鸟, shénniǎo, 전설 속의 신령한 새]가 길을 잃어 인간 세상에 내려왔다가 사냥꾼의 화살을 맞고 죽는다. 이 사실을 알게 된 옥황상제가 화가 나서 정월보름에 인간 세상을 불로 심판하려 계획한다. 옥황상제의 마음씨 착한 딸이 이 사실을 알고 몰래 인간 세상에 알려준다. 고심 끝에 한 노인이 심판을 피할 묘안을 내놓는다. 정월보름을 전후하여 3일 동안 붉은 등롱을 내걸고 폭죽을 터뜨려 인간 세상이 이미 화염에 휩싸인 것처럼 보이게 해서 심판을 피하자는 것이었다. 사흘 밤낮으로 계속되는 등롱의 불을 본 옥황상제는 인간 세상이 이미 화염에 휩싸인 것으로 생각하고 심판을 멈춘다. 이렇게 해서 재앙을 피한 인간 세상에는 이때부터 매년 정월보름이면 집집마다 거리마다 등롱을 내거는 풍속이 생기게 되었다.

짓 소문을 내었고, 이 소문은 한무제 귀에까지 들어간다. 동방삭은 한무제에게 불의 신이 '탕위안'이라는 음식을 매우 좋아하는데 '위안샤오'라는 궁녀가 이 음식을 잘 만드니 그녀에게 성벽 위에서 탕위안을 만들게 하고 도처에 붉은 등을 매달고 폭죽을 터뜨려 옥황상제와 불의 신의 눈을 속이자고 아뢴다. 이에 따라 정월 15일 수도 장안(長安)에는 여기저기 붉은 초롱이 걸리고, 붉은 천으로 장식하고, 사방에서 폭죽소리가 들리게 되었다. 그러자 수많은 인파가 몰려들었고 그 가운데 '위안샤오'라고 크게 쓰인 붉은 초롱을 본 위안샤오의 부모가 딸의 이름을 크게 부른다. 결국 성벽에서 탕위안을 만들던 위안샤오는 부모와 다시 만나게 된다. 이후 한무제가 위안샤오제에 탕위안으로 하늘에 제사를 지내고, 곳곳에 등롱을 밝힌 채 탕위안을 먹게 했다는 전설이다.

위안샤오가 탕위안을 매개로 부모님과 다시 만나게 된 것에는 '탕위안'이란 발음이 "온 가족이 함께 모인다"는 뜻을 가진 단어 '퇀위안(团圆, tuányuán)'의 의미도 상징적으로 포함된 것이다. 탕위안의 동글동글한 모양에는 둥근 보름달처럼 가정의 화목과 행복을 기원하는 의미가 담겨 있기도 하다. 이처럼 위안샤오제 때는 거리와 사찰에 형형색색, 오색찬란한 등을 밝히고 탕위안을 먹는다. 이러한 풍속 외에도 공원이나 거리를 중심으로 용춤, 사자춤, 높은 나무다리를 타고 걷거나 춤을 추는 '차이가오차오(踩高跷, cǎigāoqiāo)' 등의 다양한 민속놀이가 행해진다.

용춤

사자춤

차이가오차오

3. 돤우제(端午节, Duānwǔjié, 단오절)

전통 음양이론에서는 양의 날과 양의 달이 겹쳐 양의 기운이 충만한 3월 3일, 5월 5일, 7월 7일 등을 매우 중요하게 여긴다. 그중에서도 음력 5월 5일의 단오(돤우)는 1년 중 양

굴원

기(阳气)가 가장 충만한 날로 여겨진다. 고대 농경사회에서 단오는 설, 추석과 더불어 중요한 명절의 하나였다. 우리나라에서는 씨뿌리기와 모내기를 하고 한 해의 풍년을 기원하며 제를 올리는 등 단오를 기념하기 위한 다양한 민속놀이를 했다.

우리와 마찬가지로 농경사회였던 중국도 단오절을 중요한 명절로 여기고 여러 활동을 하며 이날을 기념해왔다. 중국어 발음으로는 '단오절'을 '돤우제'라고 한다. 중국의 돤우제라면 빼놓을 수 없는 역사적 인물로 굴원(屈原)이 있다. 굴원은 기원전 340년 전 춘추전국시대 지금의 후베이성에서 태어나 초나라 재상을 지낸 인물이다. 간신배의 모략으로 관직에서 쫓겨나 유배를 당했던 굴원은 조국인 초나라의 수도가 진(秦)나라에게 함락되고, 초나라 임금 회왕(怀王)이 죽었다는 소식을 듣고 멱라강(汨罗江)에 뛰어들어 자살했다.^{TIP}

TIP

「어부사」에 담긴 철학

굴원의 대표 작품으로 「이소(离骚)」와 「어부사(渔父词)」가 있다. 「이소」는 굴원이 반대파의 모함으로 조정에서 쫓겨난 뒤 자신의 우국지정과 결백함 그리고 혼탁한 정치 상황에 대한 비분을 토로한 장편 서정시이다. 「어부사」는 굴원이 강가에서 한 어부를 만나 나눈 대화로, 초나라 사람들이 노래로 즐겨 불렀다고 한다. 현대에까지 많이 회자되는 「어부사」의 일부를 소개한다.

어부는 초췌한 몰골로 강가를 거니는 굴원을 보고 어찌된 일인지 연유를 묻는다. 그러자 굴원은 "세상이 다 혼탁한데 나 홀로 깨끗하고, 모든 사람이 다 취해 있는데 나 홀로 깨어 있소(举世皆浊，我独清，众人皆醉，我独醒)"라고 말한다. 이에 어부가 시류를 따라 변하며 살아가는 것 또한 필요하지, 고결함만을 지키다 결국 이 지경을 자초하게 된 것 아니냐고 반문한다. 그러자 굴원은 "어찌 맑고 깨끗한 몸으로 더러운 것을 받아들일 수 있겠소? 차라리 상수에 몸을 던져 물고기 배 속에 장사를 지낼지언정 세속의 티끌과 먼지를 뒤집어쓸 수 있겠소?(安能以身之察察，受物之汶汶者乎？宁赴湘流，葬于江鱼之腹中，安能以皓皓之白，而蒙世俗之尘埃乎？）"라고 답한다. 그러자 어부는 빙그레 웃으며 "창랑의 물이 맑으면 내 갓끈을 씻고, 창랑의 물이 흐리면 내 발을 씻으리라(沧浪之水清兮，可以濯吾缨，沧浪之水浊兮，可以濯吾足)"라는 노래를 부르며 노를 저어 떠난다.

이 글에는 세상과 적당히 타협하며 살아갈 수도 있어야 한다는 어부와 자신의 고결함을 지키기 위해 세상과 절대 타협하지 않겠다는 굴원의 굳은 결의가 대조적으로 드러난다. 자신의 청렴과 고결함을 지키기 위해서라면 죽음마저 불사하겠다는 굴원의 강직한 성품과 곧은 가치관, 이에 반해 인생만사에 달관한 듯 세상에 적응하며 순리대로 살아가면 된다는 어부의 가치관, 삶에 대한 두 사람의 상반된 철학과 가치관을 두고 누가 옳고 그르냐의 이분법적 사고로 단정지을 수는 없을 것이다. 삶 속에서 어떤 태도와 가치관을 취할지는 결국 각자의 선택이며, 그 선택에 대한 책임은 자신의 몫이다. 이 글은 우리로 하여금 인생을 어떻게 살아가야 하는가에 대한 심오한 고민과 사색을 하게 만든다.

굴원이 자살한 날이 바로 기원전 278년 음력 5월 5일인데, 그의 사망 소식을 들은 마을 사람들이 급히 배를 띄워서 사방으로 굴원의 시신을 찾아다녔지만 발견하지 못했다. 그래서 사람들은 물고기가 굴원의 시신을 훼손하지 못하도록 뱃머리에서 북을 치며 대나무통에 찹쌀밥을 넣어 강물에 던졌다. 이로부터 유래한 중국의 돤우제는 중국인에게 애국 시인이자 정치가였던 굴원을 추모하고 기념하고자 하는 역사적 의미가 담긴 명절이다.

룽촨

돤우제와 관련 있는 대표적인 풍속으로 룽촨(龙船, lóngchuán, 용선) 경기가 있다. 룽촨 경기는 용머리 장식을 한 배를 타고 북 치는 사람의 지휘 아래 동시에 출발하여 결승선에 먼저 도착하는 팀이 이기는 경기이다. 이 경기는 돤우제의 흥취를 돋우는 대표적 행사인데, 굴원의 자살 소식을 들은 마을 사람이 배를 타고 굴원의 시신을 찾아 헤매고, 북을 치면서 물고기가 굴원의 시신을 훼손하지 못하게 한 데서 기원했다.

쭝즈

굴원의 시신을 훼손하지 못하도록 물고기에게 던져준 대나무통의 찹쌀밥은 오늘날 돤우에 먹는 대표 음식인 '쭝즈(粽子, zòngzi)'의 유래가 되었다. '쭝즈'는 찹쌀을 반죽한 뒤 그 안에 대추, 버섯, 고기 등의 소를 넣고 연꽃잎이나 대나무잎에 싸서 쪄낸 음식이다. 사람들은 이날 쭝즈를 먹으면서 굴원을 되새기고 기념한다. 이외에도 타이완이나 홍콩 같은 중국 남부 지역에서는 돤우제 날 문에 쑥과 같은 약초를 걸어놓거나, 약초향이 나는 향주머니를 몸에 지니기도 하고, 슝황주[雄黄酒, xiónghuángjiǔ, 웅황 가루와 창포 뿌리를 잘게 썰어 넣은 술]를 마시는 등의 여러 풍속이 전해 내려오고 있다.

4. 중추제(中秋节, Zhōngqiūjié, 중추절)

우리의 '추석'은 '설'과 더불어 가장 큰 명절로 중추절, 가배(嘉俳), 가위 등 다양한 이름을 가지고 있다. 우리말에 "더도 말고 덜도 말고 한가위만 같아라"는 말이 있다. 이때 '한'은 크다는 뜻이고, '가위'는 가운데라는 뜻으로, 이를 종합하면 한가위란 '8월의 한가운데', '가을(음력 7월, 8월, 9월)의 한가운데에 있는 큰 날'이라는 의미가 된다.

중국에서는 전통명절인 음력 8월 15일을 '중추제'라고 부른다. 중국에서는 이미 주나라 때부터 풍요로운 수확과 번성을 기원하기 위해 달의 신께 제례를 올렸다는 기록이 전해진다. 중추제의 전통 풍속과 관련된 것으로는 '바이웨(拜月, bàiyuè)', '상웨(賞月, shăngyuè)', '웨빙(月饼, yuèbĭng)' 등이 있다. 중추제와 관련된 단어에 공통적으로 '웨(月)'자가 들어 있는 것으로 미루어보아도 중추제는 '달'과 관련된 풍속이라는 것을 알 수 있다. '바이웨'는 풍년을 기원하며 달의 신에게 제사를 올리는 것이고, '상웨'는 우리의 '달맞이'와 마찬가지로 둥근 보름달을 바라보며 소원을 빌고 가족의 안녕과 행복을 기원하는 풍속이다.^{TIP}

TIP

상아분월(嫦娥奔月)

'바이웨'와 관련해서 민간에는 '상아분월', 즉 "상아가 달로 도망가다"라는 전설이 전해진다. 전설에 따르면 후예(后羿)라는 영웅이 서왕모에게서 먹으면 죽지 않고 하늘로 올라가 불로장생의 신선이 된다는 약을 얻었다. 그에겐 상아라는 아름다운 아내가 있었는데, 그는 아내를 홀로 남겨두고 신선이 될 수 없었기에 상아에게 약을 잘 보관하도록 했다. 어느 날 그가 집을 비운 사이 봉몽(蓬蒙)이라는 자가 상아를 위협하며 약을 빼앗으려고 했다. 위협을 느낀 상아는 이 약을 먹고 봉몽으로부터 벗어나서 승천하게 된다. 그러나 남편에 대한 애틋함으로 인간 세상과 가장 가까운 달로 가서 신선이 된다. 집에 돌아온 후예가 이 소식을 듣고 밤에 나와 보니 아내 모습이 달 속에 비치는 것이었다. 후예는 달빛 쏟아지는 마당에 음식을 차려놓고 아내를 그리워하며 달에 빌었다. 이때부터 민간에는 중추제에 달에 제사를 올리는 풍속이 전해졌다고 한다. 상아의 원래 이름은 '항아(姮娥)'였는데 한나라 문제의 이름인 유항과 발음이 같아 이를 피하기 위해 상아로 바꿨다고 한다. 이렇듯 황제 이름과 같은 글자를 다른 글자로 바꾸는 것을 '피휘(避讳)'라고 한다. 중국은 2004년 시작한 달 탐사 프로젝트를 '창어궁청(嫦娥工程, Chángé Gōngchéng, 상아공정)'이라고 이름 붙였고, 최근 달 탐사선 창어 5호를 발사하였다. 이 프로젝트를 일컫는 '창어'가 바로 '상아분월' 속 달의 여신인 '상아'이다.

고대의 전통적 농경사회에서는 달의 신에게 제사를 지내는 바이웨가 민간에서 많이 행해졌다. 그러나 오늘날 사회가 점차 산업화·현대화되면서 이 풍속은 민간에서 거의 목격할 수 없다. 요즘에는 가족이 함께 모여 보름달이 가져다주는 아름다운 야경을 감상하고 '웨빙'을 먹으며 가족과 화합을 돈독히 하는 상웨가 보편적인 중추제 풍경이다. 이날 중국의 각 사찰이나 공원에서는 '먀오후이(庙会, miàohui)'라고 불리는 사자춤, 용춤 등 전통 무용공연이 펼쳐지고, 이를 구경하려는 사람들로 인산인해를 이룬다. 사람들은 낮에는 이런 볼거리를 구경하고 저녁에는 둥근 달을 감상하는 것으로 하루를 보낸다.

우리가 추석에 송편을 먹는 것처럼 중추제에 중국인은 '웨빙'이라는 특별한 음식을 먹는다. 웨빙을 만드는 방법과 주재료는 지역별로 다소 차이가 있다. 그러나 일반적으로 밀가루 반죽에 단팥이나 참깨, 대추, 잣이나 호두 등의 견과류 혹은 다진 고기나 과일 등을 넣어 동그랗게 구워낸다. 보름달을 연상시키는 둥근 모양은 탕위안과 마찬가지로 객지에 흩어졌던 가족이 다시 만나 화합을 이룬다는 상징적 의미를 담고 있다. 이 때문에 일부 지역에서는 "한자리에 둥글게 같이 모인다"라는 뜻에서 웨빙을 '퇀위안빙(团圆饼, tuányuánbǐng)'으로 부르기도 한다. 이처럼 웨빙은 명절 분위기를 돋우고 가족과 함께 나눠 먹으며 가족의 화합과 안녕을 상징하는 의미 있는 음식이다. 또 한편으로는 지인끼리 웨빙을 선물로 주고받으며 감사한 마음을 전하기도 한다.

웨빙

5. 기타 전통 명절

위에서 언급한 4대 주요 명절 외에도 중국의 주요한 전통 명절로는 칭밍제(清明节, Qīngmíngjié, 청명절)와 한스(寒食, Hánshí, 한식), 충양제(重阳节, Chóngyángjié, 중양절) 등을 꼽을 수 있다.

칭밍제는 춘분(春分)으로부터 15일째 되는 날로, 양력으로는 4월 5일이나 4월 6일이다. 이 절기 즈음부터 날이 풀리고 천지가 상쾌하고 맑아진다고 하여 '청명(청밍)'이라고 한다. 중국에서 이날은 '성묘의 날'로 온 가족이 조상의 묘를 찾아 벌초하고 다듬는 '싸오무(扫墓, sǎomù)'를 한다. 칭밍제는 비록 중국의 4대 전통 명절에 포함되지는 않지만 유교사상을 간직한 동양문화권에서는 조상을 참배하고 조상의 넋을 기리는 명절로 여전히 중시된다.

칭밍제와 더불어 언급되는 날로 '한스'가 있다. 보통 시기상으로는 칭밍제의 하루 전이나 이틀 전이 되는 이날에는 불을 피우지 않고 '차가운 음식을 먹는' 풍속이 있다. 이날은 춘추시대 진(晋)나라 문공(文公)의 충신이었던 개자추(介子推)를 기념하는 데에서 유래했다. 개자추는 문공이 왕이 되기 전 그를 충심으로 보필했지만, 문공이 왕이 된 후 자신을 잊고 냉대하자 면산(绵山)에 들어가 은거했다. 후에 문공이 개자추를 찾았지만 개자추가 산에서 나오지 않자 문공은 산에 불을 놓는다. 그러나 개자추는 끝내 나오지 않고 불에 타죽고 만다. 이때부터 개자추가 죽은 날 그를 애도하여 불을 피우지 않고 찬 음식을 먹는 풍속이 생겼다.

'충양제'는 음력 9월 9일이다. 『주역』에 따르면 홀수는 남성이자 양(阳)을 상징하고 짝수는 여성이자 음(阴)에 해당한다. 특히 숫자 9는 양의 수를 대표하며, 9월 9일은 "양의 수가 중복되는 날"이라는 의미에서 '충양제(重阳节)'라고 불렀다. 재밌는 것은 숫자 9의 중국어 발음이 주(jiǔ)인데, 이는 '오랜 시간, 오래오래'의 의미를 지닌 한자 久(주, jiǔ)와 발음이 같다. 이런 까닭에 중국에서는 이날 특별히 부모님이나 노인의 건강과 장수를 기원하고 감사드리는 행사, 효도 행사와 같은 이벤트를 하기도 한다. 또한 충양제 무렵은 노란 국화가 만개하는 계절이기도 해서 중국인은 산이나 들로 나가서 국화를 감상하고 국화로 담근 차나 술을 즐기기도 한다.

② 현대 기념일

1. 푸뉘제(妇女节, Fùnǚjié, 부녀절)

3월 8일은 '세계 여성의 날'이다. 1908년 3월 8일 미국에서 여성 노동자들이 여성의 권익 향상을 위해 대규모 시위를 벌인 것에서 유래한 국제기념일이다. 중화인민공화국 수립 후 중국정부에서도 이날을 부녀자를 위한 공식 기념일로 지정하고 '푸뉘제' 혹은 '싼바제(三八节, Sānbājié, 삼팔절)'라고 부른다. 이날 전국의 직장 여성은 오전 근무만 하고 오후에는 쉰다. 정부와 지자체에서는 여성의 노고를 치하하는 각종 기념행사와 이벤트를

푸뉘제 포스터

개최한다. 가정에서는 남편이 아침을 준비하고 집 청소를 하며 일찍 퇴근하는 아내를 위해 이벤트와 함께 장미꽃을 선물한다. 직장에서는 여직원에게 기념품이나 선물을 주고 경우에 따라 보너스를 지급하기도 한다. 푸뉘제가 다가오면 초등학교에서는 학생들에게 어머니에게 보내는 감사 편지나 카드를 쓰게 하고 꽃 선물을 하도록 한다.

2. 라오둥제(劳动节, Láodòngjié, 노동절)

라오둥제는 말 그대로 근로자의 수고로움을 위로하고 근로자
의 권익과 근로 환경을 개선하기 위한 날이다. 1886년 5월 1일
미국 시카고의 노동자가 총동맹파업을 벌인 것에서 시작되었다.
이후 전 세계적으로 5월 1일을 '노동절' 혹은 '근로자의 날' 등 각
기 다른 명칭으로 부르며 기념하고 있다. 중국에서는 '라오둥제'

라오둥제 포스터

혹은 '우이제(五一节, Wǔyījié, 오일절)'라고 부른다. 사회주의 혁명의 주체로서 노동자를
높이 평가하는 중국에서 라오둥제는 매우 중요한 기념일이다. 이날을 기념하여 정부와
직장에서는 모범 노동자를 선정하여 '노동자 상'을 수여하는 등 다양한 행사와 이벤트를
거행한다. 특히 이날은 노동자에게 황금연휴이기도 하다. 우리나라에서는 하루 휴일을
제공하는 데 비해 중국에서는 3일간 법정휴가를 보장한다. 그런데 실제 각 직장에서는
최대 일주일까지 휴가를 주는 것이 보편적이다. 라오둥제 무렵이 되면 황금연휴를 이용
해 국내외 여행을 떠나려는 인파로 중국 전 지역이 들썩인다.

3. 칭녠제(青年节, Qīngniánjié, 청년절)

1919년 5월 4일 베이징에서 벌어진 '5·4운동'을 기념하고자 제정
된 기념일이 칭녠제이다. 청일전쟁 이후 중국 침략을 가속화한 일
본에 대항하여 베이징대 학생을 중심으로 3,000여 명의 학생과 지
식인이 톈안먼광장에 모여 대규모 시위를 일으켰다. 이들은 중국정
부가 '파리강화조약'에서 산둥반도의 이권을 일본에 넘긴다는 국가
의 주권 포기에 서명한 것을 무효화하라고 주장했다. 아울러 일본

칭녠제 포스터

을 비롯한 서구열강인 외세에 반대하는 반제국주의, 반봉건 시위를 전개했다. 중국정부
는 학생들의 애국애민(爱国爱民)의 숭고한 정신을 기리고 고취하기 위해 이날을 칭녠제
로 제정해서 기념하고 있다. 이날 14세 이상 학생들은 오전 수업만 한다.

4. 얼퉁제(儿童节, Értóngjié, 아동절)

중국의 '얼퉁제'는 말 그대로 아동을 위한 날로 우리의 '어린이날'에 해당하는 기념일이다. 1949년 11월 모스크바에서 국제민주여성연합회 회의를 개최하여 아동학살에 반대하고 세계 각국 아동의 인권과 행복을 보장하기 위한 결의를 했다. 또한 6월 1일을 '국제 아동의 날'로 지정하

얼퉁제 포스터

여 전 세계 아동의 권익과 행복을 제창했다. 중국에서도 이를 수용하여 국제적인 기념일을 따르고 있다. 얼퉁제를 맞이하여 중국 전역에서는 다채로운 경축행사와 오락행사가 열리고 놀이공원이나 유원지, 영화관, 음식점 등 곳곳에서 어린이를 위한 할인이나 무료 행사를 진행한다. 가정에서는 우리와 마찬가지로 자녀에게 선물을 주고 자녀와 함께 동물원, 놀이공원, 패밀리 레스토랑 등에서 단란한 시간을 보낸다.

5. 젠당제(建党节, Jiàndǎngjié, 건당절)

'젠당제'는 중국공산당 창립을 기념하는 날이다. 중국공산당은 본래 1921년 7월 23일 창립되었지만 마오쩌둥은 7월 1일을 중국공산당 창립일로 지정했다. 이날 중국정부는 공산당 창립 경축기념 행사를 성대하게 개최한다. 중국인민해방군 창군 기념일인 '젠쥔제'는 8월 1일이다. 젠쥔제는 저우언라이와 주더가 주축이 되어 1927년 8월 1일 장시성 난창에서 무장봉기를 일으킨 것에서 기원한다. 1933년 7월, 중화소비에트공화국 임시중앙정부는 8월 1일을 '중국 노동자농민의 붉은 군대[中国工农红军, Zhōngguó Gōngnóng

젠당제 포스터

Hóngjūn, 중국인민해방군의 전신]'의 창립기념일로 지정했다. 이날이 바로 중국인민해방군 창군기념일인 젠쥔제가 되었다. 이날 톈안먼광장에서는 인민해방군의 위용을 보여주기 위한 대규모 열병식 퍼레이드가 펼쳐진다. 또한 군인의 사기를 진작하고 격려하기 위해 유공자를 선발하여 포상하고, 현역 장병에게는 반나절의 휴가가 제공된다.

6. 자오스제(教师节, Jiàoshījié, 교사절)

'자오스제'는 우리나라의 스승의 날에 해당하며 9월 10일이다. 우리와 마찬가지로 중국에서도 스승의 은혜에 감사를 표하기 위해 학교별로 다양한 기념행사와 이벤트를 거행한다. 학생들은 직접 감사의 손편지나 꽃과 같은 감사의 선물을 교사에게 전달하고 정부나 지자체에서는 모범교사를 선정하여 표창장을 수여하는 등 교사의 노고를 치하하는 다양한 행사를 개최한다.

7. 궈칭제(国庆节, Guóqìngjié, 국경절)

1949년 10월 1일 마오쩌둥은 장제스가 이끄는 국민당정부를 타이완으로 축출한 후 텐안먼광장에서 중화인민공화국 탄생을 선포했다. '신중국'의 탄생을 기리는 건국기념일인 '궈칭제'는 중국 최대 국경일이다. 매년 궈칭제에는 역사의 현장인 텐안먼광장에서 우싱홍치를 게양하는 것을 시작으로 다채롭고 화려한 경축 행사가 개최된다. 법정공휴일은 3일이지만 직장별로 상황에 따라 일주일까지 휴일을 제공한다. 춘제, 라오둥제와 더불어 가장 긴 연휴 기간에 해당되므로 중국인은 이 황금연휴를 이용해 국내 혹은 해외로 여행을 계획한다. 우리나라도 이 기간이 되면 관광업계나 유통업계를 중심으로 중국의 유커(游客, yóukè, 관광객)를 통한 궈칭제 특수를 기대하며 다양한 상품을 내놓고 할인행사를 진행한다.

궈칭제 열병식

8. 솽스제(双十节, Shuāngshíjié, 쌍십절)

1911년 10월 10일 발생한 우창(후베이성의 성도)봉기는 신해혁명(辛亥革命)의 발단이 되었다. 신해혁명으로 만주족이 세운 청나라뿐 아니라 2,000년 이상 지속해온 황제제도가 무너지고, 중국 역사상 최초의 근대적 공화국인 중화민국(中华民国, Zhōnghuá Mínguó)이 수립되었다. 타이완에서는 10월 10일을 중화민국 건국기념일로 정하고 매년 이날 다양한 경축행사를 진행한다.

9. 기타 기념일

(1) 무친제(母亲节, Mǔqīnjié, 어머니날)와 푸친제(父亲节, Fùqīnjié, 아버지날)

우리나라에서는 매년 5월 8일을 어버이날로 정하고 어버이의 은혜에 감사하는 데 비해 중국에서는 어버이날을 무친제와 푸친제로 각각 나누어 기념한다. 무친제는 5월 둘째 주 일요일이며, 푸친제는 6월 셋째 주 일요일이다. 자녀들은 이날 어버이 은혜에 감사를 표하며 부모님과 단란하게 식사를 하거나 선물이나 편지를 전달한다. 우리가 어버이날에 일반적으로 카네이션을 드리는 것처럼 중국인도 부모님께 캉나이신(康乃馨, kāngnǎixīn, 카네이션)을 선물한다. 그런데 중국에서는 전통적으로 부모님께 쉬안차오화(萱草花, xuāncǎohuā, 훤초화)를 선물해왔다고 한다. 우리의 원추리꽃에 해당하는 이 꽃은

중국에서 일명 왕유차오(忘忧草, wàngyōucǎo, 망우초)라고도 불리는데, 근심을 잊게 해준다는 의미를 담고 있다. 자식으로서 부모님께 해드릴 수 있는 가장 큰 효도는 근심이나 걱정을 안 하게 하는 것이다. 그래서 중국에서는 부모님의 근심을 줄여드린다는 의미에서 전통적으로 쉬안차오화를 감사와 효도의 의미로 선물해왔다고 한다.

쉬안차오화

(2) 칭런제(情人节, Qíngrénjié)와 우얼링제(五二零节, Wǔ'èrlíngjié)

중국에도 밸런타인데이나 화이트데이처럼 연인을 위한 날이 있다. 음력 7월 7일인 칠월칠석은 우리도 잘 알고 있는 견우와 직녀가 일 년에 한 번 오작교에서 만나는 날이다. 중국에서는 이날을 '치시제(七夕节, Qīxìjié)'라고 하며 이날을 전통적 의미의 밸런타인데이로 기념하지만, 사실 중국 젊은이들은 오히려 2월 14일을 '칭런제'라고 부르며 연인의 날로 기념한다. 연인들은 우리와 마찬가지로 서로에게 꽃이나 초콜릿 등 선물을 주고받으면서 애정을 표현한다.

연인들의 또 다른 기념일로 '우얼링제'가 있다. 1990년 이후 출생한 중국의 주링허우(90后, jiǔlínghòu) 세대에서 시작된 기념일이다. '520'의 중국어 발음 '우얼링'이 "나는 너를 사랑한다(我爱你)"의 발음 "워아이니(wǒ ài nǐ)"와 비슷한 데서 유래했다. 칭런제와 마찬가지로 이날 중국의 젊은이들은 연인에게 꽃이나 선물로 자기 마음을 표현하고 고백하곤 한

다. 재미있는 것은 연인들끼리 이날 서로에게 위챗페이인 웨이신을 통해서 홍바오를 선물한다는 점이다. 5.20위안, 50.2위안, 502위안 등 다양한 금액의 홍바오를 상대에게 보내면서 사랑을 고백한다. 마음을 표현할 수 있는 특별한 날을 기념하면서 주고받는 선물이 실속 있는 현금으로 대체되는 현상은 매우 흥미로운 신풍속도가 아닐 수 없다.

우얼링제 포스터

(3) 광군제(光棍节, Guānggùnjié, 광군절, 솔로의 날)

중국에는 칭런제나 우얼링제처럼 커플이나 연인을 위한 기념일이 있는가 하면 동시에 솔로의, 솔로에 의한, 솔로를 위한 이색적인 기념일도 있다. 일명 '광군제'라 불리는 기념일이다. 날짜는 11월 11일이다. 우리나라에서는 이날을 **빼빼로 데이**라고 해서 **빼빼로** 과자를 주고받는 커플을 위한 날이지만 중국은 정반대이다. 중국에서는 11월 11일을 '솔로데이'인 '광군제'로 부른다. '광군'이 본래 홀아비, 독신남을 뜻하는 말이고, 숫자 1은 중국어의 '군즈(棍子, gùnzi, 막대기)'와 같은 모양에서 착안한 것이다. 부연하면 11월 11일은 막대기 네 개가 서 있는 모습을 연상시키고 이는 마치 솔로가 혼자 외롭게 서 있는 모습을 상징하는 것 같다고 하여 붙여진 이름이다. 아울러 11월이 외로움을 많이 타는 가을이라는 것도 광군제가 탄생하는 하나의 요인으로 작용했을 듯하다.

이처럼 11월 11일 광군제는 솔로를 위한 독신자의 날로, 이날을 맞이하여 맞선 사이트나 결혼정보업체 등을 중심으로 대규모 소개팅 행사가 열리기도 한다. 또한 이벤트업체에서는 솔로를 위한 파티나 이벤트 등 다양한 행사를 기획하고 개최한다. 특히 광군제 기간이 되면 중국에서는 온라인 쇼핑몰이나 오프라인 쇼핑센터를 중심으로 대대적인 할인행사가 열린다. 처음에는 솔로들이 자신을 위로하고 자신을 위한 소비를 하는 것에서 시작되었는데 지금은 전 국가적인 쇼핑 특수 시즌으로 인식되고 있다. 패션, 유통, 외식, 여행 등 업계를 막론하고 대대적인 할인행사가 펼쳐지기 때문에 광군제는 중국판 '블랙 프라이데이[Black Friday, 미국에서 가장 큰 규모의 세일기간]'가 되어 소비자와 업계 모두에게 황금 같은 쇼핑 시즌이 되었다.

광군제 포스터

Chapter 08

라오바이싱의
일생

1 출산과 육아

1970년대 우리나라에서는 "둘만 낳아 잘 기르자"는 인구 억제 정책이 펼쳐졌다. 이를 '가족계획'이라고 불렀다. 중국에서는 이와 같은 정책을 '계획생육'이라고 한다. '계획생육 (计划生育, jìhuà shēngyù)'이란 "자녀를 낳고 기르는 것(생육)"은 "국가의 계획에 따라 이루어진다(계획)"는 뜻이다.

중국의 계획생육 정책은 1979년 시행된 이래 보편적인 출산 육아 정책으로 자리 잡았다. 중국은 세계에서 가장 많은 인구를 보유한 나라로 세계 인구의 20% 이상을 차지한다. 중국은 중화인민공화국 건국 이후 30년 동안 신생아가 6억여 명 태어나며 인구가 폭발적으로 늘어났다. 이에 중국정부는 1979년 1월부터 1가구 1자녀의 산아제한을 골자로 한 계획생육 정책을 시행하면서 인구증가를 강력하게 억제해왔다. 하지만 저출산이 장기화되면서 생산가능 인구가 줄어들고 고령화 문제가 심각해지자 결국 2016년 1월부터는 두 자녀 출산을 전면 허용하게 된다. 중국의 인구정책 변화 과정을 살펴보면 다음과 같다.

1. 1950~1960년대

1949년 중화인민공화국 건국 당시 중국 인구는 약 5억 4,000만 명 정도였으나, 이후 정치적 안정과 출산 장려 정책으로 1969년에는 8억 명을 돌파했다. 당시 인구학자 마인추(马寅初) 베이징대학 총장은 식량 증산이 인구 증가세를 따라가지 못하는 상황에서 계속 인구가 늘어난다면 민생경제는 큰 도전에 직면하게 될 것이라고 경고했다. 하지만 이 주장에 대해 마오쩌둥은 "인구가 많은 것은 좋은 일이다. 몇 배로 늘어도 상관없다. 혁명을 통해 생산력을 높이면 된다"며 일축했다. 그러나 가파른 인구 증가로 수요와 공급의 불균형을 가져왔고, 이를 타개하기 위한 무리한 정책들이 이어지면서 애초 중국정부가 내세운 의식주 해결은 오히려 위기를 자초하게 되었다.

2. 1970년대

인구가 폭증하고 이에 따른 자원과 식량을 감당하기 힘들게 되자 1973년 중국정부

는 인구 규제 정책으로 '완시샤오
(晚稀少)' 원칙을 내세웠다. 여기서
'완(晚, wǎn)'은 남자는 25세, 여자
는 23세 넘어 결혼해야 하고, '시
(稀, xī)'는 출산과 임신은 4년 정도
간격을 둬야 하며, '샤오(少, shǎo)'
는 최대 2명을 넘지 않아야 한다
는 의미다. 하지만 법적 강제성이
없는 권고에 그친 정책이라 인구
는 계속 늘어났다. 문화대혁명이

70년대 만혼 권장 및 계획생육 포스터

70년대 혼인증명서

70년대 3대 혼수물품(자전거, 라디오, 시계)

끝난 뒤 덩샤오핑이 집권한 1978년 중국 인구는 10억 명을 돌파했다. 결국 1978년 제
5기 전인대에서는 산아제한에 관한 내용을 담은 새로운 헌법을 통과시켰고, 1978년 11기
3중전회에서 법률로 명문화하여 1가구 1자녀의 산아제한에 대한 법적 구속력이 강화되
었다.

3. 1980년대~2014년

중국정부의 강력한 산아제한으
로 인구의 자연증가율은 1978년
12%에서 2009년에는 5.05%로 크
게 떨어졌다. 이 기간 인구 유형은
고출산, 저사망, 높은 자연증가율

80년대 한자녀 정책 권장 포스터

에서 저출산, 저사망, 낮은 자연증가율로 정착되었다. 산아제한 정
책은 무엇보다 가족관계의 변화를 가져왔다. 한 자녀만 가질 수밖
에 없는 상황에서 부부는 출산과 양육의 부담이 줄었고, 대를 이어
야 한다는 전통 관념에서 벗어날 수 있었다.

하지만 인위적이고도 강제적인 산아제한 정책은 더 많은 부작용

80년대 한자녀 부모 증명서

바링허우(八零后)

1979년 덩샤오핑의 산아제한 정책인 '독생자녀제[独生子女制, 1가구 1자녀 정책]'를 시행한 이후인 1980년부터 태어난 세대를 지칭하는 말이다. 이 세대는 흔히 '쓰얼야오 증후군[4-2-1, 4명의 조부모와 2명의 부모가 1명의 아이를 키움]'이라고 하는 과잉보호 가족 시스템 속에서 외동으로 자라나 자기중심적 사고와 이기주의 의식이 팽배하여 일명 '샤오황디세대'로 불린다. 이들은 능통한 영어와 강력한 민족주의로 무장하여 애국심과 민족의식을 보여주지만, 배타적 민족주의와 과도한 국수주의에 대해 일각에서는 우려와 함께 비판의 목소리를 내고 있다.

을 낳았고, 중국 사회의 기형적 발전을 초래했다. 출산율 저하에 따른 고령화는 노동력을 약화시켰고 사회적 활력을 떨어뜨려 심각한 사회적 문제로 대두되었다.

농촌 지역의 경우 아이를 낳고도 호적에 올리지 않고 몰래 키우는 '헤이하이즈(黑孩子, hēi háizi)'가 사회문제로 떠올랐다. 호적이 없는 이들은 정규 교육을 받을 수도, 안정적인 경제활동을 할 수도 없다. 반면 도시의 가정에서 독자로 태어나 경제적 혜택을 누리며 자란 아이들은 이른바 '샤오황디(小皇帝, xiǎohuángdì, 소황제)'라는 신조어까지 탄생시키며, 자기중심적인 생활 태도로 사회성과 도덕성이 결핍되어 있기도 하다.TIP 그러나 이들 역시 결혼과 출산으로 '두얼다이(独二代, dú'èrdài)', 즉 2대 독자의 부모가 되어야 하는 악순환을 겪고 있다. 결국 2014년 중국정부는 30여 년 동안 유지해온 계획생육 정책을 완화하여 부부 중 한 사람이라도 외동일 경우 두 자녀까지 허용하는 정책을 시행하면서 새로운 전기를 맞이하게 되었다.

4. 2016년 이후

장기적인 저출산과 고령화로 노동 가능 인구가 급감하고, 당초 예상과 다르게 신생아 출생이 좀처럼 늘지 않자 2016년 시진핑(习近平) 주석은 한 자녀 정책을 전면 폐지하고 두 자녀 정책 시행을 선포했다. 시행 첫해에는 신생아가 2011년 이후 최고치인 1,786만 명까지 늘어났으나 이듬해 다시 감소세로 돌아섰다. 2018년 신생아 수는 전년보다 200만 명이 더 감소했다.

2016년 산아제한 폐지 선전 포스터

이에 대해 전문가들은 두 자녀 정책이 시행되더라도 급격한 인구증가는 없을 것으로 예상하고 있다. 한 자녀 정책 아래 외동으로 성장해온 세대들이 자녀를 한 명만 낳는 것을 당연시하고, 경제적 부담으로 둘째 출산을 꺼리기 때문이다. 따라서 한동안 출생인구는 증가하겠지만 급격한 인구증가로 식량이나 교육, 보건, 취업 등 기본적인 공공복리가 압박을 받는 일은 없을 것으로 전망된다. 또 경제성장의 수혜를 받아 소비수준이 향상된 젊은 부모세대에게 두 자녀 정책은 더욱 풍요롭고 수준 높은 교육으로 이어질 것으로 기대된다.

② 가오카오(高考)와 입시지옥

중국의 교육제도는 취학 전 교육, 초등교육, 중등교육, 고등교육 4단계로 나뉜다. 학제는 초등교육 6년, 중등교육(중학교 3년, 고등학교 3년) 6년, 고등교육 4년으로 운영되며, 이 중 초등교육과 중등교육(중학교)은 의무교육으로 시행한다. 중국은 한국과 마찬가지로 교육열이 높기로 유명하다. 흔히 말하는 '일류병', '입시 위주 교육', '막대한 사교육비 지출', '영어 열풍' 등 여러 면에서 우리와 비슷하다. 한국에서는 '수능'을, 중국에서는 '가오카오'라는 관문을 통과하기 위해 수험생은 물론 온 가족이 해마다 몸살을 앓는다.

가오카오는 '대학생 모집을 위한 전국 통일 고사(普通高等学校招生全国统一考试)'의 약칭으로, 중국에서 가장 중요한 대입시험이다. 1952년부터 시행된 가오카오는 문화대혁명 기간(1966~1976)에 정치적 이유로 폐지되었다가 1977년에 부활되었고, 이후 사회주의 시장경제체제가 본격화되면서 수험생이 폭증했다. 2014년 중국 교육부 발표 자료에 따르면 수험생 수는 약 939만 명이며, 대학 입학정원은 약 698만 명에 달해 수치상으로 75% 정도가 대학에 진학하는 셈이다. 대학 수는 전문대를 포함해 2,400곳이 넘는다. 이렇게 나라 전체로 볼 때 대입 경쟁률은 그리 높은 편은 아니나, 베이징대학이나 칭화대학(清华大学)을 비

77년 부활한 가오카오 시험을 치르는 수험생들

롯한 수도권이나 대도시 명문대학에 입학하기란 그야말로 하늘의 별 따기다.

가오카오 수험생은 자신이 획득한 점수에 따라 본과 1차, 본과 2차, 본과 3차, 전문대의 4단계로 지원할 수 있다. 교육부는 대학의 규모(교직원, 학생), 시설(강의실, 교사), 역량(교육, 연구) 등을 평가 기준으로 4단계를 지정하는데, 본과 1차에 속한 학교들을 흔히

명문대학이라고 한다. 일반적으로 기타 국공립대학은 본과 2차에, 우리의 사립대학에 해당하는 민영대학들은 본과 3차에 속한 경우가 많다.

2019년 가오카오 시험을   가오카오를 치르고   가오카오 고사장 앞에서
치르는 수험생들   고사장을 나오는 수험생들   수험생을 기다리는 학부모들

가오카오는 수험생의 호적이 등록된 지역에서 응시하는 것을 원칙으로 한다. 지역별로 정원을 정해놓고 그 지역 사람끼리 경쟁해서 선발하며, 같은 지역 정원을 많이 할애하는 것이 대부분이다. 이 때문에 베이징에 위치한 명문대학들은 베이징에 호적을 둔 수험생이 타 지역에 비해 낮은 점수를 받고도 상대적으로 수월하게 입학한다. 반대로 타 지역 수험생은 자신의 지역에서 훨씬 뛰어난 점수를 받아야 하는 불리함을 감수해야 한다. 이에 일부 수험생은 지역별 입시 합격선의 차이와 합격률의 차이를 이용하여 전학 혹은 호적 이전 등의 방법으로 입시 합격선이 상대적으로 낮고 합격률이 높은 지역에서 응시하기도 하는데, 이를 '가오카오 이민'이라고 한다.**TIP**

또한 중국에서 명문대의 입학 기준은 국가에서 추진하는 중점 프로젝트에 선정되었는지에도 달려 있다. 가장 대표적인 프로젝트는 '985공정(工程)'으로 1998년 5월에 시작한 사업이기에 '98년'과 '5월'을 따서 '985'라 명명하였다. 정부가 세계 수준의 대학을 육성하기 위해 국가 재정수입의 1%를 투자하는 국책사업으로, 연간 300억 위안(한화 약 5조 4,000억 원)을 지원한다. 2016년 기준으로 39개 대학이 985공정 지원대학에 선정되었는데, 이

들 대학의 정원은 2016년 가오카오에 응시한 940만 명의 2%에 불과하다. 다음으로 '211공정'은 정부가 세계 일류대학 100개를 육성하기 위해 물적·인적 지원을 하는 프로젝트다. '21세기'의 '100개 대학'을 목표로 하므로 '21세기'의 '21', '100'의 '1'을 따서 '211공정'이라고 명명하였다. 2016년 기준으로 이 공정에 선정된 대학은 112개이다. 이 대학들은 각자의 특성에 따른 연구개발(R&D) 프로젝트와 연구기금 등을 지원받는다. 이에 중국에서는 985공정과 211공정에 선정된 대학을 '중점대학(重点大学)'이라 부르며, 명문대학으로 간주한다.

명문대학을 선호하는 이유는 취업에 절대적으로 유리하기 때문이다. 2011년 통계자료에 따르면 중국의 명문대학 39개에 포함된 985공정 대학과 100위 안에 든 211공정 대학의 졸업생은 이력서를 평균 20장가량 제출했다. 반면 여기에 포함되지 않은 대학의 졸업생은 평균 17장밖에 제출할 기회를 갖지 못했고, 전문대학 졸업생은 12장 정도에 불과했다. 이 때문에 중국에서 명문대학을 향한 경쟁은 입학에서 취업까지 치열할 수밖에 없다.

가오카오 대비서들

중국의 사교육 시장은 그야말로 황금알을 낳는 시장으로 팽창하고 있다. 2008년 2,590억 위안(한화 약 46조 6,000억 원) 규모였던 사교육 시장은 매년 급성장해 2012년에는 두 배가 넘는 4,590억 위안

입시설명회에 모여든 학부모들

(한화 약 82조 6,000억 원)에 이르렀다. 전문가들은 수억 명에 달하는 중국의 초중고생과 교육열을 고려할 때 그 성장세는 앞으로도 멈추지 않을 것으로 전망한다.

하지만 어렵사리 진학한 학생의 대학생활도 녹록하지 않다. 그들 역시 한국의 대학생과 마찬가지로 학자금 대출, 취업을 위한 스펙 쌓기, 국가공인 영어 자격시험 준비 등에 시달린다. '가오카오'에서 갓 해방된 대학생을 취업의 좁은 관문이 기다리는 것이다.

➤ 가오카오 시험 스트레스에 시달리는 수험생 만화

③ 병역, '국방의 의무'와 '쥔쉰(军训)'

중국의 병역제도는 기본적으로 우리와 같은 의무병역제도이다. 중국 병역법을 보면 남자는 만 18세부터 현역으로 복무해야 할 의무가 생기며, 보통 만 22세까지 국가의 부름을 기다리며 대기해야 한다고 규정하고 있다. 하지만 중국의 의무병역제도는 원칙일 뿐 실제로는 '모병제'로 운영되고 있다. 그럼에도 의무병역제도로 규정한 것은 국민들로 하여금 조국을 위해 국방의 의무를 다해야 한다는 사실을 상기시키고자 하는 취지 때문이다. 중국 성인 남성은 대부분 평상시 가업에 종사하고, 소집에 따라 입대하며, 단기간 훈련을 받아서 유사시 정규군을 구성하는 민병(民兵)으로 병역의무를 이행한다. 현역장병에 지원한 병사는 2년간 의무복무하며 전역한 후 35세까지 예비역으로 분류된다. 중국은 이처럼 현실적으로는 모병제로 운영되지만, 모든 18세 이상 남성을 의무적으로 징집 대상자로 등록해 병역자원관리를 하고, 언제든 징병전환이 가능하다는 점에서 미국의 병역제도와 비슷하다. 또한 여성도 간부가 아닌 사병으로 지원 가능할 뿐 아니라, 필요시 징집 가능한 법제로 되어 있다.

병역제도와 관련해 한 가지 주목할 만한 것으로 '중화인민공화국 국방교육법'과 '중화인민공화국 병역법'에 따라 학생이 대학에 입학하면 4주간 남녀 구별 없이 필수적으로

쥔쉰에 참여한 대학 신입생들

군사훈련, 즉 '쥔쉰(军训)'을 받아야 한다는 것이다. 신입생 군사훈련은 전투훈련, 군사사상, 군사과학기술, 현대국방, 구급법 등의 수업으로 구성되며, 군사훈련의 목적은 애국주의사상, 국방에 대한 개념, 조직성과 규율성을 강화하는 데 있다. 중국 당국은 신입생들이 군사훈련을 통해 군사 관련 지식과 기술을 습득하고, 학생의 본분을 지킬 수 있으며, 예비역을 확대하는 데에도 도움이 된다는 점에서 이 제도를 존속시키고 있다. 이처럼 중국 대학교 신입생 군사훈련은 입학과 동시에 치르는 큰 행사로서 '쥔쉰' 시즌이 되면 언론에서는 학교별 군사훈련 현장을 곧잘 보도하기도 한다.

❹ 취업, 무한경쟁 속으로

'졸업은 곧 실업', 대졸자의 극심한 취업난을 빗대어 자조한 이 말은 우리뿐 아니라 중국에서도 통용된 지 오래다. 9월 학기제로 운영되는 중국 대학에서는 6월 말 졸업식을 앞둔 봄이면 일찌감치 졸업예정자들의 취업 열기로 달아오른다. 중국은 매해 800만 명에 가까운 대졸자가 사회로 쏟아져 나오는 데다 전년도에 취직하지 못한 취업 대기자 100만 명까지 직장을 구하러 취업 전쟁에 돌입한다. 그런 만큼 중국에서 대졸자의 취업 문제는 400만 명에 달하는 실업 '농민공(農民工)' 문제와 함께 중국정부가 해결해야 할 주요 과제 중 하나다.**TIP** 몇 해 전 시진핑 국가주석은 예고 없이 대졸 취업박람회장을 방문해 "취업은 민생의 근본이다. 정부 당국은 취업 문제를 매우 중시하고 있다"며 국가지도자로서 결의를 나타낸 바 있다.

취업박람회를 가득 채운 취준생들

과거 중국 대졸자의 취업은 그리 큰 문제가 되지 않았다. 숫자도 적었지만 사회주의체제 아래 정부가 그들의 직장을 '분배'해줬기 때문이다. 그리고 1978년 개혁개방정책이 시행되고, '경쟁'이 주요 키워드로 바뀐 뒤에도 고속성장의 배경 아래 대졸자 취업률은 줄곧 75%대 밑으로 내려간 적이 없었다. 하지만 2000년대 후반 들어 글로벌 경제가 침체되고, 경제성장률 둔화에 따른 산업구조조정과 고도화 정책이 지속되면서 기업의 신규채용은 줄어든 반면 구직자의 높아진 눈높이까지 더해져 취업난이 가중되었다. 게다가 1999년부터 중국정부는 대학 입학의 문을 넓힌다는 의미의 이른바 '쿼자오(扩招)'정책을 실시하기 시작했다. 그 결과 매년 대학 입학생 수가 30% 이상 급증하고, 고학력자가 꾸준히 늘어난 반면 취업률은 계속 하강곡선을 그리게 되었다.

TIP

농민공

'민공(民工)'이라고도 하는데 농촌을 떠나 도시로 몰려온 일종의 이주노동자를 말한다. 개혁개방의 여파로 도시가 발달하면서 도농 간 경제 격차가 심해짐으로써 수많은 농촌 거주자가 일자리를 찾아 도시로 이주하여 농민공이 되었다. 쓰촨성, 후난성, 허난성, 안후이성, 장쑤성 지역 출신들이 대다수이고, 현재 약 1억 2,000만 명이 넘어 중국 전체 인구의 9%를 차지하고 있다. 그런데 중국 특유의 후커우제도로 농촌 거주자의 도시 거주상 제약이 발생하고 임금에서도 차별을 받는 등 각종 사회문제가 증가하기 시작하였다. 이들이 도시 빈민으로 전락하고 사회 불안요소로 변질되는 것을 막기 위해 정부에서는 임시거주증의 간소화 정책 등 다방면으로 노력하고 있으나 근본적인 대책이 시급한 상황이다.

구직난과 구인난을 묘사한 만화

다음 몇 가지 사례는 중국에서 대졸자 취업난이 얼마나 심각한지 잘 설명해준다. 중국에서는 구직자가 인터넷으로 이력서를 제출하는 것을 '왕선(网申)'이라고 하는데, 이를 마치 넓은 바다에다 내던지듯 많이 지원한다 해서 '하이터우(海投)'라고 부른다. 말 그대로 이력서를 망망대해에 던지듯 취업이 얼마나 힘든지 암시하고 있다. 또한 푸젠성 샤먼에 사는 한 여대생은 부화되지 않은 회충의 알을 먹으면 다이어트에 효과가 있다는 말에 회충 알을 다량 복용하다 병원에 후송되기도 했다. 이 여대생은 인터뷰에서 "취업난이 너무 심각해서 눈에 띄려면 예쁘고 날씬해야 한다. 부화한 회충이 몸속에서 지방을 없애준다는 얘기에 이런 선택을 했다"고 말했다. 그리고 톈진의 한 성형외과에서는 취업을 앞둔 여대생들에게 면접에 도움이 되기 위한 맞춤형 취업 성형 상품을 내놓아 눈길을 끌기도 했다.

반면 기업으로서는 매년 치솟는 임금과 구직자의 높아진 눈높이 탓에 조건에 맞는 인재를 구하지 못하는 인력수급 불균형 현상이 심화되고 있다. 한국과 마찬가지로 중국 젊은이도 힘들고 고된 일자리를 기피하기 때문이다. 상대적으로 발전이 더딘 중서부 지역이나 중소기업에서는 대졸자를 원하지만 대졸자는 안정적인 국영기업이나 급여가 많은 대기업을 선호한다. 안후이성 허페이의 한 민영 주물공장 인력 담당자는 "최근 몇 년 동안 월급여 4,500위안(한화 약 81만 원)선에 기술인력을 모집했지만, 대졸자는 물론 전문대 졸업자조차 구하지 못해 중등기술학교 졸업생을 채용했다"고 밝혔다.

이 같은 상황에 따라 중국정부는 달라져가는 채용기준과 인력 공급 과잉, 인력 수요 변화 등과 함께 높아진 구직자의 기대치를 해결하기 위해 안간힘을 쓰고 있다. 그 대표적인 해결책이 '쓰자오(四招, 네 가지 모집)' 정책이다. 첫째는 중앙 직속 기업이 더 많은 인재를 뽑고, 둘째는 대학생들을 군대에 많이 보내는 것이다. 셋째는 '변경 지역, 서부 지역, 농촌 지역을 지원하는(支边, 支西, 支农)' 정책으로, 공공서비스 분야 인력, 농촌 관리 인력, 농촌 의무교육 교사, 농촌의 교육과 의료 그리고 빈곤을 지원하는 정책으로 일자리 창출을 추진하고 있다. 넷째는 대학원 입학을 권장하는 정책도 펴고 있다. 반면에 대졸자에게는 눈높이를 낮추고, 도전정신을 갖고, 본인이 만족하지 못하더라도 취업부터 하도록 권고한다. 하지만 정부의 공무원 채용 증원 방침에도 불구하고 2014년 중국 국가 공무원국 통계에서 보듯 공무원 시험 선발 인원 2만 명에 152만 명이 지원할 정도로 역부족인 실정이다.

또한 중국인민해방군 측에서 군의 정예화와 전문성 제고를 위해 대학이나 대학원을 나온 고학력자의 입대를 받아들이지만, 최근 신병 비율이 급증하면서 이 역시 한계에 부딪히고 있다. 그리고 정부에서 서부 지역으로 대졸자를 유치하기 위해 급여인상, 의료보험, 수당 등 각종 혜택을 부여하지만, "도시에서는 침대 하나만 줘도 있겠지만, 서부 지역에는 집을 줘도 안 간다(宁要都市一张床、不要西部一套房)"는 말에서도 보이듯 구직자의 도시 지향 심리를 바꾸기에는 여전히 힘이 부친다. 게다가 최근 대학원 졸업자에 대한 우대폭마저 줄어들어 대학원 진학 열기도 식은 지 오래다. 이처럼 고학력자의 취업난은 인력 낭비이자 국가적 손실인 만큼 중국정부는 취업시장을 위축시키는 장애 요소들을 해소하기 위해 적절한 대책 마련에 고심하고 있다.

취업박람회를 찾은 취준생

⑤ 백년가약, 달라지는 결혼문화

중국에서는 남자 22세, 여자 20세 이상이면 부모의 동의 없이 결혼할 수 있도록 법으로 보장하고 있다. 중국도 우리와 마찬가지로 남녀가 결혼을 약속하면 상견례를 하고, 결혼 날짜를 잡고서 본격적인 준비에 들어간다. 하지만 중국은 혼인신고 절차부터 결혼문화까지 여러 면에서 우리와 많이 다르다.

먼저 결혼 전에 혼인신고를 해야 한다. 첫째, 당사자는 결혼 의사를 직장에 보고하여 '미혼증명서'를 발급받는다. 둘째, 국가가 지정한 병원에서 '건

중국의 혼인증

청첩장

Chapter 08 라오바이싱의 일생 **211**

강진단서'를 발급받는다. 셋째, 앞서 발급받은 미혼증명서와 건강진단서를 첨부해 시청이나 구청에 혼인신고서를 제출하여 '결혼증명서'를 취득한다. 이렇게 세 단계를 거쳐 '결혼증명서'를 취득하면 결혼식을 치르지 않더라도 부부로서 법적 보호를 받을 수 있다.

결혼 날짜를 잡을 때는 대체로 짝수 날로 정한다. 이는 예부터 "좋은 일이 짝을 이룬다"는 관념을 중시하기 때문이다. 보통 음력으로 환산했을 때 2, 4, 6, 8, 10의 숫자가 들어가고, 요일 또한 짝수 날인 화요일이나 토요일이 되면 이날을 최고 길일로 여긴다.

이렇게 혼인신고를 마치고, 정했던 결혼 날짜가 오면 결혼식은 신부의 집에서 시작된다. 신부는 드레스를 입고 신랑을 기다리는데, 서양식 웨딩드레스를 입기도 하지만 중국 전통의상인 치파오(旗袍, qípáo)를 입기도 한다. 신부집에서는 문 앞에 폭죽을 여러 개 설치해놓고 하객들과 함께 터뜨리며, 집 주위에는 '기쁠 희(喜)' 자 두 개를 붙여놓고

전통혼례식장과 전통혼례 장면

하객들의 축하를 받는다. 신랑은 웨딩카를 타고 신부집으로 가서 신부와 하객들을 모시고 결혼식장으로 간다. 이때 신랑신부와 하객들이 타고 가는 웨딩카는 결혼식의 성대함뿐 아니라, 신랑 측의 부의 정도와 대인관계를 나타내기 때문에 신랑은 무리가 따르더라도 되도록 많은 외제차를 동원하려고 한다. 또한 결혼식장 연회 테이블 위에는 고급술과 고급 담배를 올려놓으려 한다. 이는 체면을 중시하는 중국인의 모습을 반영한다고 하겠다.

신랑신부가 결혼식장에 도착하면 폭죽을 터뜨리며 이들을 맞이한다. 중국에는 우리처럼 전문 웨딩홀이 적기 때문에 보통은 큰 식당을 빌리는데, 최근에는 대도시를 중심으로 전문 웨딩홀이 생겨서 많은 커플이 선호하고 있다. 결혼식장에는 웨딩사진을 진열하거나 영상을 틀어놓고 하객들의 축하를 받는다. 이 역시 최근 들어 수준 높은 웨딩 스튜디오에서 촬영하고자 하는 커플들이 많다.

신랑신부가 하객들에게 인사하러 다닐 때 신랑은 술을 권하고 신부는 담배를 권하며 불을 붙여준다. 이때 '기쁠 희' 자 두 개가 새겨진 담배를 사용한다. 이후 식사가 끝날 때까지 신랑신부는

현대적인 결혼식장

테이블을 돌며 같이 술을 마시고 담배를 권한다. 하객들은 '훙바오'라는 붉은색 봉투에 축의금을 넣어 전한다. 중국에서 붉은색은 경사를 상징하지만 흰색은 장례를 뜻하기 때문에 축의금은 반드시 붉은 봉투에 넣어야 하며, 축의금 또한 짝수로 액수를 맞춰서 전해야 한다. 전통적인 답례품은 사탕과 담배이다. 사탕은 하객들에게 달콤함을 전하고자 하는 마음이며, 담배는 담배연기처럼 기쁨이 퍼져나가길 바라는 마음이 담겨 있다.

결혼식에 사용하는 담배

중국은 개혁개방 이전만 해도 소박하게 결혼식을 치렀다. 결혼식날 가까운 친지들을 초청해 간소하게 예식을 마친 후 기념품으로 사탕이나 담배를 나눠주는 정도였다. 그러나 경제가 고속으로 성장한 이래, 경제력이 사람을 판단하는 중요한 기준이 되면서 과다한 결혼비용 지출로 심각한 부작용을 낳기도 했다. 결혼비용은 우리와 마찬가지로 혼수 준비와 연회비용, 주택 마련 등에 쓰이는

80년대 농촌의 결혼식 장면

데, 갈수록 치솟는 집값과 혼례비용에 결혼을 미루는 경우도 많아지고 있다. 또한 고속 성장만큼 이혼하는 부부 역시 급증하고 있다. "불꽃이 번쩍이듯 금세 결혼했다가 금세 이혼한다"는 '산훈(闪婚), 산리(闪离)'라는 신조어는 백년가약을 상징하는 결혼 관념을 무색하게 한다. 이렇게 쉽게 결혼했다 헤어지는 부부들은 1980년대 이후 독자로 태어나 경제적 혜택을 누리며 성장한 세대이다. 여러 가지 원인이 있겠지만, 어려서부터 독선적인 생활 태도와 자기중심적인 사고에 익숙한 남녀의 갈등이 낳은, 한 자녀 정책의 또 다른 폐해라 할 것이다.

⑥ 장례문화의 변화와 정착

예부터 중국은 유교문화의 영향으로 장례의식이 복잡하고 까다로웠으며, 장례기간도 매우 길었다. 중국인은 하늘이 내린 천수를 다 누리고, 집 안에서 죽음을 맞이하는 것(寿终正寝)이야말로 가장 큰 축복이며, 자식은 망자의 임종을 지키는 것(送终)이 가장 중

중국 농촌의 장례풍경

중국의 전통장례

요한 효도라고 여겼다. 그와 함께 중국인은 '땅에서 낳았으므로 땅으로 돌아가야 평안함을 얻는다(入土为安)'고 생각했기에 시신을 땅에 묻는 토장(土葬)이 일반적인 안장법이었다. 하지만 중화인민공화국 수립 이후 장례의식은 점차 간소화되었고, 장례 기간도 대폭 줄어들었다. 그리고 인구증가에 따라 토장으로 수많은 묘소가 국토를 잠식하자 이를 우려한 중국정부는 1956년 화장(火葬)을 도입했다. 화장 보급에는 저우언라이, 덩샤오핑 등 국가지도자들의 영향이 매우 컸다. 그들은 죽은 후 화장할 것을 유언했고, 그 결과 토장제도를 규제하는 화장제도가 정착되었다. 다만 일부 소수민족의 경우, 그들의 고유한 장례풍속을 최대한 존중하여 유관 부처에 신청하면 이를 허용해준다.TIP

중국에서는 사람이 사망하면 유족이 공안국에 사망신고서를 제출하고, 빈의관(殯仪馆)에 연락해서 시신을 운구차로 빈의관까지 이송한다. 빈의관이란 일종의 장례 대행업체로 장례식과 화장, 납골까지 담당한다. 유족은 부고를 내고 입관된 시신은 고별실로 옮겨지며 초대받은 조문객들이 참여한 가운데 추도회를 진행한다. 이때 향을 피우고 초를 켜는데, 지역에 따라서는 폭죽을 터트리는 풍습도 있다. 이는 죽음을 삶의 끝이 아닌 저승에서의 또 다른 삶의 시작으로 보기 때문이다. 유족은 검은색 옷을 입고, 상주는 왼쪽 팔에 '효(孝)' 자가 쓰인 검은색 띠를 찬다. 조문객은 고별실 입구에서 나눠준 흰 꽃

TIP

현관장(悬棺葬)과 조장(鸟葬)

중국 남부의 일부 소수민족에는 '현관장'이란 풍습이 있다. 이것은 관을 높은 절벽의 동굴 속에 넣거나 절벽에 말뚝을 박고 거기에 올려놓는 것으로, 이렇게 함으로써 시신을 짐승으로부터 보호할 수 있다고 본다. 이것은 조상의 육신을 잘 보존해야만 조상의 도움을 받을 수 있다는 사상에서 유래했다. 한편, 티베트에는 '조장'이란 풍습이 있다. 이것은 말 그대로 시신을 독수리가 먹게 하는 것이다. 심지어 독수리가 먹기 좋게 시신을 토막 내어 늘어 놓기도 하는데, 이렇게 하는 이유는 죽은 자의 영혼이 독수리와 함께 하늘로 올라간다고 믿기 때문이다.

현관장

중국의 추도식

을 가슴에 달고 들어가 추도회에 참여한다. 추도회는 묵념과 애가 연주, 제문 낭독, 작별인사 등의 순서로 진행되며, 추도회가 끝나면 화장한 후 유골함에 넣어 납골당에 봉안한다. 중국은 당지[当地, 바로 그 지역] 화장이 기본 원칙이기 때문에 외지인이 사망하더라도 사망한 지역에서 화장한 후 유골을 수습하여 고향으로 가져가야 한다. 최근에는 죽은 사람을 화장한 후 유골을 땅에 묻고 봉분 대신 나무를 심어 묘지로 삼는 수목장이 널리 권장되고 있다. 이것이 산림 훼손도 막고 토장 효과도 있어 많은 호응을 얻고 있다.

　중국도 우리와 마찬가지로 고인을 기리는 풍습이 뿌리 깊다. 고인의 기일(忌日)을 비롯해 칭밍제(清明节, 양력 4월 5일 전후)나 중위안제(中元节, 음력 7월 15일), 집안의 중요 행사가 있을 때면 성묘를 하거나 제사를 지낸다.

중국의
대중문화

❶ 중국 영화, 변방에서 중심으로

1. 중국 대륙의 영화

중국에서 처음으로 영화가 상영된 것은 언제일까? 그것은 프랑스의 뤼미에르(Lumière) 형제가 처음으로 영화를 발명한 1895년보다 1년 늦은 1896년 8월 상하이에서 〈서양 그림자극(西洋影戏)〉이란 이름으로 소개된 것에서 비롯된다. 중국에서 처음으로 제작된 영화는 1905년 베이징 오페라[경극(京剧, jīngjù)]의 한 장면을 필름에 담은 〈정군산(定军山)〉이었다. 이후 1920년대 상하이에서는 놀랍게도 170여 개 영화사가 출현할 만큼 영화의 전성기를 누렸다. 그러나 초창기 중국

〈정군산〉

영화는 오락적인 성격이 있기는 했어도 사회계몽 내지는 대중교육이라는 사회적 기능을 더욱 강조하였다. 특히 좌익의 선전도구로 더 발전하게 되었고, 1949년 중화인민공화국 건국 이후 1980년대까지는 줄곧 공산당 내지는 사회주의 체제의 선전도구 역할에서 크게 벗어나지 못했다. 중국 영화가 세계시장에서 주목을 받게 된 것은 획일화에서 벗어나 다양성을 추구하게 된 개혁개방 이후의 일이다.

중국의 영화 발전 양상을 설명할 때 영화감독을 세대별로 나누는 경우가 많다. 간략하게 소개하면 다음과 같다. 제1세대는 1905년에서 1930년대에 활동한 감독으로, 중국 영화계의 개척자들이라 할 수 있다. 제2세대는 1930년대부터 1940년대에 활약한 감독으로, 좌익 영화운동 면에서 성과를 냈다. 제3세대는 1949년 건국 이후부터 문화대혁명이 끝나는 1970년대 중반까지 활동한 감독들로 강한 사회주의 색채를 띠는 혁명영화가 주류를 이루었다. 제4세대는 문화대혁명 이후 1980년대에 주로 농촌을 배경으로 한 사회문제를 다루는 데 주력했던 감독들이다.

제5세대는 1980년대 베이징영화학원(北京电影学院)을 졸업한 감독들이 주류를 이루었다. 이들이 바로 세계 영화계에 그 존재감을 드러내며 중국 영화의 르네상스 시대를 연 당사자이기도 하다. 대표적인 감독으로는 천카이거(陈凯歌), 장이

베이징영화학원

머우(张艺谋), 황젠신(黄建新), 톈좡좡(田壮壮) 등이 있다. 이들의 영화는 상징성과 풍자성이 풍부한 것으로 주목받았다. 또한 기존의 획일화된 이데올로기에서 벗어나 중국의 역사와 현실 문제를 뛰어난 영상미와 더불어 깊은 성찰로 표현해냈다. 바로 이 감독들에 의해 중국 영화는 세계무대에서도 큰 주목을 받았다. 장이머우TIP의 〈붉은 수수밭(红高粱)〉(1987)이 베를린영화제에서 금곰상을 받았고, 톈좡좡의 〈푸른 연(蓝风筝)〉(1993)이 도쿄영화제에서 대상을 받

장이머우

5세대 감독의 대표 주자로 베이징올림픽 개폐막식 연출 총책임을 맡았다. 아버지가 국민군 대령이었다는 출신 성분 때문에 농촌에서 '정치개조' 교육을 받으며 어린 시절을 보냈다. 1978년 베이징영화학원 촬영과에 입학하면서 영화에 입문했다. 1987년 〈붉은 수수밭〉으로 데뷔하여 이 작품으로 베를린영화제 금곰상을 수상했다. 이후 1991년 작품 〈홍등〉으로 베니스영화제에서 은사자상, 1992년 〈귀주 이야기〉로 베니스영화제에서 금사자상, 1994년 〈인생〉으로 칸영화제에서 심사위원대상과 남우주연상을 수상하는 등 중국 영화의 위상을 세계 속에 드높인 감독으로 칭송받고 있다. 이외에도 〈책상서랍 속의 동화〉, 〈영웅〉, 〈연인〉, 〈황후화〉 등의 작품이 있다.

붉은 수수밭

았으며, 천카이거의 〈패왕별희(霸王別姬)〉(1993)가 칸영화제에서 황금종려상을 받았고, 장이머우의 〈인생(活着)〉(1994)이 칸영화제에서 심사위원 특별상을 받았다.

천카이거

이어서 1980년대 개혁개방 시대에 성장한 6세대 감독들은 새로운 실험성과 지나친 예술성을 강조하며 주로 언더그라운드에서 활동한 것이 특징이다. 6세대 감독 가운데 선두주자라 할 수 있는 자장커(贾樟柯)는 〈스틸 라이프(三峡好人)〉(2006)로 베니스영화제에서 황금사자상을 수상했다. 그는 다큐멘터리와 극영화를 넘나들며 중국의 현실 문제를 사실적 다큐멘터리 기법으로 표현하였다. 또한 왕취안안(王全安)의 〈투야의 결혼(图雅的婚事)〉(2007)은 베를린영화제에서 황금곰상을 수상하였다.

패왕별희

2000년대 이후 등장한 7세대 감독들은 6세대 감독들보다 더욱 과감한 영상미학을 수용하지만 상업성에도 눈을 돌려 영화계를 주도해나가고 있다. 주목받는 감독들로는 〈크레이지 스톤(疯狂的石头)〉(2006)을 제작한 닝하오(宁浩)와 〈난징, 난징(南京! 南京!)〉(2009)을 발표한 루촨(陆川) 등이 있다. 2019년 중국 춘제에 상영된 궈판(郭帆)의

〈유랑지구(流浪地球)〉는 할리우드 영화에서나 볼 수 있었던, 우주를 배경으로 지구를 구하는 재난 주제를 다뤄 중국 영화사상 흥행 역대 2위라는 큰 성공을 거두게 된다. 앞으로 중국 영화가 어떤 방향으로 발전하게 될지에 영화인의 관심이 모아지고 있다.

〈유랑지구〉

2. 홍콩 영화

홍콩은 지리적으로 볼 때 중국의 변방이라 할 수 있지만, 영화에서만큼은 중심 내지는 견인 역할을 톡톡히 담당했다. 홍콩의 영화는 1920년대 상하이 영화계의 이식을 받은 이후 꾸준히 발전을 거듭하였다. 특히 1960년대 장처(张彻)의 〈의리의 사나이 외팔이(独臂刀)〉(1967) 등 무협영화 장르가 폭발적 인기를 거두었다. 이 '외팔이' 시리즈는 한국 관객들에게도 인기가 높아서 명절 전후한 개봉관에서 어김없이 상영하곤 했다.

1970년대에는 지금도 영화계의 전설로 남아 있는 리샤오룽(李小龙)이 등장하였다. 그는 〈당산대형(唐山大兄)〉(1971), 〈정무문(精武门)〉(1972), 〈용쟁호투(龙争虎斗)〉(1973) 등의 영화로 연거푸 커다란 성공을 거두며 홍콩 영화를 세계에 알리기 시작했다. 특히 리샤오룽이 쌍절곤을 휘두르는 모습은 후에 수많은 패러디의 대상이 되기도 했다. 1980년대에는 청룽(成龙)이 등장하여 코믹 무협이라는 새로운 장르를 유행시킨다. 〈취권(醉

〈당산대형〉

拳)〉(1979), 〈프로젝트 A〉(1983), 〈폴리스 스토리(警察故事)〉(1985) 등은 한국뿐 아니라 세계에서 모두 큰 성공을 거둔 영화이다. 리샤오룽과 청룽은 한국 영화 〈말죽거리잔혹사〉(2004)에서 패러디 소재가 되기도 했다.

1980년대 중반부터 1990년대 중반까지는 그야말로 홍콩 영화의 전성기라 할 수 있다. 이른바 '홍콩 누아르'의 시대가 도래한 것이다. 여기서 누와르(noir)는 검은색이라는 의미의 프랑스어로 암흑가를 무대로 한 비정한 범죄물을 소재로 한 영화나 소설을 가리킨다. '홍콩 누아르' 또한 홍콩의 범죄조직을 중심으로 벌어지는 사나이들의 우정과 정의를 그려낸 총기 액션물이다. 우위썬(吳宇森)^{TIP} 감독이 제작하고 저우룬파(周润发), 장궈룽(张国荣) 등이 주연하여 공전의 히트를 기록한 〈영웅본색(英雄本色)〉(1986)을 시작으로 〈첩혈쌍웅(喋血双雄)〉(1989) 등 '영웅본색류' 영화는 홍콩뿐 아니라 한국, 타이완, 동남아시아 등지에서 선풍적인 인기를 구가하게 된다. 장궈룽은 1990년 우리나라 초콜렛 광고에 등장하여 '감성으로 먹는 초콜릿'이란 홍보효과를 거두며 당시 업계 꼴찌였던 이 초콜릿의 매출을 300배 늘리는 엄청난 관심을 끈 바 있다.

이밖에도 홍콩 영화는 왕자웨이(王家卫) 감독의 〈열혈남아(热血男儿)〉(1988), 〈아비정전(阿飞正传)〉(1990), 〈중경삼림(重庆森林)〉(1994) 등과 관진펑(关锦鹏) 감독의 〈완령옥(阮玲玉)〉(1991), 쉬커(徐克) 감독의 〈황비홍(黄飞鸿)〉(1991), 천커신(陈可辛) 감독의 〈첨밀밀(甜蜜蜜)〉(1996) 등이 크게 성공하며 그야말로 홍콩 영화의 전성기를 구가하였다.

그러나 1997년 7월 홍콩이 중국에 반환된 이후 홍콩 영화계는 급격한 침체기를 겪는다. 홍콩 영화계가 활력을 잃으면서 청룽, 저우룬파, 우위선, 리롄제(李连杰) 등의 톱스타와 감독들이 할리우드로 무대를 옮기게 된 이유 외에도, 한 영화가 히트하면 이와 유사한

저우싱츠

장르가 계속해서 모방 양산되는 구습에서 벗어나지 못한 채 새로운 창의력이 발휘되지 못한 데서도 그 이유를 찾을 수 있다.

홍콩 반환 뒤 홍콩 영화계가 붕괴되기 일보 직전에 저우싱츠(周星驰)의 활약으로 기사회생한 것은 눈여겨볼 만하다. 저우싱츠는 원래 배우로서 〈도성(赌圣)〉(1990)으로 주목을 받았다.

〈서유기, 월광보합〉

그 후 〈신정무문(新精武门)〉(1991), 〈서유기, 월광보합(西游记, 月光宝盒)〉(1994) 등의 영화에서 그만의 독특한 코미디 장르를 개척하여 큰 흥행을 거둔다. 이후 그는 감독과 배우를 겸하며 〈식신(食神)〉(1996), 〈희극지왕(喜剧之王)〉(1999), 〈소림축구(少林足球)〉(2001) 등으로 홍콩 영화의 건재함을 알렸다. 최근까지도 그의 서유기 시리즈 세 번째 편인 〈서유기, 모험의 시작(西游降魔篇)〉(2013)과 〈미인어(美人鱼)〉(2016)는 홍콩뿐 아니라 중화권에서 큰 성공을 거두었다.

한편 홍콩 영화의 주요 소재인 흑사회를 배경으로 한 마이자오후이(麦兆辉)의 〈무간도(无间道)〉(2002) 시리즈가 나름의 흥행을 거두며 명맥을 유지한 것 역시 의미가 있다. 그러나 소재의 제한성에 일부 스타에만 의지하면서 홍콩 영화계는 생존이냐 도태냐의 기로에 서 있는 듯 보인다.

3. 타이완 영화

타이완의 영화계는 1949년 중국 대륙에서 건너온 대륙 영화인들이 이끌었다. 일찍이 1960년대에 이미 200여 편의 영화가 제작될 정도로 급성장했지만, 1970년대에 이르러 침체를 겪는다. 타이완 영화는 이른바 타이완 뉴웨이브의 쌍두마차로 일컬어지는 허우샤오셴(侯孝贤)과 에드워드 양(杨德昌) 감독이 등장하는 1980년대부터 세계의 주목을 받기 시작한다. 특히 타이완의 아픈 현대사를 그려낸 허우샤오셴의 〈비정성시(悲情城市)〉(1989)는 베니스영화제에서 황금사자상을 수상한다. 〈비정성시〉를 촬영했던 '지우펀'이라는 시골 마을은 타이베이에서 약 1시간 20분 떨어진 곳이지만, 영화의 명성 덕에 타이완의 유명 관광지가 되었다.

1990년대 이후에는 리안(李安) 감독이 큰 주목을 받기 시작한다. 타이완 출신인 리안은 영화계의 마에스트로라고 불릴 정도로 다양한 장르의 작품을 만들었다. 미국 본토에서 영화를 배우고 미국의 유명한 감독 스파이크 리 밑에서 조감독으로 일하며 영화 제작과 감독의 기본 수업을 받았다. 배타적인 미국 주류 영화계로부터 동양인이면서도 미국인의 심리와 문화를 잘 이해하고, 이를 객관적인 시선으로 표출해낸다는 찬사를 받고 있다. 리안은 〈쿵후선생(推手)〉(1991), 〈결혼 피로연(喜宴)〉(1993), 〈음식남녀(飮食男女)〉(1994)를 연거푸 성공시키며 타이완 영화를 전 세계에 알리기 시작했다. 2000년에는 국내에도 잘 알려진 〈와호장룡(臥虎藏龍)〉을 통해 신비하고 오묘한 동양 무술의 정수를 서양 영화팬에게 보여줘 무협영화의 매력을 안겨줬으며, 이 작품으로 아카데미 외국어 영화상을 수상하였다. 미국의

리안

동성애자 카우보이 젊은이들의 인생을 그린 〈브로크백 마운틴〉으로 2005년 제62회 베니스영화제에서 황금사자상을 받았으며, 2006년에는 동양인 최초로 아카데미 감독상을 수상했다. 2007년에는 장아이링(張愛玲)의 동명소설을 각색한 〈색계(色，戒)〉로 제64회 베니스영화제 황금사자상의 영예를 안았다. 아시아인으로 동양의 정체성을 살리면서 서양 관객의 문화적 코

〈와호장룡〉

드를 누구보다 잘 이해한다는 평가를 받는 리안 감독은 무협, 멜로, 서부극, 액션물 등 동서양의 다양한 영화 소재와 주제를 섭렵하며 주류와 비주류 영화 평단으로부터 모두 호평을 받고 있다. 리안의 이러한 성과에도 타이완 영화계는 현재 전반적으로 별다른 성과를 내지 못하고 있다.

❷ 변치 않는 '옛 노래(老歌)'의 인기

중국의 대중음악은 1927년 리진후이(李錦輝)의 〈가랑비(毛毛雨)〉로 시작된 것으로 알려져 있다. 이후 1930~1940년대에는 상하이를 중심으로 유행하다가, 1949년 중화인민공화국 건국 이후에는 별다른 발전을 이루지 못했다. 중국의 대중가요는 1980년대 개혁개방과 더불어 홍콩과 타이완 등지에서 유입된 중화권의 히트 가요와 함께 발전하게 된다. 그 대표적인 가수가 바로 덩리쥔(鄧麗君)이다. 덩리쥔은 타이완 출생으로 16세에 데뷔하여 홍콩, 타이완, 말레이시아 등 화교권뿐 아니라 대륙에서도 큰 인기를 끌었다. 오죽하면 1980년대 중국에서는 "낮에는 덩샤오핑의 말을 듣고, 밤에는 덩리쥔의 노래를 듣는다(白天聽老鄧，晚上聽小鄧)"라는 말이 유행할 정도였다. 그녀의 대표곡으로는 〈월

량대표아적심(月亮代表我的心)〉, 〈야래향(夜来香)〉, 〈첨밀밀(甜蜜密)〉 등이 있다. 정확한 표준어로 애틋한 사랑과 작은 소망 등을 담은 그녀의 발라드풍 노래는 이제 막 문화대혁명의 질곡에서 벗어난 중국인의 마음을 뒤흔들며 대중적 인기를 독차지하게 된다. 그녀의 '옛 노래[라오거(老歌)]'는 지금도 텔레비전이나 거리 곳곳에서 쉽게 들을 수 있으니, 덩리쥔에 대한 중국인의 사랑은 실로 남다르다 할 것이다.

덩리쥔

1980년대에 빼놓을 수 없는 가수가 바로 중국 록(Rock)의 대부로 꼽히는 추이젠(崔健)TIP이다. 1986년 베이징에서 개최된 '100인 가수 콘서트'에서 그가 〈가진 것은 하나도 없어요(一无所有)〉라는 록을 처음 불렀을 때 반응을 다음과 같이 술회했다. "짧고 짧은 몇 분 동안, 공연장을 가득 메운 관중들은 마치 한 세기를 뛰어넘어온 느낌을 받았다. 그들은 일순간 바닥을 차고 의자를 치며 박수를 보내고 환호성을 질렀다." 결국 이 노래는 당시 젊은이들 사이에서 자유와 저항을 상징하는 노래로 자리 잡았고, 1989년 톈안먼사건 때 학생들의 운동가요로 불리며 더욱 큰 반향을 일으켰다. 허스키한 중저음, 자유 지향적 가사 그리고 격렬한 사운드는 한 시대를 풍미하기에 부족함이 없어 보였다. 이후 등장한 록 가수 Beyond, 탕차오(唐朝), 우바이(伍佰) 등은 모두 그의 자양분을 먹고 자란 세대라 할 수 있다.

추이젠

1990년대 초중반은 이른바 '4대천왕(天王)'의 시기로 불린다. '4대천왕'이란 궈푸청(郭富城), 류더화(刘德华), 장쉐유(张学友), 리밍(黎明)을 가리킨다. 이들

은 홍콩을 배경으로 노래뿐만 아니라 드라마와 영화에도 주연
으로 출연하여 한 시대를 풍미했다. 당시 이들은 중화권뿐 아니
라 한국과 일본 등지에서도 큰 인기를 끌었던 아시아의 스타였
다. 영화 〈무간도〉의 주연으로 국내에서도 널리 알려진 류더화는
〈다음 생의 인연(来生缘)〉, 〈사랑을 잊는 물(忘情水)〉 등의 노래
로 큰 인기를 얻었다.

4대천왕

한국 드라마 〈내 마음을 빼앗아 봐〉(1998)의 주제곡인 〈사랑한 후에〉를 한국어로 불
러 국내에서도 큰 인기를 얻은 리밍은 올드 팝 〈Try To Remember〉를 달콤한 음색으로
불러 지금도 국내 라디오에서 자주 리퀘스트된다. 리밍은 특히 덩리쥔의 노래를 배경으
로 한 영화 〈첨밀밀〉(1997)에서 장만위(张曼玉)와 함께 열연하여 국내에서도 큰 사랑을
받았다. 4대천왕 가운데 가창력이 가장 뛰어나 '가신(歌神)'이라는 별명을 얻은 장쉐유는
〈축복(祝福)〉, 〈굿바이 키스(吻別)〉 등의 노래로 크게 히트했으며, 4대천왕 가운데 유일하
게 화려한 댄스를 구사하며 이국적인 외모로 큰 인기를 얻은 궈푸청은 〈광야지성(狂野
之城)〉, 〈사랑의 외침(爱的呼唤)〉 등 수많은 히트곡을 보유하고 있다.

중국 대륙의 가요계는 1990년대 중반까지는 어느 한 분야에
서도 홍콩과 타이완 가요계를 넘어서지 못했다. 이러한 상황에
서 일명 '캠퍼스가요(校园民谣)'라고 불리는 포크송이 캠퍼스를
중심으로 중국 대륙의 주류 음악으로 자리 잡게 된다. 1994년
드디어 '캠퍼스가요'라는 이름으로 음반이 출시되는데, 이 음반
에는 〈라오랑(老狼)〉, 〈같은 책상 쓰던 너(同桌的妳)〉 등과 같은

〈같은 책상 쓰던 너〉

히트곡이 수록되어 있다. 또한 1996년에는 '후회 없는 청춘(青春无悔)'이라는 캠퍼
스가요집이 출시되었다. 그러나 2000년대에 들어서면서 이러한 캠퍼스가요는 상업
적인 대중가요에 밀려 설 자리를 잃었다.

2000년대 초반에는 타이완 음악이 큰 인기를 얻게 된다. 린즈잉(林志颖), 장후메
이(张惠妹), 저우제룬(周杰伦) 등이 그 중심에 있었다. 특히 저우제룬은 싱어송라이
터로 가창력뿐 아니라 연기로도 인기를 얻어 2003년 아시아판 『타임』의 표지를 장

저우제룬

식했으며, 지금까지도 큰 사랑을 받고 있다.

이렇듯 중국의 대중음악은 한번 큰 인기를 끌면 그 인기가 상당 기간 오래가는 것이 특징이다. 2015년 이후에는 장이싱(张艺兴), 마오부이(毛不易) 등과 같이 젊은층의 환호를 받는 가수가 출현했을지라도, 그 이전부터 활동하던 장쉐유, 왕페이(王菲), 저우제룬, 왕리훙(王力宏) 같은 연륜 있는 가수들도 꾸준한 사랑을 받으며 오랫동안 활동하고 있다. 또한 최근 록 음악 혹은 힙합 등 다양한 음악이 가요시장에서 괄목할 성장을 하고 있지만, 중국인의 심금을 애잔하게 울리는 서정적인 '옛 노래' 또한 중국의 거리 곳곳에서 여전히 들을 수 있다는 점 역시 큰 특징이라 할 수 있다.

❸ 전통 사수와 4대 전통극

중국의 CCTV를 켜면 하루 종일 전통극만 방영하는 채널도 있다. 영화에서 익숙하게 보았던 〈패왕별희〉를 징쥐(京剧, 경극)로도 볼 수 있고, 순식간에 얼굴의 가면을 바꾸는 볜롄(变脸, 변검)도 감상할 수 있다. 이렇듯 중국에서는 수백 년 이상 이어져 온 전통극을 보존하고 발전시키고자 하는 의지가 매우 강하다. 물론 이러한 중국의 전통극은 중국인뿐 아니라 중국을 여행하는 관광객에게도 큰 흥밋거리를 제공한다.

1. 웨쥐(越剧, 월극)

웨쥐는 중국의 전통극 가운데 가장 늦게 발전했지만 제일 넓은 지역에서 공연되는 지방극이다. 웨쥐는 1920년대 상하이에서 발전하기 시작한 것으로, 남자 배우만 공연하는 징쥐(京剧)와 달리 여자 배우만 출연한다. 주로 상하이, 저장, 장쑤, 푸젠, 장시 등 강남 일대에서 공연되지만, 한창 인기가 높았을 때는 전국적으로 공연되기도 했다. 1950년대 중국판 '로미오와 줄리엣'이라는 평가를 받았던 〈량산보(梁山伯)와 주잉타이(祝英台)〉가 큰 인기를 얻어 웨쥐의 존재감을 과시하기도 했다. 이

〈량산보와 주잉타이〉

후 〈홍루몽(红楼梦)〉, 〈서상기(西厢记)〉 등 여성의 섬세한 감정을 사실적으로 잘 표현하는 작품 등에서 대중의 인기를 얻었다.

2. 촨쥐(川剧, 천극)

'촨쥐'에서 '촨'은 쓰촨을 가리킨다. 즉 쓰촨성 일대를 중심으로 윈난과 구이저우 일부 지역에서 유행했던 지방극이다. 청대에 쓰촨의 전통극인 '화등희(火灯戏)'에 외부에서 유입된 고강(高腔), 호금(胡琴) 등 5종류의 전통극이 혼합되어 만들어졌다. '촨쥐'라는 명칭은 1911년을 전후하여 독립적인 극단이 형성된 후 붙여진 이름이다. 당시 가장 유명한 극단으로는 청두의 '삼경회(三庆会)'가 있었다. 중국 전통극 중에서 가장 많은 작품을 남긴 것이 바로 촨쥐로, 작품 수가 무려 2,000여 종에 이른다.

촨쥐는 연출 기법이 세밀하고 생활에서 소재를 찾는 경우가 많다. 또한 절묘한 기예를 선보이는 화려한 무대로 관객을 압도한다. 중국 영화 〈변검(变脸)〉으로 우리에게도 익숙한 '볜롄'도 촨쥐 가운데 하나이다. '볜롄'은 비밀스러운 손동작으로 얼굴의 가면을 하나하나 바꾸어가는 일련의 과정을 보여주어 관객에게 큰 즐거움을 선사하는 전통극이다.

볜롄

3. 쿤쥐(昆剧, 곤극)

쿤쥐는 가장 오래된 지방극으로, 명대 초기에 장쑤성 쿤산(昆山)과 쑤저우 일대에서 시작되었다. 노래, 춤, 무술과 문학이 결합된 종합예술이라 할 수 있다. 부드러운 선율 속에서 행동과 의상과 표정 등의 연기가 매우 우아한 것으로 정평이 나 있다. 사대부 문인이 즐겨보던 극으로 그만큼 가장 정통 스타일에 가까운 지방극이라 할 수 있다. 또한 정통과 기본기를 중시했던 까닭에 후세의 다른 많은 전통극에 큰 영향을 주기도 했다. 그래서 쿤쥐는 '모든 전통극의 조상(百戏之祖)'이라는 칭호까지 받았다.

문학성이 매우 뛰어나 중국의 셰익스피어라고 불리는 탕현조(汤显祖)의 〈모란정(牡丹亭)〉이 바로 이 쿤쥐 공연을 위해 만들어진 것이다. 쿤쥐는 청대 초기에 최대 전성기를 맞이하였으나, 징쥐가 등장하면서 쇠퇴하였다. 그러나 1950년대에 이르러 〈십오관(十五貫)〉이 큰 인기를 얻으면서 쿤쥐는 다시 옛 명성을 찾게 되었다. 2001년에 유네스코세계문화유산에 등재되었다.

〈모란정〉

4. 징쥐(京剧, 경극)

징쥐는 '서울의 전통극'이라는 의미이다. 그래서 서양에서는 '베이징오페라(Peking Opera)'라고 부른다. 중국 전통극 가운데 영향력이 가장 큰 대표극으로, '국가대표'라는 의미의 '국극(国剧)'이라고도 불린다.

(1) 징쥐의 유래와 발전

징쥐가 처음 전국적으로 알려지게 된 것은 1790년 가을 건륭제(乾隆帝)의 80세 생일 축하 공연을 하면서였다. 이 축하 공연 당시 안후이성에서 올라온 삼경반(三庆班)이 베이징에서 큰 인기를 얻자, 안후이성에서 4개 주요 공연단이 속속 베이징으로 올라와 공연에 합류하면서 궁중을 비롯해 민간에 이르기까지 큰 인기를 얻었다. 이후 이들은 30여 년간 줄곧 베이징에 남아 각종 민간의 곡조와 지방극의 여러 장점을 두루 융합하여 징쥐를 탄생시켰다. 이렇게 탄생한 징쥐는 200여 년간 전무후무한 인기를 누렸다.

징쥐는 노래, 대사, 동작, 무술 네 가지를 종합한 일종의 중국식 오페라라고 할 수 있다. 징쥐의 내용은 대부분 민간설화, 소설, 영웅담, 연애담에서 소재를 취했다. 대본이 3,000여 편 있었던 것으로 전해지는데 이 가운데 100여 편 정도는 오늘날에도 자주 공연된다. 그 대표적인 것으로는, 영화로 소개되어 유명해진 〈패왕별희〉, 〈귀비취주(贵妃醉酒)〉, 〈요천궁(闹天官)〉, 〈수호전〉 등이 있다.

징쥐의 배우로는 중국인의 가장 큰 사랑을 받았던 탄신페이(譚鑫培)와 메

〈패왕별희〉

〈수호전〉

이란팡(梅兰芳)을 꼽을 수 있다. 이들은 각각 '탄파이(谭派)'와 '메이류(梅流)'라는 계파를 형성하여 후세 징쥐 발전에 큰 영향을 미쳤다. 특히 '메이류'는 중국의 대표적 전통극의 일환으로 '세계 3대 극 공연 체계'로 인정받기도 했다. 2010년에 징쥐는 유네스코세계문화유산에 등재되었다. 현재 베이징과 톈진, 상하이 세 곳에 각각 징

탄신페이   메이란팡

쥐위안(京剧院)이 있으며, 베이징 후광후이관(湖广会馆), 리위안쥐창(梨园剧场)과 상하이의 톈찬우타이(天蟾舞台) 등에서 징쥐를 감상할 수 있다.

(2) 징쥐 감상법

징쥐를 볼 때에는 '보다'라는 동사를 쓰지 않고 '듣다'라는 동사를 써서 '팅시[听戏, 징쥐를 보다]'라고 한다. 징쥐에 화려한 분장과 동작이 들어 있다 하더라도, 징쥐를 이해하기 위해서는 반드시 듣는 것에 유의해야 한다는 뜻이 내포되어 있다. 징쥐에 사용되는 음악은 시피(西皮)와 얼황(二黃) 두 곡조가 주축을 이룬다. 시피는 기쁘거나 환희를 표현할 때, 얼황은 슬프고 비통할 때 사용된다. 이러한 음악을 감상하는 데에는 큰 문제가 없다. 그러나 대사와 노래의 경우는 다르다. 실제로 중국인조차 징쥐의 대사와 노래를 모두 정확하게 이해하기가 쉽지 않다. 그래서 대부분 징쥐극장에서는 대사의 자막을 따로 준비하는 경우가 많다.

징쥐의 무대는 서양의 오페라처럼 화려하지 않고 가장 필요하다고 보이는 간단한 소도구나 탁자, 의자 정도만 구비되어 있다. 그 대신 징쥐에서는 섬세하고 과장된 표정의 얼굴 분장[렌푸(脸谱, 검보)]이나 화려한 옷 그리고 다소 생소해 보이는 동작들이 두드러진다. 바로 이러한 분장, 옷, 동작 등에 내포된 상징성을 얼마나 이해하느냐가 징쥐를 감상하는 데 가장 중요한 관건이라 할 수 있다. 예를 들어, 얼굴 색깔이 붉은 경우에는 그 역할이 매우 충직하고 정의로운 것을 상징하며, 흰색인 경우에는 교활하고 흉악한 것을 상징한다. 의상의 경우에는 등에 용무늬가 있고 빨간 구슬이 달린 관을 썼으면 황제를 상징한다. 동작의 경우에는 걷는 도중 오른발을 약간 올리면 문지방을 넘는 것을 상징하는

것이며, 무대에서 원을 크게 그리며 종종거리며 걷는 것은 멀리 여행을 하고 있음을 상징하는 것이다. 따라서 징쥐 배우는 관객과 이미 암묵적으로 정해놓은 이러한 세밀하고 섬세한 '상징'에 맞추어 얼굴을 분장하고 의상을 입으며 손동작을 준비하고 표현해야 하며, 동시에 관객들은 이러한 '상징'을 이해해야만 징쥐를 좀 더 재미있게 감상할 수 있다.

④ 한류(韓流), 중국에 이는 새 물결

중국에서 '한류'라는 명칭이 처음 등장한 것은 1997년 CCTV에서 방영된 한국 드라마 〈사랑이 뭐길래〉가 큰 인기를 끌기 시작하면서부터였다. 이후 한국문화는 드라마를 중심으로 급속도로 중국에 전파되었다. 특히 〈대장금〉(2005)의 열기는 그야말로 한류의 본격화를 알리는 신호탄이 되기에 충분했다. 이 드라마는 메가톤급 한류 드라마의 원조격이라 할 수 있으며, 중국 내에서 한식 붐을 일으킨 주인공이기도 하다. 또한 2004년에 방영된 〈풀 하우스〉는 시청률을 12%나 기록하여 중국인을 깜짝 놀라게 했다. 이후 〈상속자들〉(2012), 〈별에서 온 그대〉(2013), 〈태양의 후예〉(2016) 등에 이르기까지 한류 드라마의 위력은 중국 내에서 실로 대단하다. 특히 〈별에서 온 그대〉는 드라마의 인기로만 그치지 않고 드라마에 등장한 '치맥'문화가 중국 전역에서 유행할 정도로 그 파급력이 대단했다.

드라마 외에도 국내의 많은 가수 역시 중국 내의 한류 열풍에 크게 기여했다. 1998년 가수 클론의 〈꿍따리샤바라〉가 타이완에서 큰 인기를 끈 이후, HOT가 새로운 신세대의 아이돌로 급부상했다. HOT는 뒤이어 등장하는 그룹 아이돌의 원조격으로 중국 내에서도 큰 반향을 일으켰다. 이후 젝스키스, 빅뱅, 동방신기, EXO, 방탄소년단 등의 연이은 성공으로 케이팝의 열기는 식을 줄 몰랐다. 이들은 중국 내의 바이두(百度), QQ, 쿠거우(酷狗) 등과 같은 인터넷 플랫폼을 통해 전파되었는데, 주로 지우링허우(90后)와 링링허우(00后) 세대가 그 중심에 있었다.

이밖에 한국의 예능 프로그램 역시 많은 인기를 얻었다. 〈무한도전(极限挑战)〉, 〈1박2

일〈两天一夜〉, 〈아빠 어디가(爸爸, 去哪儿)〉, 〈나는 가수다(我是歌手)〉, 〈나 혼자 산다(我独自生活)〉 등은 모두 국내의 예능 프로그램으로, 오리지널 포맷 형식으로 중국에 수출되어 많은 사랑을 받고 있다. 이뿐 아니라 영화, 뮤지컬, 게임, K푸드 심지어 화장품에 이르기까지 한류의 범위는 더욱 넓어지는 추세이다. 다만 2016년 '사드' 문제로 촉발된 중국 내에서의 이른바 '한한령(限韩令)'은 한류 붐을 잠시 멈칫하게 했지만, 이미 중국 내에 깊숙이 잠재된 한류의 바람은 언제든 다시 훈풍으로 되돌아올 것으로 기대된다. 이 또한 한중문화교류의 가장 중요한 핵심이 될 것이다.**TIP**

중국판 〈아빠 어디가〉

TIP

중국의 소프트 파워

20세기는 국가 경쟁력의 잣대가 막강한 군사력이나 뛰어난 경제력과 같은 물리적 힘에 기반하는 '하드 파워'의 시대였다. 그러나 21세기는 문화, 가치, 이데올로기 등과 같은 추상적 힘이 지배하는 '소프트 파워' 시대가 될 것이라고 많은 이들이 예언한다. 소프트 파워는 한 나라의 문화적 매력을 바탕으로 세계인의 공감과 친화력을 이끌어내는 소리 없이 부드러우면서도 강한 힘이다. 조지프 나이(Joseph S. Nye)는 매년 외국 학생 50여 만 명이 미국에 유학을 오고, 유럽과 아시아를 비롯한 전 세계인이 미국의 영화와 음악과 텔레비전 프로그램을 선호하고 향유하는 모든 것이 바로 소프트 파워를 통한 미국의 가치와 이념이 전 세계인을 매료시키고 그들로 하여금 미국 문화를 수용하고 동경하게 하는 힘이라고 보았다. 결국 소프트 파워는 상대방과 상대 국가를 비물리적으로 굴복시켜서 자국의 이익을 관철시키는 눈에 보이지 않는 무서운 힘이다.

과거 〈겨울연가〉라는 단순한 드라마 한 편이 일으킨 '한류 열풍'은 일본을 비롯하여 동남아 전역, 아시아에 한국에 대한 관심과 친밀도를 최고조로 끌어올렸다. 〈겨울연가〉를 필두로 하여 〈대장금〉에 이르기까지 한국의 무수한 드라마가 전 세계에 방영되고, 보아(BOA)와 비(Rain)의 뒤를 이어 방탄소년단이 아시아를 발판으로 세계 음악시장의 중심인 미국에까지 진출했다. 이런 '한류 열풍'이 바로 조지프 나이가 주장한 '소프트 파워'이다. 하드 파워의 강제적이고 객관적이며 물리적인 힘이 아닌 문화적인 가치와 매력에 힘입어 자연스레 한 나라의 국민 정서를 움직이고 호감을 불러일으키고 동화되게 만드는 소프트 파워, 21세기 세계 제패의 관건은 바로 이런 소프트 파워를 누가 장악하느냐에 달려 있다.

최근 들어 중국이 세계 제패를 위한 소프트 파워의 강화를 본격적으로 모색하고 있다. GDP 성장률 1위의 경제적 자신감, 우주강국과 군사대국으로 급부상, 베이징올림픽을 성공적으로 치러낸 자신감은 이제는 문화제국의 야심으로까지 나아가고 있다. 그리고 그 중심에는 수천 년 역사가 녹아든 중국의 찬란한 문화유산이 자리 잡고 있다. 중국정부에서는 중국 소프트 파워를 강화하고 집중 육성하기 위해 국가 전략적 차원에서 대외한반정책(对外汉办政策)과 함께 전 세계에 공자학원(孔子学院)을 설립하고 있다. 공자학원은 중국어를 비롯하여 중국의 요리, 음악, 영화, 문학, 철학과 사상, 무예 등 중국의 유구한 문화적 전통과 가치를 이용해 전 세계에 '중국 문화의 붐(汉流)'을 일으키는 중국어문화 아카데미이다. 중국어를 영어에 버금가는 세계적인 국제어로 발돋움시키고 이를 발판으로 중국 문화를 전 세계에 전파해서 '신중화시대(新中华时代)'를 구현하겠다는 중국의 야심작이다.

공자학원

중국 밖의
중국인, 화교

❶ 화교의 형성과정

　해외에 거주하는 중국인을 화교, 화인(華人) 또는 화예(華裔)라고 부른다. 21세기 들어 서는 세계 각지에 흩어져 있는 해외 중국인, 즉 화교는 세계경제의 중요한 한 축으로 등 장하였다. 화교는 중국인 또는 한족을 의미하는 '화(華)'와 타향살이를 하는 사람을 일컫 는 '교(僑)'가 합쳐진 말로 중국 이외의 외국에서 사는 중국 사람을 가리킨다. 화교라는 말은 한국에서 매우 광범위하게 쓰이지만 중화권에서는 좀 더 상세히 분류한다. 중국 또 는 타이완의 국적을 유지하며 해외에 거주하는 사람만 화교라 부르고 이들 가운데 현지 국적을 취득하고 중국계 커뮤니티에 참여하는 사람들은 '화인(華人)'으로 구분하며 화인 의 후손들로 현지 국적을 갖고 있으면서 중국계 커뮤니티에 참여하지 않는 사람들은 '화 예(華裔)'로 구분한다.

🪭 전 세계 화교 분포 현황

● 500만 명 이상
● 100만 명 이상~500만 명 이하
　50만 명 이상~100만 명 이하

　중국인이 다른 나라로 이주하여 정착한 것은 그 역사가 대략 2,000년 전으로 거슬러 올라간다. 문헌 기록에 따르면 중국은 일찍이 진한 시기에 이미 실크로드를 통해 서역과 왕래하였으며 선박으로 일본으로 항해하다가 그대로 남아 거주하는 사람들이 있었다. 하지만 본격적으로 해외에 화교 집단을 형성하여 거주한 것은 당나라 때 상당수 중국인이 동남아 각 지역으로 이주한 것으로 시작된다. 중국인의 해외 이주는 해외무역이 발전하거나 국내 전쟁으로 경제 파탄이 지속될 때 대량으로 증가했는데 그 과정은 대략 다음 4단계로 구분할 수 있다.

첫 번째는 당나라(618)부터 송나라(1270) 시기다. 당시 적지 않은 중국인이 동남아 각 지역에 정착하여 무역에 종사하였는데 그중 일부가 현지에 정착하여 최초의 화교가 되었다. 당시 인도네시아, 태국, 필리핀, 말레이시아 등 동남아시아에 거주했던 중국인은 약 10만 명 정도였다.

두 번째는 원나라(1271)부터 청나라(1840) 시기다. 명나라 때 시행되던 해금(海禁)정책이 완화되면서 중국의 해외무역은 크게 발전한다. 또한 동남아시아 지역이 서구의 식민지나 무역 중계 지역으로 변화하면서 중국의 값싼 노동력과 수공예품에 대한 수요가 증가해 중국의 상인, 농민, 어민과 수공예 장인들을 끌어들였다. 이로써 중국인의 해외 진출이 크게 증가하고 해외 각지의 화교들은 점차 사회·경제적 토대를 갖추기 시작하였다. 당시 화교들은 동쪽으로는 한국과 일본, 서쪽으로는 인도 동부해안, 남쪽으로는 인도네시아에 이르는 광범위한 지역에 거주하였는데 인구는 100만 명 정도에 달하였다.

세 번째는 아편전쟁(1841)부터 중국 건국(1949) 시기다. 해외로 이주한 중국인의 규모가 가장 크고 분포도 다양하며 많은 고통을 겪은 시기다. 중국 내부의 정치적 혼란과 경제 파탄, 제국주의 국가들의 식민지 약탈과 개발에 따른 값싼 노동력에 대한 수요가 증가했다. 그 결과 수많은 계약노동자가 해외로 팔려나가면서 중국인 이민이 대규모로 이루어졌다. 이러한 이민 형식은 18세기 말에 시작되어 20세기 초까지 이어졌다. 100여 년 동안 중국인 700만 명이 세계 각지로 퍼져나가면서 오늘날 화교가 세계 각국에 분포하는 기초가 되었다. 이 시기 화교의 수는 약 1,200만 명에 달했다.

네 번째는 중화인민공화국 건국(1949)부터 지금까지이다. 이 시기엔 동서방의 경제력 차이와 미국, 캐나다, 오스트레일리아 등의 이민정책의 변화로 가족 방문이나 유학 등의 방식을 이용한 해외 이주가 증가했다. 이 시기에는 타이완, 홍콩, 마카오 주민들도 적지 않은 수가 해외로 이주했다. 최근 20여 년 동안 중국 본토에서 이주한 신세대 화교도 약 200만 명에 달한다. 화교 화인의 경제적 발전과 인구의 자연 증가로 21세기에 국외에서 거주하는 화교와 화인의 수는 약 4,000만 명으로 급격히 증가했다. 그중 90%는 이미 현지 국적을 취득했으며, 160여 개 국가에 분포되어 있다. 화교의 형성은 이와 같이 오랜 중국 역사를 배경으로 하고 있다.^{TIP}

TIP

한국과 일본의 화교

역사적으로 고조선의 위만이나 고려의 쌍기와 같은 중국의 인재나 고구려의 한사군 병합과 명나라 유민의 유입과 같이 꾸준히 중국에서 이주민이 유입되었다. 하지만 이들은 모두 한민족에 동화되었고 귀화 성씨로 그 흔적만이 남아 있을 뿐이다. 현재 대한민국에 거주하는 화교는 대부분 19~20세기에 이주한 사람들의 후손들이다. 고종 19년(1882) 임오군란이 일어나면서 명성황후는 청나라에 군대를 요청하였는데 이때 산둥성 옌타이에서 군사 3,000명과 상인 40여 명이 왔다고 한다. 바로 이들 산둥 출신 상인들로부터 공식적인 한국 화교의 역사가 시작된다고 할 수 있다. 이후 역사에서 한국에 거주한 화교들은 종종 배척을 받았다. 일제강점기에는 자본 유출에 대한 반발로 만보산 학살 사건과 같은 화교 배척 사건들이 있었다. 광복 이후 대한민국정부는 제도적으로 화교들이 경제적인 실권을 쥐는 것을 지속적으로 견제하였는데, 6·25 직전의 창고 봉쇄령, 1961년 외국인토지소유금지법, 1963년 화폐개혁이 대표적인 예라 할 수 있다. 이로써 1944년 7만 명이 넘었던 화교는 점차 타이완, 홍콩, 미국 등으로 유출되어 한때 2만 명으로 줄었다. 1990년대 말부터 외국인에 대한 호의적인 정책이 시행되면서 2만 명대를 유지하고 있다.

대한민국 인천의 차이나타운

고구려가 한사군의 잔존세력인 대방군을 공격하면서 대규모 한인들이 일본으로 유입된 이래 역사적으로 중국인들이 일본에 이주한 사례들은 매우 많다. 하지만 한국에서와 마찬가지로 대부분 일본에 동화되어 화교 집단을 구성하지 못하였다. 에도시대의 쇄국정책으로 중국 상선은 나가사키에만 정박할 수 있었다. 밀무역의 증가로 중국 상인들이 많아지자 에도막부는 1689년 나가

일본 나가사키의 차이나타운

사키 교외에 차이나타운을 만들어 이들을 관리하였다. 나가사키짬뽕은 바로 푸젠성 출신 화교 천핑순이 나가사키 지역의 중국인 유학생들을 먹이기 위해 푸젠의 탕러우쓰몐을 변형한 데서 비롯된 것이다.

② 중원과 남중국해 연해 지역

1. 한족의 발원지

황허강 중하류 지역과 허난성 일대를 중국인은 전통적으로 중원이라고 부른다. 이 중원 지역은 고대 화하민족 발원지이자 중화문명의 발원지이고 중심지이다. 화하족은 한족의 원류이다.

중국은 여러 통일 왕조를 거치며 영토가 크게 확장되었지만, 왕조의 수도는 서북쪽의 장안[長安, 지금의 시안]이나 중북부의 뤄양·카이펑, 동북쪽에 위치한 베이징 등 대부분 북부의 황허강 유역에 위치했다. 중원에 위치한 장안 일대는 서주, 진(秦), 서한, 당 등의 왕조가 수도로 삼았고 뤄양은 동주, 동한, 서진, 수, 후량, 후당 등이 수도로 삼았던 고대 문화의 중심지였다. 이에 따라 중국 주변의 다양한 종족이 중국의 북서쪽이나 북쪽에서 황허강 중하류에 위치한 정치와 종교의 중심지나 황허강 유역의 곡창지대로 이동해왔다.

2. 남중국해 지역의 교역활동

중국이 동남아시아 항구나 일본과 교류가 있었을 것으로 보이는 기록은 일찍부터 전해져 왔다. 사마천의 『사기』에 따르면, 방사(方士) 서복(徐福)은 진시황의 명으로 불로초를 찾고자 동쪽으로 떠났다가 돌아오지 않았다고 한다. 그런데 서복이 도착한 곳이 일본이었다는 전설이 전해져 오늘날까지 일본의 서복 관련 단체들은 이에 대한 기념사업을 하고 있다. 한국의 제주도 서귀포에도 서복이 왔었다는 이야기가 전해져 기념공원과 기념관이 조성되었다. 이로 미루어보아 당시 중국은 이미 바다 건너 주변 국가들과 왕래했을 것이라는 점을 쉽게 짐작할 수 있다.

한나라와 그 이후 왕조들은 전형적인 '조공(朝贡)' 외교로 남쪽의 수많은 왕국과 교역을 했다. 특히 창장강 하류에 위치했던 춘추시대 오나라는 동남아시아 왕국들과도 교역 항구를 개방했고, 삼국시대 오나라 때는 외교·무역 관계로 확대되었다. 16세기에 유럽 세력이 도래하기 전까지 중국은 여러 아시아 국가나 상인과 외교관계를 맺고 꾸준히 무역을 지속해왔다.TIP

신라방(新罗坊)과 신라원(新罗院)

신라가 삼국을 통일한 후 공(公)·사(私) 무역이 점차 활발해지고 해상 활동이 빈번해짐에 따라 신라인들은 해상 무역 활동이 편리한 등주(登州)·양주(杨洲)·초주(楚州) 등 중국 동쪽 해안지대로 이주하여 집단거류지를 형성하였는데 이를 신라방이라 부른다. 신라방에는 신라방의 거류민을 위한 행정기구인 신라소(新罗所)와 신라인이 세운 절 신라원이 있었다. 신라방은 장보고가 해상권을 장악한 후 해상 무역을 신라인이 독점하게 되면서 크게 번창한다. 장보고는 당시 신라, 당나라, 일본 등 3국의 교역을 주도하였는데 자신이 세운 법화원(法华院)을 통해 신라와 연락을 주도하고 재당 신라인의 구심점 역할을 하였다.

불교의 전파

동한시대에 인도로부터 중앙아시아를 지나 대월지[大月氏, 지금의 신장]를 거쳐 중국으로 전파된 불교는 북위시대에 유행하다가 당나라 때에 크게 흥성했다. 당시 불교를 신봉하던 통치자들은 동남아시아 통치자들과 공식적인 접촉이 많았으며, 향료나 약재 등의 교역도 크게 확대되었다. 승려와 학자는 불교 교의를 공부하고자 서역을 거쳐 천축국(天竺国)으로 불리던 인도로 떠났다. 그중에는 현장처럼 돌아온 사람도 있었지만, 동남아시아의 종교 중심지에 정착하여 돌아오지 않은 중국인도 있었다.

당나라가 멸망하자, 화베이를 중심으로 한 중원 지역에는 한족의 정통 왕조인 5개 왕조가 차례로 들어섰고, 화난(华南) 지역과 주변 각 지방에는 10개 나라가 할거했다. 그중 화남과 연해 지역에 위치하였던 남당[南唐, 지금의 장쑤, 장시, 안후이, 푸젠], 오월[吳越, 지금의 저장], 민[闽, 지금의 푸젠], 남한[南汉, 지금의 광둥, 광시] 등의 지방 정권은 무역항을 보유하고 있어 남중국해의 나라들과 해외 교역을 크게 확장시켰다.

그러나 이 왕국들은 10세기 말 송나라(北宋)에 의해 완전히 통합되고, 북송은 수도를 화중 지역에 있는 카이펑으로 정했다. 북송은 요나라와 금나라 등 이민족 국가 때문에 줄곧 북쪽 국경 수비에 온 관심을 쏟았다. 그러다가 1127년 여진족이 세운 금나라에 카이펑이 함락되자 수도를 남쪽으로 옮겼다. 바다에 인접한 도시 항저우에 처음으로 제국의 수도가 건설되자 남부 연해 지역 상인의 동남아시아, 한국, 일본과의 교역 활동도 크게 촉진되었다.

남송의 수도 항저우가 1279년 몽골에 함락되면서 제국의 수도는 다시 북부의 베이징으로 복귀되었다. 원왕조에서의 해외 무역은 주로 중앙아시아와 페르시아, 아랍 출신 무슬림에 의해 이루어졌다. 이들 무슬림과 외국 상인 중에는 중국에 정착해 중국인이 된 사람도 있었다. 몽골제국 시기에도 해운업은 지속적으로 발전하여 남부 해안 사람 중에는 무역에 종사하다가 동남아시아의 여러 항구 도시에 체류하는 중국인도 점차 늘어났다.

몽골을 북부 초원 지역으로 축출하고 난징에 수도를 세운 명나라는 개방적이었던 몽골정부와 달리 조공제도를 강화하고 제도화했다. 그러나 제3대 황제 영락제는 환관 정화를 제독으로 파견하여 7차에 걸쳐 인도양을 지나 아프리카 동부해안 지역까지 항해하

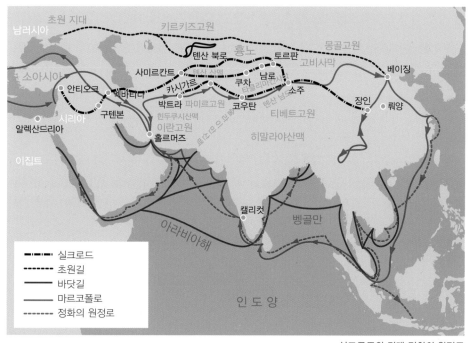

실크로드와 명대 정화의 원정로

도록 했다. 1433년 정화의 마지막 항해 이후 돌연 명나라의 모든 해양 원정 사업은 중지되었다. 해외 교역도 중지되었지만 조공사절단만은 오갔다. 사절단과의 교역은 조공으로만 이루어졌을 뿐 사적인 상업활동은 금지되었다. 서양세력이 들어온 이후에는 광저우항 등에 한정해서 교역 금지령(海禁令)을 완화하기도 했다.

반면 비슷한 시기에 신흥 해양국으로 등장한 포르투갈, 스페인, 영국, 네덜란드 등은 16세기 초부터 동남아시아에도 본격적으로 진출했다. 1498년 바스코 다 가마(Vasco da Gama)의 인도항로 개척으로 포르투갈은 1511년 아시아로 진출해 말레이반도 남서쪽 항구 도시 말라카(Malacca)를 점령했고, 인도의 고아(Goa)에 식민지를 건설했다. 이들은 일본의 나가사키를 오가며 무역을 중개해 막대한 이익을 거두었다. 1557년 포르투갈이 마카오를 특별거주 지역으로 조차하여 고아와 나가사키를 오가는 무역선의 중간 기착지를 설립함으로써 마카오는 포르투갈의 아시아 무역의 근거지가 되었다.

만주족이 통치하는 청나라가 중국을 통치하자 청왕조는 효율적으로 해금령을 원상 복귀시켰다. 그러나 타이완, 진먼, 샤먼 등의 지역에서 할거하던 정성공이 타이완으로 들어가 '항청복명[청나라에 저항하고 명나라를 다시 세우자]'의 기치를 내걸자 청왕조는 모든 연해 지역 백성을 내륙으로 이동시키는 조치를 취했다. 그리고 주희의 신유학을 강조하고 무역업은 경시했다. 이즈음 네덜란드나 스페인의 기록에 따르면 수천 명이 넘는 중국인이 필리핀의 루손, 인도네시아의 자바, 베트남이나 말라카 같은 말레이섬에 흩어져 있었다고 한다. 반면 신흥해양국으로 성장한 서양의 여러 나라는 광저우를 통해서만 중국과 교역할 수 있었다.

이와 같이 중화문명의 중심지는 중원이었으나, 동남연해 지역 사람들은 해양 정책의 변화 속에 당나라 때부터 이미 동남아시아의 여러 지역과 무역을 하거나 필요에 따라서는 현지에 정착하여 화교사회를 발전시켜왔음을 알 수 있다.[01]

---

[01] 중국인의 해외 이주에 대한 연구는 왕경우(王赓武)의 『화교: 중국 밖의 또 다른 중국인』이라는 저서에 잘 정리되어 있으며, 일본의 『남양화교총서(南洋华侨丛书)』 또한 화교 연구의 중요한 자료이다.

❸ 중국인의 해외 이주와 이민

1. 중국인 노동자의 해외 이주

유럽은 식민지 경영으로 많은 노동력이 필요하자 노동력을 확보하기 위해 아프리카의 흑인을 노예로 만들어 신대륙으로 이동시켰다. 1863년 링컨 대통령의 노예해방선언으로 여러 지역에서 노예제도가 폐지되자 신대륙

➤ (청나라의 아편전쟁 패배로) 1842년 8월 영국과 청나라가 난징조약 체결

에서는 값싸고 우수한 노동력이 필요하게 되었다. 영국은 처음에는 인도를 비롯한 여러 지역에서 임금노동자를 보충했으나, 점차 인구가 많은 중국의 노동자에 주목했다. 영국 정부는 중국에서 노동자를 직접 모집하고자 했고, 영국의 요청으로 1859년 광둥에 '초상국(招商局)'이 설치되었다.

영국의 뒤를 이어 포르투갈, 미국, 네덜란드, 스페인 등도 노예제를 대신할 노동력 공급원으로 중국인을 해외로 이주시켰다. 19세기에 해외로 이주한 중국인 가운데는 자유 이민보다는 계약이민이 많았다. 힘든 육체노동에 종사하는 자를 낮추어 부르는 말로 이들 노동자를 '쿨리(苦, coolie, cooly)'라고 불렀다. 영국이 영국령 해외 식민지인 페낭, 말라카, 싱가포르를 개발하기 위해 중국인 쿨리를 동남아시아로 이주시키던 시기는 쿨리 무역의 전성기라고 할 수 있다.

이들의 도항 중 여비를 스스로 지불하고 가는 것은 지불이민(支拂移民)이라 하였고, 여비를 지불할 능력이 없어서 여비를 빌려서 도항하는 것은 '계약이민(契約移民)'이라고 불렀다. 현지 고용주와 기간과 노동조건을 미리 계약한 다음 출국하는 계약이민은 노예제의 대용 방식으로 폐해가 많았다. 당시 계약이민자는 대부분 남성이었다. 1870년 홍콩조례를 통해 쿨리 출국에 대한 근본적인 규제가 실시되었지만, 중국인의 해외 이주는 감소되지 않았다. 1876년부터 1939년까지 중국인의 해외 이주는 1,533만 명을 기록하였다.

중국인의 신대륙 이민은 과거의 노예 노동력을 대신한 것으로, 신대륙에서는 광산과 농장 개발에 더 많은 노동력이 필요했다. 마침 서구열강과 벌인 전쟁에서 패배한 중국은

서구의 요청으로 노동자의 이주를 허용하게 되었고, 중국인 노동자는 골드러시(gold rush)가 휩쓴 아메리카대륙뿐 아니라 오세아니아까지 이주하게 되었다.

➤ 캘리포니아 골드러시 당시 금을 캐는 중국인들의 모습

아메리카대륙으로 건너간 쿨리는 여러 지역에서 노예를 대신해 미개척지를 개간하는 험한 일에 투입되었다. 미국이 1869년 5월 10일 대륙횡단철도를 완성하였는데, 동부 철도는 대부분 아일랜드 이민자들이, 서부 철도는 대부분 중국인 노동자들이 건설했다. 센트럴퍼시픽철도회사는 인력난을 해결하기 위해 중국 광둥 지방에서 수입한 노동자 1만 4,000여 명을 서부 철도 건설에 투입하였다. 중국 출신 노동자 쿨리들은 저임금으로 가혹한 노동을 강요당하는 한편 매우 극심한 인종차별까지 당했다. 하지만 당시 중국정부가 서구열강과 아무런 조약도 맺지 않았기 때문에 그들은 어떠한 보호도 받지 못했다.

캘리포니아나 오스트레일리아의 금광을 찾아 이동한 자유 노동자든 계약이민 노동자든 그들은 대부분 광업 관련 경험이 없는 사람들이었다. 그들은 궁벽한 산간벽지나 어촌에서 온 농민이나 어민들이 많았으며, 해외노동자 모집인의 중개에 속거나 미리 받은 약간의 보수를 여비로 삼아 떠난 사람이 대부분이었다. 그들 중에 적지 않은 노동자가 중국으로 돌아오지도 못하고, 거주지에서 교민의 권리나 이민자격도 획득하지 못한 채 타향에서 죽었다. 그러나 골드러시가 끝나거나 계약이 만료된 뒤에 중국으로 돌아가지 않고, 아메리카대륙이나 오세아니아에 남게 된 중국인은 차이나타운 공동체를 형성하고 체류하기 시작했다.

1911년 청나라가 멸망하고 중화민국이 수립되었지만, 군벌 간의 전쟁과 국민당과 공산당 간의 내전, 남부 지방의 경제 붕괴로 많은 중국인이 계속 동남아시아로 떠났다. 1949년 중화인민공화국 건국까지 격동의 역사 속에서 수많은 중국인이 인도네시아, 말레이시아, 싱가포르, 태국 등 동남아시아로 집중 이주했다. 그리고 그들은 집단 거주지를 형성하고 교육을 통해 중국 고유의 문화와 전통을 유지하고 있다.

2. 다문화주의와 새로운 이민

국공내전으로 중화민국의 난징정부가 타이완으로 철수하고 중국이 공산화된 1949년 이후 정치적 혼란과 생활의 불안정 속에 중국 본토와 타이완 출신의 많은 중국인이 미국으로 떠났다. 이들은 가족 단위로 이주했으며, 고등교육을 받은 사람들도 많았다.

미국은 1700년대부터 제2차 세계대전 후까지 자유로운 백인과 흑인에게만 한정적으로 귀화를 인정하고, 아시아로부터는 이민을 제한하는 동시에 계약 노동자의 입국을 저지했다. 그러나 1970년대부터 미국을 비롯해 캐나다, 오스트레일리아 등은 다문화주의(multiculturalism) 원칙 아래 개방적인 이민정책을 펼쳤다. 이에 타이완과 홍콩의 중국인 이주민과 동남아시아의 중국인은 다시 이민길에 올랐다. 1980년대에는 중국 본토에서 개혁개방의 물결 속에 수많은 중국인이 가족 단위로 이민을 떠났다. 1979년 이후부터 10여 년 사이에 약 50만 명이 미국으로 유입되었다.

1970년대에 오스트레일리아는 공산화된 인도차이나 난민을 받아들였는데, 그들 중에도 중국계가 다수를 차지했다. 1980년대 오스트레일리아의 통계에 따르면, 화교 화인 중에는 베트남 출신(39%)이 가장 많고, 다음으로 말레이시아(22%), 중국 본토, 그리고 홍콩 반환을 앞두고 홍콩에서 이주한 사람들 순으로 나타났다. 1980년대까지 새로 해외로 이주한 사람 중에는 이전과 달리 과학자, 기술자, 수학자 등과 같은 전문가와 학자도 많이 포함되어 있었다. 그들은 세계를 자유롭게 여행하고 국제적으로 이동했다. 그들 중 일부는 비즈니스를 위해 가장만 홍콩이나 타이완을 왕래하고, 가족은 체류 지역에 그대로 머무르는 경우도 있었다.

반면 중국인의 동남아시아 이주는 1950년대 이후에는 지속되지 않았다. 1950년대 말 동남아시아에서는 민족주의의 대두와 빈부격차로 현지인의 중국인에 대한 반감이 커지며 충돌이 일어났다. 일부 국가에서는 경제적으로 성공한 엘리트 신분의 중국인이 폭력 조직의 공격 대상이 되기도 했다. 이러한 영향으로 제2차 세계대전까지 전체 재외 중국인의 90% 이상이 동남아시아에 거주했으나, 1990년대 이후에는 약 80%로 감소했다.

사회주의와 공산주의 국가인 미얀마와 베트남에서 중국인 상인과 자본가는 많은 고통을 감당해야 했다. 하지만 동남아시아국가연합(ASEAN) 회원국인 인도네시아, 말레이시아, 필리핀, 싱가포르, 태국 등에서는 중국인 사업가가 현지 거주국의 경제성장에 기여하며 주목받았다. 말레이시아와 싱가포르에서는 현지 중국인이 정치에도 적극적으로 참여하고 있다.

④ 개혁개방과 화교

1978년 12월 덩샤오핑은 개혁개방을 대내외적으로 천명했다. 덩샤오핑은 문화대혁명으로 피폐해진 산업과 경제를 부흥하기 위해, 그리고 국내 체제를 변혁하기 위해 개혁개방을 실시하였다. 광둥성의 선전, 주하이, 산터우와 푸젠성의 샤먼을 경제특구로 지정하고, 이어서 하이난과 상하이 푸둥을 새로운 특구로 개방했다.

광둥은 특히 홍콩·마카오와 인접해 있고, 이 지역 출신 화교가 많아서 대외적인 경제 기술 교류를 추진하는 데 유리한 조건이 많다는 의견이 수용되어 가장 먼저 경제특구로 고려되었다. 이들 4개 지역은 또한 타이완과 동남아시아 화교 자본을 유치하는 데 지리적으로 유리할 뿐 아니라, 전통적으로 개혁 성향이 강한 지역이라는 점도 고려되었다. 자료에 따르면 화교와 화인의 출신 지역으로는 광둥(54%)이 가장 많고, 이어서 푸젠(25%), 하이난(6%), 기타(15%) 순이라는 점도 눈여겨볼 만하다.

중국 국무원의 2010년도 통계에 따르면, 화교 화인 약 4,797만 명이 세계 160여 개 국가에서 살고 있는 것으로 파악되었다. 화교 화인 숫자는 자료마다 통계가 다르지만, 대략 아시아 지역에 3,627만(78%), 미주 지역에 890만(15%), 유럽 지역에 170만(5%), 오세아니아 지역에 100만(1.7%), 아프리카 지역에 10만(0.3%) 명이 분포되어 있는 것으로 파악되고 있다.

화상(華商)에 관한 자료에 따르면(「한국경제」, 2019. 7. 29), 태국의 화교 인구는 10%에 불과하나 화교 자본은 방적업, 운수업, 철강업, 상업, 제조업 등의 분야에서 60~90%를 차지하는 것으로 나타났다. 인도네시아에서는 화교가 인구의 4%에 불과하나 이들이 경제의 80%를 차지하고 있다. 필리핀은 화교가 1.3%에 불과하나 경제의 60%를 이들이 장악하고 있다.

경제특구와 해안개방 지구

싱가포르는 전체 인구의 77%가 화교이고, 상장기업의 80% 정도를 점유하고 있다. 이와 같이 동남아시아 일부 국가에선 화교가 국가 경제 대부분을 독점하고 있다. 그들은 중국의 개혁개방 과정에 참여하여 중국 경제발전을 이끌기도 했다. 개혁개방 초기 화교들은 외국 기업보다 먼저 중국에 투자했다. 개혁개방을 시작한 이후 2005년까지 중국에 투자한 화교 자본은 전체의 67%를 차지했다.

화교는 특히 그들만의 끈끈한 네트워크를 바탕으로 영향력을 발휘하고 있다. 1991년 당시 싱가포르 리콴유(李光耀) 전 총리의 제안으로 시작된 '세계화상대회(World Chinese Entrepreneurs Convention)'는 세계 최대 규모의 화상 네트워크다. 세계화상대회는 2년에 한 번씩 개최되는데, 세계 각국에서 화상 수천 명이 모여 상호이해를 바탕으로 경제협력을 강화하고 있다. 따라서 중국과 비즈니스를 이해하려면 중국 본토뿐 아니라 이러한 화교 네트워크도 함께 이해해야만 온전하게 중국의 비즈니스 파워에 능동적으로 대처할 수 있을 것이다.

세계화상대회

용의
부활과 승천

中华人民共和国
People's Republic of China

护　照
PASSPORT

1978년 개혁개방정책 이후 중국 경제는 질적·양적으로 비약적인 발전을 이룩하였다. 개혁개방정책 이후 30년간 중국은 연평균 9.8%의 높은 성장률을 기록하며 국제적 위상도 높아졌다. 2007년에는 독일을 제치고 세계 3위의 경제대국으로 올라섰으며, 2010년에는 일본을 앞서며 세계 2위의 경제대국이 되었다.

❶ 과거와 현재: 신중국 건설과 개혁개방

1. 잔치라이(站起来, Zhànqǐlái) 시기: 마오쩌둥의 경제 실험

(1) 사회주의 계획경제 모델 확립

1949년 10월 1일 마오쩌둥 주석이 톈안먼광장에서 중화인민공화국 수립을 선포한 이후, 중국공산당은 내전과 항일전쟁으로 붕괴된 중국 경제를 회복하고 사회주의 건설을 위한 정책들을 추진하였다. 1953년에는 소련의 도움을 받아 제1차 경제발전 5개년 계획(1953~1958)을 실시하여 사회주의 소유제를 확립하고, 중공업 우선 발전전략을 추진해 공업화의 기반을 마련하였다. 그러나 1957년 소련의 지원이 중단되면서 중국은 경제동력을 잃었으며 중공업 우선정책으로 농업 생산성이 급격히 하락하는 등 부작용도 발생하였다.

(2) 삼면홍기(三面红旗) 운동

중국공산당은 소련식 발전 모델에서 벗어나 중국적 특색을 가진 사회주의를 건설한다는 방침 아래, 1958년 5월 개최된 중국공산당 제8기 2차회의에서 사회주의 건설 총노선, 대약진, 인민공사 등을 추진한다는 '삼면홍기' 운동을 당 노선으로 채택하였다.

'사회주의 건설 총노선'이란 "모든 인민이 힘을 모아 더 높은 목표를 향해 더욱 많이, 더욱 빨리, 더욱 훌륭히, 더욱 절약하여 사회주의를 건설하자"는 것으로 인민에 의한 대도약을 굳게 믿은 마오쩌둥의 집념이 집약되어 있는 정책노선이다. '사회주의 건설 총노선'의 구호 아래 중국공산당은 농업 생산성을 향상하기 위해 '인민공사'를 설립하였다. '인민공사'는 농업, 공업, 상업, 교육, 군대를 통합하는 농촌의 사회생활과 행정의 기초 단위이다. 중국공산당은 공유제를 기반으로 토지를 포함한 모든 생산수단을 인민공사의 집단소유와 전인민(全人民) 소유로 하여 공동 경작하게 하였다. 그리고 농업의 분업과 전문화가 이루어져 생산이 증가할 것으로 예상하였다. 그러나 모든 생산수단의 집단소유와 공유제는 농민의 의욕 저하를 불러왔고 공업 부문에 대한 무리한 인력 동원에 따른 노동력 부족으로 생산량은 급격히 감소하였다.

인민공사와 동시에 공업 부문에서는 '대약진운동'을 추진하였다. '대약진운동'은 인민과 국가의 역량을 집중 투자하여 단기간에 주요 농업·공업 생산품의 생산량을 2배 이상 증가시킨다는 것이다. 대약진운동을 추진하면서 중국공산당은 원래 계획했던 생산목표를 대폭 상향하였다. 그러나 기술개발 없이 노동력과 자금 투입만으로는 과도한 목표 생산량을 달성할 수가 없었다. 인민이 사용하는 솥까지 동원하면서 철 생산량을 늘리고자 하였으나 생산된 제품은 대부분 품질이 떨어져 사용할 수 없었다. 설상가상으로 대가뭄이 발생하여 수천만 명이 굶어 죽었다. 결국 인민공사와 대약진운동 등 마오쩌둥의 경제실험은 값비싼 대가를 치르면서 실패로 돌아갔다.

대약진운동

대약진운동 포스터

(3) 조정정책과 문화대혁명

1961년 대약진운동의 실패로 마오쩌둥이 권력 일선에서 물러나고 류사오치와 덩샤오핑 등 실용주의자들이 행정권을 장악하면서 조정정책을 실시하였다. 이들은 '조정(调整), 공고(巩固), 충실(充实), 제고(提高)'라는 팔자방침(八字方针)을 내걸고 집단화의 축소와 시장경제 요소의 도입 등 실용주의 노선으로 어느 정도 성공을 거두었다.

그러나 실용주의자들이 대두하였다고 해서 사회주의 건설 노선을 둘러싼 공산당 내부의 노선대립과 권력투쟁이 완전히 끝난 것은 아니었다. 마오쩌둥은 실추된 권위를 회복하기 위해 봉건·자본주의 문화를 비판하고 새로운 사회주의 문화를 이룩하겠다는 명분으로 1966년 문화대혁명을 일으켰다. 문화대혁명이 확산되면서 실용주의자들은 자본주의의 주구인 주자파(走资派, Zǒuzīpài)로 몰려 체포되거나 숙청되었다. 문화대혁명을 시작으로 중국 경제는 기나긴 암흑기를 거치면서 추락하게 되었다.

2. 푸치라이(富起来, Fùqǐlái) 시기: 고속성장

(1) 덩샤오핑의 개혁개방

1978년 12월 중국공산당 11기 3중전회에서 덩샤오핑을 중심으로 한 실용주의자들이 당과 국가의 주도권을 장악하면서 중국의 개혁개방정책이 시작되었다. 덩샤오핑은 경제발전에 더해 1975년 1월 저우언라이 총리가 "20세기 말까지 농업·공업·국방·과학기술의 '4개현대화'를 전면적으로 실시하여 중국 경제를 세계 최선진국에 이르게 한다"고 주창한 4개현대화계획을 당과 국가가 추구해야 할 최우선 과제로 선정해 공식 경제정책으로 삼으면서 사상해방과 체제개혁 그리고 문호 대개방을 추진하였다.

현대화 정책의 구체적 목표로 3단계 발전전략을 발표하였다. 1980년부터 1990년까지는 1단계로 국민총생산을 2배로 성장시켜 기본적인 의식주 문제가 해결되는 원바오(温饱, wēnbǎo) 사회를 만들고, 1990년부터 2000년까지는 2단계로 다시 국민총생산(GNP)을 2배로 성장시켜 중간수준의 생활이 보장되는 샤오캉(小康, xiǎokāng) 사회에 도달하며, 마지막으로 3단계는 21세기 중반까지 완전한 현대화를 달성하여 선진국 수준의 복지사회 수준을 갖춘 다퉁(大同, dàtóng) 사회를 실현한다는 것이다.

덩샤오핑은 당의 이념으로 '사상해방'과 '실사구시'를 채택하고, 흑묘백묘론(黑猫白猫论)과 선부론(先富论)을 기치로 내걸며 개혁개방정책을 적극적으로 추진하였다. 이에 따라 인민공사가 해체되고 '농업생산책임제' 등 사회주의 시장경제가 도입되면서 도시와 농촌 간 불균형이 해소되는 등 경제가 빠르게 발전했다. 동시에 대외개방에도 적극적이었다. 덩샤오핑은 1979년 미중 수교 이후 미국을 방문하여 중국의 개방정책을 전 세계에 알렸으며 서방세계와의 국교정상화와 국제통화기금(IMF), 국제부흥개발은행(IBRD) 등 국제기구 가입을 적극적으로 추진했다.

(2) 개혁의 본격화

개혁개방 초기 단계의 성공에 힘입어 1984년 10월 중국공산당 12기 3중전회에서는 사회주의 경제의 전면적 개혁을 담은 '중국공산당 중앙의 경제체제개혁에 관한 결정'을 발표하고, 사회주의 계획경제를 공유제에 기반한 계획적 상품경제로 규정하였다.

1987년 10월 공산당 13차 전당대회에서는 자오쯔양 총서기의 주창으로 '사회주의 초급단계론'을 공식화함으로써 개혁개방정책을 이론적으로 정당화하였다. 즉, 중국은 사회주의 국가이지만 생산효율을 높이기 위해 시장경제 도입이 필요하다는 것이다. 이를 근거로 기업소유권과 경영권의 분리를 허용한 청부경영책임제를 비롯해 주식제도의 도입, 중소기업의 임대경영, 개체기업 및 사영기업의 허용과 장려 등의 개혁정책을 추진하였다.

(3) 남순강화와 개혁의 가속화

1989년 6월 4일 발생한 텐안먼사건으로 조정기에 들어갔던 덩샤오핑의 경제개혁은 1992년 남순강화를 계기로 가속화되었다. 1992년 1월 말부터 2월 초까지 덩샤오핑은 상하이, 선전, 주하이 등 남방경제특구를 순시하면서 '사회주의 시장경제론'을 제기하였다.

덩샤오핑은 "계획이 많으냐 시장이 더 많으냐는 사회주의와 자본주의를 구별하는 본질이 아니다. 계획경제라고 모두 사회주의는 아니며 자본주의에도 계획은 있다. 시장경제라고 모두 자본주의는 아니며 사회주의에도 시장은 있다"[01]라고 주장하며 '중국 특색의 사회주의 시장경제' 발전을 위한 개혁과 개방을 더욱 확대해야 한다고 주장하였다.

남순강화

덩샤오핑이 제기한 사회주의 시장경제론은 1992년 10월 중국공산당 제14차 당대회에서 장쩌민(江澤民) 총서기에 의해 경제개혁의 목표로 제시되었고 1993년 3월에는 헌법에

01　计划多一点还是市场多一点，不是社会主义与资本主义的本质区别。计划经济不等于社会主义，资本主义也有计划；市场经济不等于资本主义，社会主义也有市场。市场经济是中性，在外国就姓资，在中国就姓社。

세계무역기구 가입

명시됨으로써 중국의 경제체제로 확립되었다. 장쩌민정부는 덩샤오핑의 개혁개방정책을 계승하여 시장화·민영화·금융개혁뿐만 아니라 대외경제 개방도 확대하였다. 그 결과 중국은 15년의 노력 끝에 2001년 12월 143번째 세계무역기구(WTO) 회원국이 되어 세계 경제에 본격적으로 참여하게 되었다.

(4) 양적 성장에서 질적 성장으로

개혁개방정책의 확대와 세계무역기구 가입으로 다국적 기업의 중국 투자가 활발해지고 중국의 수출이 폭발적으로 증가하면서 중국 경제는 고속성장을 지속하였다. 그러나 이 과정에서 계층과 지역 간 심각한 소득불균형, 소비와 투자 간 불균형, 생산과잉, 저부가가치 위주의 산업구조 등과 같은 고속성장에 따른 구조적 모순이 발생하였다. 2002년 16기 당대회에서 권력을 승계한 후진타오(胡錦濤) 주석은 지속적인 발전을 강조하면서도 사회적 불평등을 완화하기 위해 균형발전과 조화사회 건설을 강조하였다. 후진타오정부는 조화사회 건설이라는 원칙에 입각하여 ① 내수확대, ② 경제구조조정과 성장방식의 전환, ③ 과학기술 개발능력의 제고, ④ 인재양성, ⑤ 각 부문의 균형발전을 중점적으로 추진하였다. 특히 성장방식을 기존의 양적 성장에서 질적 성장으로 전환하고 균형발전을 추진함으로써 덩샤오핑이 제기한 선부론이 20여 년 만에 균부론(均富論)으로 전환되었다.

3. 창치라이(強起来, Qiángqilái) 시기: 중국몽과 일대일로

'중국몽(中国梦)'은 시진핑이 2012년 11월 29일 국가박물관에서 열린 '부흥의 길' 전시를 관람하면서 "중화민족의 위대한 부흥을 실현하는 것이 바로 근대 이래로 중화민족의 가장 위대한 꿈"이라고 언급하면서 등장한 말이다. 그 후 시진핑이 중국공산당 창당 100년인 2021년까지 전면적인 샤오캉 사회를 건설하고, 신중국 건국 100년인 2049년까지 부강하고 조화로운 현대국가를 실현하는 '두 개의 백 년 목표'와 중화민족의 위대한 부

중국 신실크로드(일대일로) 개념도

홍이라는 '중국몽'을 실현하기 위해 노력해야 한다고 강조하면서 이것이 시진핑정부의 주요 통치이념으로 부상하였다.

시진핑정부는 한나라와 당나라 때 실크로드의 영광을 재현하고 중화민족의 위대한 부흥이란 중국몽을 실현하기 위해 '일대일로(一帶一路)' 전략을 추진하였다. '일대일로'는 2개의 실크로드 경제권인 '실크로드 경제벨트(丝绸之路经济带)'와 '21세기 해상 실크로드(21世纪海上丝绸之路)'의 끝 자를 따서 만든 신조어이다. 시진핑은 2013년 9월 카자흐스탄 나자르바예브대학 강연에서 30억 명을 포괄하는 실크로드 경제벨트 구축을 제안하였다. 같은 해 10월 인도네시아 국회연설에서는 중국과 아세안(ASEAN)이 자유무역협정(FTA)으로 경제협력을 강화하고 해양협력 발전을 위해 공동 노력이 필요하다고 강조하면서 아세안과 21세기 해상 실크로드의 공동 건설을 제안하였다.

중국이 일대일로 전략을 강력하게 추진하는 이유는 첫째, 중앙아시아, 동남아시아 등 신흥시장에 진출해 경제성장의 동력을 확보하고 중국의 과잉생산 문제를 해소하기 위함이다. 육상 실크로드를 구축하기 위한 철도와 도로 등 인프라 건설 공사를 중국이 주도

함으로써 철강과 시멘트 등 중국 전통산업의 공급과잉을 해소하고 내수를 활성화할 뿐만 아니라 중국 기업의 해외 진출도 촉진해 새로운 신흥시장을 개척한다는 것이다.

둘째, 중국은 세계 최대 에너지 소비국으로, 필요한 자원과 에너지를 안정적으로 공급받는 것이 무엇보다 중요하다. 그러나 수입 원유의 80% 이상이 미 해군력이 통제하는 말래카해협을 거쳐 남중국해를 통과하고 있다. 따라서 21세기 해상 실크로드 프로젝트로 중동과 남중국해 해로를 개척하여 중동과 아프리카의 원유와 자원을 안정적으로 들여오고, 실크로드 경제벨트를 통해 중앙아시아의 풍부한 지하자원을 안정적으로 확보하기 위한 것이다.

셋째, 중국의 지역 불균형 발전과 도농격차를 해소하고 이를 바탕으로 신장웨이우얼자치구 등 소수민족의 독립 움직임을 약화하려는 의도이다. 일대일로 프로젝트의 핵심 지역을 샤안시성에서 신장웨이우얼자치구로 이어지는 서북 5개 성으로 확정하면서 지역 불균형 발전을 해소하기 위해 노력하고 있다.

넷째, 일대일로로 자국 경제 영토를 중앙아시아와 동남아시아로 확대하고 나아가 지역 경제통합의 주도권을 잡는 데 목적이 있다. 미국 주도의 다자간무역협정인 환태평양경제동반자협정(TPP)을 견제하고 지역 경제통합의 주도권을 확보하려는 것이다.

❷ 미래: 중국의 신(新)경제와 대한민국

중국의 2019년 경제성장률은 전년대비 6.1%를 기록하였다. 심리적 마지노선인 바오류[保六, bǎoliù, 6% 성장률]는 간신히 지켜냈지만, 톈안먼사태의 여파로 중국 경제에 큰 충격이 가해진 1990년 3.9% 이후 29년 만에 가장 낮은 성장률이다. 미·중 무역분쟁의 본격 확산에도 불구하고 2019년 1분기까지 중국 경제는 연간 6.4% 내외의 성장세를 이어왔다. 그러나 미·중 무역분쟁이 장기화하면서 성장세는 더욱 낮아졌다.

중국의 경기둔화가 지속되면서 중국 경제의 경착륙을 우려하는 목소리가 높아지고 있다. 중국이 중진국 함정에 빠질 것인가에 대한 논쟁 또한 거세게 일어나고 있다. '중진국 함정'이란 2006년 국제통화기금(IMF)이 제시한 개념으로, 개발도상국이 고속성장을 이어가다가 중진국 수준에 이르러 성장동력이 약화되면서 성장이 장기간 둔화 또는 정체되는 현상을 말한다. 서방 언론은 "중국 경제가 금융위기 이후 최악의 상태로 추락했다"며 경착륙의 목소리를 높였고 "조만간 중국 경제가 금융위기 같은 큰 충격에 빠질 것"이라는 전망까지 내놓았다. 국내 언론도 '흔들리는 중국 경제'를 집중적으로 부각했다. 그러나 중국정부는 이와 같은 위기감을 인식하면서도 "중국 경제가 합리적인 구간[경제성장률 6.0~6.5%]에 있으며 전체적으로 안정적이다"는 반응을 보이고 있다.

🍃 중국의 주요 경제지표

(단위: %, 만 명)

	2013	2014	2015	2016	2017	2018	2019
경제성장률	7.8	7.4	7.0	6.8	6.9	6.7	6.1
수출 증가율	7.9	6.1	−2.8	−7.7	7.9	9.9	0.5
소매판매 증가율	13.1	12.0	10.7	10.4	10.2	9.0	8.0
고정자산투자 증가율	19.6	15.7	10.0	8.1	7.2	5.9	5.4
산업생산 증가율	9.7	8.3	6.1	6.0	6.6	6.2	5.7
신규 고용자수	1,310	1,322	1,312	1,314	1,351	1,361	1,352

자료: 중국통계국, 해관총서

1. 신창타이(新常态, xīnchángtài)시대

'신창타이'는 뉴노멀(New Nomal)의 중국식 표현이다. 뉴노멀이 "글로벌 금융위기 이후 저성장과 저소비, 저수익률이 일반화한 상태"를 가리킨다면, 중국의 신창타이는 "고속성장이 끝나고 중속성장이 지속되는 시대"라는 의미로 쓰인다. 신창타이라는 말을 처음으로 언급한 사람은 시진핑 주석이다. 시진핑은 2014년 5월 허난성을 시찰하면서 "중국은 현재 매우 중요한 전략적 시기를 맞고 있다. 자신감을 갖고 발전단계의 특성을 파악하고 신창타이에 적응하며 새로운 전략적 표준을 지켜나가야 한다"고 말하였다. 중국 경제가 고속성장에서 중속성장으로 전환되고 있고 경제구조도 개선되고 있으며 경제성장의 동력이 투자에서 혁신으로 바뀌고 있다는 것이다. 또한 신창타이시대에는 경제성장의 목표도 달성전략도 달라져야 한다는 의미이다.

그동안 중국이 성장률에 집착했던 이유 중 하나는 일자리 창출 때문이었다. 중국에는 매년 1,000만 명의 신규 일자리가 필요하다. 이들의 일자리를 만들 수 있어야 도시 지역 실업률을 4% 이하로 유지하고 경제와 정치를 안정적으로 운용할 수 있다. 이를 만족시키기 위해서는 과거에는 10% 안팎의 성장이 필요했으나 지금은 1%포인트 성장으로도 약 200만 개의 일자리를 만들 수 있다. 경제규모가 커졌을 뿐만 아니라 고용 유발 효과가 큰 서비스 산업이 빠르게 성장하면서 제조업 위축으로 줄어든 일자리를 메워주기 때문이다. 2018년 중국의 경제성장률은 6.6%를 기록했지만 신규 일자리는 1,361만 개가 만들어졌다. 이와 같은 현상이 중국정부가 무리한 경기부양 없이도 일자리를 안정적으로 창출할 수 있는 신창타이시대에 접어들었다고 주장하는 이유이다.

2. 새로운 성장동력, '신경제'

개혁개방 이후 30년간 중국은 저렴한 노동력과 정부 주도의 투자확대로 연평균 10%에 가까운 높은 성장을 이룩하였다. 그러나 이 과정에서 소득 불평등, 소비와 투자 간 불균형, 생산과잉, 저부가가치 산업구조 등 고성장에 따른 구조적 모순이 발생하였다. 그뿐만 아니라 2008년 글로벌 금융위기 이후 경제성장의 한 축인 수출이 무너지기 시작하면서 성장률이 지속적으로 둔화되었다. 임금이 상승하면서 글로벌 생산기지로서 매력도 상실되고 '중진국 함정'에 빠질 위기에 놓였다. 중속성장의 신창타이시대 진입과 4차 산업혁명에 대응하고 '중국몽'을 실현하기 위한 '중국제조 2025', '인터넷플러스', '창업생태계 조성' 등 '신경제'가 중국의 새로운 성장동력으로 부상하고 있다.

(1) 중국제조 2025

중국정부는 2015년 8월 제조 대국에서 제조 강국으로 나아가기 위한 30년 그랜드 플랜인 '중국제조 2025'를 발표하였다. 신중국 건설 100주년이 되는 2049년까지 3단계로 구분하여 세계시장의 혁신을 선도하는 세계 제조업 1등 강국이 되겠다는 계획이다. 1단계 2025년까지의 계획은 중국의 제조업 수준을 독일, 일본 단계로 끌어올려 제조 강국 대열로 진입하는 것이다. 2단계인

중국제조 2025

2025~2035년에는 제조업 수준을 세계 제조 강국의 중간 수준까지 높이는 것이며, 3단계인 2035~2049년에는 주요 산업에서 선진적인 경쟁력을 갖춰 미국 등과 어깨를 나란히 할 수 있는 제조 강국을 만들겠다는 것이다. 이를 위해 10대 핵심산업을 전략적으로 육성한다는 계획이다.

🪭 '중국제조 2025'의 10대 핵심산업

	대분류	소분류
10대 핵심 산업	차세대 정보기술	집적회로 및 전용 설비 차세대 정보통신 운영체제(OS) 및 공업용 소프트웨어
	고급 수치제어 공작기계 및 로봇	고급 NC 공작기계 로봇(산업용 로봇, 서비스용 로봇)
	항공우주 설비	항공설비 우주설비
	해양 엔지니어 설비 및 첨단 선박	해양 엔지니어 설비 기술 첨단 선박기술(크루즈, 액화 천연가스 선박 등)
	선진 궤도교통 설비	신소재·신기술·신가공 응용 안전관리 및 에너지 절약 제품의 경량화, 모듈화 등
	에너지절감 및 신에너지 자동차	전기자동차, 연료전지 자동차, 저탄소 자동차 관련 핵심 기술(고효율 내연기관, 첨단 변속기 등)

	전력 설비	고효율 석탄 전력 정화설비, 수력 및 원자력 발전 등 신재생에너지 에너지 저장
10대 핵심 산업	농업 기계 설비	첨단 농기구 및 핵심 부품
	신소재	특수금속, 고성능 구조재료, 기능성 고분자재료 등 신소재
	바이오의약 및 고성능 의료기기	바이오의약 고성능 의료기기 및 첨단 의료기술

자료: 중국제조 2025

중국정부의 강력한 지원과 민간기업의 적극적인 참여로 '중국제조 2025' 정책이 가시적 산업 구도 변화를 주도하고 있다. 특히 전기차, 5세대 이동통신(5G), 고속철도, 드론 등에서 기술혁신을 선도하고 있다.

세계에서 가장 유명한 전기차기업은 테슬라이지만 광활한 내수시장과 기술혁신으로 전기차 시장의 신화를 만들어내는 기업은 중국의 비야디(BYD)이다. 충전용 배터리업체였던 비야디는 2008년 전기차 시장에 뛰어들어 7년 만인 2015년 테슬라를 제치고 전기차 판매 세계 1위 업체로 등극했다. 10대 전기차 판매업체에 비야디를 비롯해 베이징자동차(4위), 상하이자동차(6위), 지리(吉利)자동차(7위), 체리(奇瑞)자동차(10위) 등 5개 업체가 포함되는 등 중국이 전기차 시장을 선도하고 있다고 해도 지나친 말이 아니다.

◐ 자동차 제조사별 전기차 판매량

제조사	2018년		2017년	
	판매량	순위	판매량	순위
테슬라	245,240	1	103,122	5
BYD	229,338	2	113,949	2
르노-닛산-미쓰비시	192,711	3	119,195	1
베이징자동차	165,369	4	104,536	3
BMW	142,217	5	103,080	6
상하이자동차	123,451	6	56,149	8

지리자동차	113,516	7	103,194	4
현대기아차	90,860	8	47,000	-
폭스바겐	82,685	9	70,314	7
체리자동차	65,798	10	-	-

자료: EV세일즈

4G 서비스에서 뒤처졌던 중국이 5G 서비스 경쟁에서는 앞서가고 있다. 중국정부는 5G 인프라를 조기에 구축하여 자율주행차, 가상·증강현실(VR·AR), 인공지능(AI), 사물인터넷(IoT) 같은 4차 산업혁명 산업을 견인할 계획이다. 중국은 2019년 시범상용화, 2020년 대규모 상용화를 목표로 차이나텔레콤, 차이나모바일, 차이나유니콤 등 통신 3사와 화웨이(华为), 중싱(ZTE) 등 통신장비업체가 협력하고 있다.

민간 드론도 화물 배송용, 농업용, 조난구조용, 과학연구용 등 다양한 분야에서 활용도가 높아지면서, 연평균 약 40% 성장이 전망되는 4차 산업의 핵심 분야이다. 중국은 전 세계 민간 드론 시장의 80% 이상을 점유하면서 독보적 우위를 점하고 있다. 특히 2006년 중국 광둥성 선전(深圳)에서 20대 젊은이 4명이 시작한 스타트업 DJI는 제품 설계와 제조 기술력을 바탕으로 세계 드론 시장의 70% 이상을 차지하고 있다.

(2) 인터넷플러스

중국정부는 '신경제' 발전을 가속화하기 위해 인터넷 기반 산업과 전통 제조업의 융합을 지속적으로 확대하는 '인터넷플러스' 전략을 추진하고 있다. 인터넷플러스에서 플러스의 경계는 없다. 인터넷 플랫폼을 중심으로 금융, 제조, 농업, 유통, 에너지, 의료, 문화 등을 연결하여 스마트 비즈니스 생태계를 구축한다는 전략이다. 2018년까지 제조업, 농업 등 인터넷과 산업의 결합 제고, 사회서비스 내 영역 확대, 사물인터넷, 클라우드 컴퓨팅, 인공지능, 보안 등의 기반을 확보하고 인터넷 산업 표준화와 법규를 확립하였다. 2025년까지는 인터넷화·지능화·서비스화·협력화를 기본 골자로 한 인터넷플러스 산업(신경제) 생태계를 구축할 예정이다.

'인터넷플러스'의 발전 목표

구분	발전 목표
경제발전	인터넷을 통한 제조업, 농업, 에너지, 환경보호 산업분야의 업그레이드와 노동생산성 제고 전자상거래 및 인터넷 금융 육성
사회발전	헬스의료, 교육, 교통 등 민생 분야에서의 인터넷 응용 확대 공공 서비스의 온·오프라인 통합 및 서비스 다각화
기초 인프라	광대역, 차세대 이동통신망 구축 사물인터넷, 클라우드 컴퓨팅 등 신형 인프라 시설 구축 인공지능 기술의 산업화 촉진
환경조성	인터넷 융합 혁신에 대한 인식 제고 관련 기준, 규범, 신용체계, 법률 및 법규체계 완비

자료: 중국 국무원

인터넷플러스 전략의 첫 번째 테마는 '인터넷 + 유통'으로, 온라인과 오프라인 유통의 융합을 추진하였다. 그 결과 온라인쇼핑 거래 규모가 2014년 2조 8,000위안에서 2018년 9조 위안으로 약 3배 이상 증가하여 세계 최대 온라인쇼핑 시장으로 성장하였다.

2017년 10월 제19차 공산당 전국대표대회 업무보고에서 시진핑 주석이 "인터넷, 빅데이터, 인공지능 등을 실물경제와 융합해 국가의 새로운 성장동력으로 삼아야 한다"고 강조하면서 중국의 'AI굴기'가 본격적으로 추진되고 있다. 2030년까지 AI 시장 규모를 1조 위안까지 키우고 관련 산업 부가가치를 합친 시장 규모는 10조 위안 이상으로 육성하여 AI 혁신의 중심국가로 도약한다는 AI 발전 계획을 제시하였다.

중국정부의 이 같은 방침에 따라 중국 대표 IT기업인 BAT(바이두, 알리바바, 텐센트)도 앞다투어 AI 분야에 대한 투자를 늘렸다. 바이두는 기업 전략을 '모바일 우선'에서 'AI 우선(AI-first)'으로 바꾸고 자율주행차 등 AI 관련 분야에 200억 위안을 투자하였다. 사용자가 10억 명인 웨이신을 운영하는 텐센트는 빅테이터를 활용한 AI 서비스를 확대하고 AI 기술을 실생활에 적용하기 위해 로봇기술연구소를 선전에 설립하였다. 또한 다양한 AI 알고리즘을 연구해 자체 개발한 AI 바둑 프로그램인 '줴이(绝艺, FineArt)'로 알파고와 대국을 추진한다는 계획이다.

중국 인공지능 산업규모와 증가율

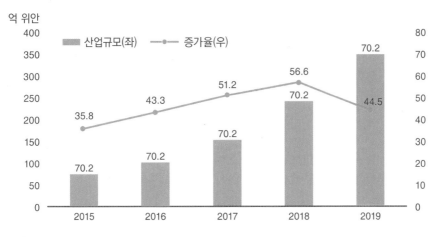

억 위안

산업규모(좌) — 증가율(우)

35.8 43.3 51.2 56.6 70.2 44.5

70.2 70.2 70.2 70.2 70.2

자료: iimedia research

3. 창업생태계 조성

2014년 하계 다보스포럼(Davos Forum)에서 리커창 총리는 "누구나 창업하고 누구나 혁신하자(大众创业, 万众创新)"라는 이른바 '솽촹(双创, shuāngchuàng)'을 주창하면서 창업 활성화를 위한 각종 행정규제의 축소·철폐와 자금지원 등 적극적인 창업 지원 정책을 시행하였다. 또

중국의 빅데이터 활용 산업

한 꼭 필요한 것만 금지하고 나머지는 자율에 맡기는 산업별 네거티브 리스트도 도입했다. 미래 성장을 이끌 인공지능, 빅데이터, 자율주행차 등 4차 산업혁명 분야의 창업이 규제 때문에 가로막혀서는 안 된다는 이유에서다.

이후 젊은이들이 앞다투어 창업에 뛰어들었다. 창업기업이 증가하면서 베이징 중관춘(中关村)의 창업 거리에서는 창업가와 예비창업가, 엔젤투자자, 창업투자사, 인큐베이터, 대학, 정부 등 창업 주체들이 '창업 → 투자·육성 → 성장 → 재투자'의 선순환적 창업생태계를 구축해나갔다. 이러한 창업생태계는 중관춘을 넘어 상하이, 선전, 청두 등 중국 전역으로 빠르게 퍼져 나갔다. 그 결과 중국에서 '유니콘 기업', 즉 기업 가치 10억 달러 이상의 스타트업이 빠른 속도로 증가하였다. 스타트업 관련 리서치 기관 CB인사이트에 따르면, 2019년 8월 말 현재 기업 가치 10억 달러 이상의 비상장 유니콘 기업은 총 395개 이다. 그중 74%인 291개가 미국과 중국에서 생겨났다. 미국이 195개로 가장 많으며, 중국이 96개이다. 중국이 세계 2위의 유니콘 보유국으로 부상한 것이다.

중국의 유니콘 기업이 양적으로만 증가한 것은 아니다. 기업 가치를 인정받으면서 질적으로도 성장하고 있다. 현재 세계 최대 유니콘 기업은 중국의 인공지능 기업인 바이트댄스(Bytedance)이다. 15초 내외의 짧은 동영상을 공유할 수 있는 영상 앱 '틱톡(TikTok)'과 뉴스앱 '진르터우탸오(今日头条)' 같은 플랫폼을 운영하는 이 회사는 창업 5년 만에 유니콘 기업이 되었다. 현재는 750억 달러의 가치 평가를 받고 있다. 바이트댄스에 이어 중국의 차량 공유회사인 디디추싱(滴滴出行, Dīdī Chūxíng)이 2위에 올라섰다. 기업 가치 100억 달러 이상인 21개 데카콘 기업 중에도 바이트댄스와 디디추싱을 비롯해 비트메인, DJI, 베이커자오팡 등 5개 기업이 포함되었다.

🪭 중국의 데카콘 기업

	회사명	기업가치	창업연도	주요 사업
1	바이트댄스	750억 달러	2012	인공지능
2	디디추싱	560억 달러	2012	승차 공유
3	비트메인	120억 달러	2013	암호화폐 채굴
4	DJI	100억 달러	2006	드론 제작
5	베이커자오팡	100억 달러	2019	온라인 부동산

자료: CB인사이트 데이터 참조

4. 중국 경제와 대한민국

중국의 '신경제'가 부상함에 따라 우리의 대중국 진출 전략 또한 바뀌어야 한다. 그동안 고성장의 저비용 중국 경제와 저부가가치 전통산업에 맞춰져 있었다면, 앞으로는 중속성장의 고비용 중국 경제와 고부가가치 산업에 맞는 새로운 진출 전략을 모색해야 한다. 중국의 산업구조 변화에 적응하여 4차 산업혁명 관련 산업에서 새로운 기회를 찾아야 한다. 또한 정보통신기술(ICT)에 기반한 융복합에 관심을 기울여야 한다. 제조업뿐만 아니라 에너지, 금융, 헬스케어 등 모든 산업의 경계를 허물고 다양한 융합으로 새로운 산업을 만드는 수준으로 발전시켜야 한다.

얼마 전까지만 해도 아시아 최대 스마트폰 시장인 중국 시장에서 시장점유율 1위를 차지하던 삼성이 샤오미, 화웨이 등 중국 토종 스마트폰 브랜드에 밀려 중국 시장에서 철수하였다. '짝퉁'으로 놀림받았던 중국 토종 브랜드들이 단순한 모방을 벗어나 '대륙의 실수'라고 불리는 혁신적인 제품을 개발하고 생산하면서 우리가 경쟁력을 가졌던 제품군들을 빠르게 대체해나가고 있다.

흐르는 물은 썩지 않는다(流水不腐, liúshuǐ bùfǔ). 고인 물은 썩게 마련이고 변화하지 않으면 도태된다. 우리가 중국 경제의 변화를 직시하고 장기적인 관점에서 대응하고 활용한다면 중국 시장은 다시 한번 우리 경제와 기업의 발전과 도약에 중요한 기회이자 원동력이 될 것이다.